El Factor N
Negocios que cambian vidas

Diagramación
Giancarlo Rodríguez

Corrección de Estilo
Mariela Vargas Ostos

Copyright 2014 Barco Enterprises LLC

Impreso por CreateSpace

Prohibida la reproducción total o parcial de este libro. Prohibida la exhibición de este libro en cualquier plataforma digital sin autorización de los autores.

Índice

Las Claves del Éxito *Por* Luis Eduardo Barón	7
32 Formas Sencillas de Usar las Cartas de Ventas para Conseguir Que Los Prospectos Le Compren *Por* Álvaro Mendoza	27
La Magia del Arte Cómo encontrar soluciones de vida a través del Arte *Por* Amparo Garzón	41
Cadena de Favores *Por* Cristian Abratte	71
El Factor N de los Negocios *Por* Juan Carlos Ramírez Guzmán	89
"La Magia Del Confort Sobre Sus Patines Profesionales De Velocidad" *Por* Juan Felipe Cardona	145
Consejos para incrementar tu productividad personal *Por* Juan Hernández	163
Atención de Excelencia al Cliente *Una diferenciación competitiva en tu empresa* *Por* Marco Jiménez	189
Ser Emprendedora en Japón Beneficios De Contar Con Internet *Por* Margarita Palavecino	215
Yo Digo Sí Testimonio y agradecimientos *Por* María Belén Alonso	231
Vvir Del Arte *Por* Roberto Preciado	267
"Lecciones Que Cambian Vidas" *Por* Rosa María Moreno Velasco	295

Las Claves del Éxito

Por **Luis Eduardo Barón**
InstitutoDeNegocios.com

Tú no comienzas un negocio para ganar un dinero, lo haces para hacer un cambio, cambiar el mundo, cambiar la vida de tu familia, cambiar la tuya o todas juntas.

El Factor N, ese factor detrás de los negocios, ese que te ayuda a ti a producir el cambio, a darle sentido a lo que haces, para lograr tener éxito en esa aventura del emprendimiento.

Si tú quieres cambiar el mundo tienes que empezar por cambiarte a ti mismo. Solo tú puedes hacer de ti un emprendedor exitoso y desde luego hacer de tu emprendimiento un negocio millonario.

Por eso este capítulo te quiere dejar algunas inquietudes para que analices qué puedes hacer para conocer las claves que te llevarán a disfrutar el éxito que está reservado para ti.

Quiero que hagas una evaluación de ti, de tu negocio. Quiero que te califiques, que evalúes tu desempeño.

Esa es la calificación que llamamos visión empresarial. Vas a calificarte para saber cómo es tú visión de los negocios y qué debes cambiar para llevar la vida que quieres llevar.

CALIFÍCATE:

1. TÚ HAS ESTUDIADO BASTANTE, NO HAS HECHO NADA Y NO TIENES DINERO.

2. HAS ESTUDIANDO BASTANTE, HAS HECHO ALGUNAS COSAS PERO TIENES MENOS DINERO DEL QUE GASTAS.

3. HAS ESTUDIADO MUCHO, HAS TRATADO VARIAS VECES, HAS HECHO ALGÚN PROGRESO PERO NO DINERO DE VERDAD.

4. HAS TENIDO ALGO QUE TRABAJA, ESTÁS HACIENDO ALGO DE DINERO, PERO TODO LO ESTÁS HACIENDO TÚ MISMO.

5. HAS TENIDO ALGO QUE TRABAJA, ESTÁS HACIENDO UN DINERO DECENTE Y TIENE FUTURO, TIENES AYUDA PERO ERES EL ÚNICO QUE TRAE EL DINERO.

6. TIENES UN NEGOCIO, NO ESTÁ CRECIENDO DE LA MANERA QUE QUIERES, ESTÁS HACIENDO UN DINERO DECENTE, ESTÁS TRABAJANDO MUY DURO PARA LOGRARLO.

7. TU NEGOCIO ESTÁ CRECIENDO PERO TRABAJAS 80 HORAS A LA SEMANA. HACES BUEN DINERO PERO NO TIENES VIDA DEBIDO A TU
TRABAJO.

8. TU NEGOCIO ESTÁ CRECIENDO PERO TIENES UN TRABAJO DE TIEMPO COMPLETO, ESTÁS HACIENDO BUEN DINERO Y TIENES TUS FINES DE SEMANA LIBRES.

9. TU NEGOCIO ESTÁ CRECIENDO CON MUY POCA ATENCIÓN DE TU PARTE, TE ESTÁ TRAYENDO MUY BUEN DINERO, TIENES ALGUNAS
RESPONSABILIDADES, PERO TIENES UNA BUENA VIDA.

10. TU NEGOCIO CRECE SIN TI, ESTÁS HACIENDO MÁS DINERO DEL QUE
PUEDES GASTAR, ESTÁS LIBRE FINANCIERAMENTE Y TIENES UNA VIDA QUE ADORAS.

Ahora ese número será el número de partida de una nueva meta, anótalo… sólo si haces esta evaluación de tu visión empresarial periódicamente vas a ver tu progreso y recuerda que tu meta es llegar a 9 o 10, lo más rápido posible y eso sólo lo vas a lograr si le das sentido a tu negocio.

Si ya alcanzaste 10, te felicito, y ahora el reto es poder desarrollar todo ese potencial que has logrado para llevar tu emprendimiento a otros niveles y lo más importante, para que compartas tu experiencia con otras personas que están en esa búsqueda…Tú acabas de entrar a ese club de nuevos empresarios que creemos que podemos tener un millón de millonarios hispanos y tu labor es ayudar en este propósito contando tu experiencia.

Si aún estás muy bajo en la escala, no te preocupes, las variables son tiempo, capacitación y esfuerzo…si aplicas lo aprendido y lo haces bien, es solo cuestión de tiempo que alcances tu meta para disfrutar de ese estilo de vida que sueñas.

Quiero que anotes tu "realidad actual" esa cifra que ganando, tu número mágico, la cifra que te hace falta para alcanzar tu meta financiera y tu número mágico a corto plazo, la cifra que tienes que incrementar hoy para lograr comenzar a hacer realidad tus sueños.

Mira qué has logrado cambiar en tu vida en el tiempo que llevas en los negocios, analiza qué estás haciendo para lograr cumplir tu número mágico a corto plazo…si ya lo has logrado, perfecto, sigue adelante, si estás ahí en la misma cifra, analiza qué ha pasado, anota qué puedes implementar para ir cumpliendo tu promesa…Haz una pausa en tu vida y analiza lo que ha sido de la misma para evaluar lo que te falta.

Ya has visto dos de tus compromisos, tu visión empresarial y tu número mágico a corto plazo, ahora quiero que revises tus metas…quiero que las escribas si no las tienes. El 98 por ciento de la humanidad carece de ellas, pero hoy, tú vas a ser parte de ese 2 por ciento de personas que están haciendo ese cambio.

Quiero que las revises, quiero que las analices, que le pongas fechas porque una meta sin fecha es solamente un sueño.

Recuerda que para alcanzar una meta a veces tenemos que cumplir submetas que nos lleven más cerca, quizás esa forma de ir logrando las cosas paso a paso te puede ayudar a lograrlo siempre y cuando no te quedes eternamente alcanzando tus metas o que esto te sirva de excusa para no lograrlas.

Recuerda que lo cambios hoy en día pasan más rápido que antes, y esos cambios nos afectan a nosotros de alguna manera, a veces nos descontrolan, desbalancean, estresan o causan una gran cantidad de ansiedad, en especial en algunas áreas, como la obsolescencia, puede que estemos en el negocio por 3 o 5 años con nuestro producto o servicio, pero los cambios pueden hacer que estos productos o servicios desaparezcan… recuerdas la máquina de escribir…te tocó hacer una carta con ella, recuerdas el walkman de Sony, el teléfono de disco y hablando de disco, los discos de acetato que desaparecieron y ahora han regresado como artículos de lujo, el betamax que lo mató el VHS, el VHS que lo mató el CD, los casetes de audio y tantas otras cosas que ya ni nos acordamos de ellas y apenas hace 5 años las estábamos usando…

Recuerda el 80 por ciento de los productos y servicios que tenemos hoy en día son nuevos o diferentes a los que teníamos hace 5 años, así que un producto podría ser completamente obsoleto y si tú estás produciéndolo tendrías que estar ya sacando al mercado un nuevo modelo porque tu competencia si lo está haciendo y te puede dejar fuera del negocio…cuántas veces no hemos visto esta situación, una compañía sólida con un producto y de repente viene otra empresa con un nuevo producto que cambió todo y deja fuera del mercado a los demás…lo hemos visto en los teléfonos, en los televisores, las cámaras de fotografía, los equipos de sonido, en programas de computador y desde luego en la misma información… la preocupación número uno de la gente cuando compra un equipo de tecnología es si al salir del almacén con él, este ya quedó obsoleto.

Así que cuando tú produces algo o eres responsable por algún producto o servicios siempre tienes que preguntarte, cuál es mi siguiente producto, mi siguiente servicio que voy a traer al mercado que va a ser nuevo, mejor, diferente, superior, extraordinario, que va a traer más beneficios para nuestros clientes actuales, porque si tú no piensas en ello, otra persona lo va a hacer y ese día tú estarás fuera del negocio.

La segunda parte de la obsolescencia es referente al conocimiento y las habilidades, si tú crees que ya, saliste de tu educación básica o hiciste una carrera y con eso tienes, estás equivocado, y a veces piensas, ya leí un libro o escuché un audio, tomé un curso como este y con eso tengo, **no**, hoy en día tu conocimiento queda obsoleto en un 20 o 30 por ciento cada año y la razón es porque el conocimiento se está doblando cada uno o dos años, cada día hay más información, incluso los cambios de tecnología hacen que tengamos que actualizarnos incluso para aprender a manejar el siguiente modelo del equipo que usamos, o en las mismas profesiones, a cada cambio, a cada aparición de nuevas tecnologías, productos, medicinas, servicios, le siguen los cambios de conocimiento para aprender a usar los adelantos, y el conocimiento previo escucha bien, el conocimiento, va a ir volviéndose obsoleto, sólo el conocimiento, la experiencia es diferente, el 99 por ciento de tus conocimientos en tu profesión, si no los actualizas, pueden ser obsoletos en menos de 10 años dependiendo de la misma…en medicina, nuevas drogas, tratamientos, estudios, en leyes, no se diga, todos los días hay cambios en las leyes, en arquitectura, los materiales, las tendencias, en mercadeo, el cambio permanente del consumidor, de sus necesidades, de sus gustos y eso es lo que pasa contigo, si no estás actualizándote en el conocimiento de tu negocio, de tu industria, puedes quedar por fuera de la misma rápidamente…

Yo te quiero dar un consejo cualquiera que sea tu negocio… dedica al menos media hora del día, todos los días para leer sobre tu industria, investiga cuáles son las tendencias, adelantos, nuevos productos, invenciones, etc… eso te mantendrá siempre enterado de los cambios antes que lleguen y desde luego esa información te ayudará a estar por encima de la competencia, si tu industria tiene ferias comerciales, asiste, conocerás a otros emprendedores como tu, proveedores, nuevos productos…no sabes la cantidad de información que verás en estos eventos…lee libros, artículos y todo lo referente a tu industria e investiga…tú y tus productos o servicios siempre deben estar actualizados, solo así vas a prevenir estar en el camino de la obsolescencia.

Quiero que analices cuál es la tendencia de tu industria, qué amenaza a tus productos o servicios, y cómo podrías actualizarlos, mejorarlos, sólo si piensas en ello podrás actuar rápidamente antes que tu competencia lo haga. Quiero que pienses en ello porque hacerlo te llevará a tener la vida que quieres tener, el futuro que quieres vivir con tu negocio.

La palabra que siempre tienes que fijarte es **Próximo**, cuándo voy a lanzar mi próximo producto, cuál es la próxima área de conocimiento que vas a explorar, cuál puede ser tu próximo negocio, tu próxima carrera profesional. Ese temor a la obsolescencia es el que te produce ansiedad, estrés y desde luego miedo…vivimos en una época de turbulencia, de cambios, de estrés, por eso para que puedas llevar una gran vida en tu negocio debes tener un sentido de control, está estudiado por los psicólogos que ese control es esencial para tener una actitud mental positiva, en otras palabras, tú te sientes feliz, contento, positivo cuando estás en control de tu vida y viceversa, cuando te sientes negativo, es porque no estás en control de ti mismo, estás controlado por tus cuentas, por tu negocio, por tus preocupaciones, por los cambios, por las circunstancias externas, sobre las cuales tú no puedes hacer nada.

Una de las responsabilidades más importantes en la vida es examinar tu vida y tomar control sobre cada área clave, y me preguntarás y cómo lo hago, y el truco es muy sencillo…la palabra clave es estrés. Si tu sientes estrés por algo es porque no estás en control de esa situación…Si te estresa hablar en público por ejemplo, es porque no te sientes preparado y desde luego no tienes el control. Recuerda que el control puede ser Interno o Externo, cuando el control es Interno, es que está dentro de ti, tú lo sientes, sientes que estás a cargo de tu propia vida y cuando el control lo tiene otra persona y no tú, ese es el control Externo. Cuando el control es Interno, tú te sientes positivo, tienes una actitud mental positiva, cuando el control no depende de ti, es decir que es externo, te sientes con una actitud negativa, te sientes bajo presión de las circunstancias externas.

Un alto sentido de control, te lleva a tener un mayor desempeño, a sentirte mejor, más efectivo, positivo, con más poder y desde luego esa confianza te lleva a tener menor estrés y aumentar tu potencial...Así que si tú quieres tener una vida plena, tu misión de hoy en adelante es tomar control de cada una de las áreas de tu vida. Quiero que identifiques todas y cada una de las preocupaciones que te estresan en tu vida, analiza cada una de esas áreas y mira cómo puedes tu tomar control de cada una de ellas, paso a paso hasta adquirir ese control Interno de la situación. Quiero que escribas las áreas donde no tienes el control y te causan angustia, estrés o miedo.

Sólo si identificas esas áreas vas a poder buscar las soluciones para ir tomando control de las mismas...recuerda que en las situaciones más complicadas tienes que regresar a los principios básicos y estos con foco y claridad...el 80 por ciento de todos tus problemas, de tu estrés, de tus dificultades en la vida están casi siempre relacionados por la falta de foco y claridad. No saber quién eres, no saber qué quieres, no saber a dónde vas. Te sorprendería saber que el 98 por ciento de la gente infeliz es infeliz simplemente porque no sabe qué es lo que quiere, cuáles son sus metas, qué quiere lograr...

Por eso quiero que hagas una pausa en tu vida y respondas estas preguntas:

1. Qué es lo que yo quiero de verdad en la vida...
Si alguien te despierta a las 3 de la mañana y te dice, qué es lo que quieres tú en la vida, tú le dirías además de que deje dormir, qué respuesta le darías, qué es lo que realmente quieres en la vida.
Por eso quiero que pauses el video y escribas en tu mapa Secreto...Qué es lo que realmente quieres en tu vida....si no tuvieras ninguna limitación para lograrlo.

Saber realmente lo que se quiere en la vida es fundamental para tener el control de la misma y así poder llevar una gran vida, la vida que deseas.

La segunda pregunta es:

2. ¿Qué estás tratando de hacer?
Por qué te levantas en la mañana, qué estás tratando de lograr y especialmente si tu experimentas frustraciones, resistencias, infelicidad o dificultades, qué es lo que estás tratando de hacer, que estás tratando de hacer en tu casa, en tu trabajo, con tus hijos, con tu salud, qué estás tratando de hacer con tu futuro. Escribe qué es lo que estás tratando de hacer en cada área de tu vida.

La tercera pregunta es cómo.

3. ¿Cómo lo estás tratando de hacer?
Dicen que el 70 por ciento de las decisiones que toma una persona promedio en la vida son incorrectas, así que las posibilidades que tienes de estar haciendo las cosas de una forma incorrecta son muy altas en especial si no estás obteniendo los resultados esperados, quizás porque estás tomando el camino equivocado, por eso te tienes que preguntar ¿cuánto me estoy demorando en alcanzar lo que quiero alcanzar?
Vas a escribir cómo estás tratando las cosas que quieres hacer en la vida y analiza si la forma como las estás haciendo es la más apropiada.

ORIENTADO A TENER METAS
Para poder lograr las cosas que quieres en tu vida debes usar la siguiente fórmula… Primero tienes que ser una persona orientada a tener metas. Cómo lo vas a hacer:

1. Decide exactamente lo que quieres hacer, recuerda que la mayoría de la gente no sabe siquiera a dónde quiere ir. Si tú no tienes metas claras que alcanzar estarás trabajando para alcanzar las metas de otras personas….Si tu meta no es ser un empresario exitoso…estarás tarde o temprano trabajando para que otra persona logre esa meta…

2. Escribe tu meta, el 98 por ciento de la población como decíamos anteriormente no tiene metas escritas, es sorprendente pero muchas personas no tienen metas en lo absoluto y otras que las tienen no las escriben…muchas personas incluso motivadores, personas exitosas, empresarios, no tienen metas claras escritas en un papel…Hace unos años fui a una conferencia de motivación y el conferencista, autor de varios libros, estaba hablando sobre esto precisamente y decía…cuántas personas no tienen sus metas escritas de forma que las puedan consultar periódicamente… habló bastante sobre el tema y nos preguntó si lo hacíamos…y una de las personas de la audiencia le dijo…podríamos ver sus metas… este hombre quedó frío…y le dijo, la verdad las dejé en mi casa…

Tú dónde tienes tus metas…guardadas en tu caja fuerte…sé lo que estás pensando…me quieres hacer la misma pregunta…yo siempre tengo una copia en mi billetera y no es por este curso, ha sido por años, desde que descubrí el poder de tener metas en mi vida y escribirlas…yo escribo todo, dibujo todo…y es absolutamente increíble cómo mi cerebro asocia lo que yo escribo o dibujo con las cosas que pasan en mi vida…es como un poder mágico, las cosas no se realizan si yo no las escribo… Si tú no escribes tus metas, es como si tuvieras un revólver con una bala, pero la bala no tuviera pólvora ni detonante, por más que quisieras disparar, nada ibas a lograr.

Recuerda que una meta que no se escribe es un deseo y un

deseo es una meta sin poder detrás de ella, sin energía. Si tú no escribes tus metas, el mensaje que le envías a tu subconsciente es que tú no crees en ellas…Si tú las escribes en un papel, claramente, te vas a sorprender cómo tu vida va a cambiar dramáticamente.

3. El siguiente paso es poner una fecha…Recuerda que tú tienes que tener varias metas, para tu familia, tu trabajo, tu carrera, tu salud, para tu desarrollo personal, pero tú debes tener una metas mayores, y estas se tienen que convertir en la forma como organizas tu vida y le pones una fecha, un tiempo para completar esa meta. Una meta sin una fecha, es una ilusión, tú tienes que programar tu subconsciente o tu mente súper consciente para saber cuándo vas a lograr tu meta…La fecha le pone a la meta un sistema de fuerza, crea en nuestra mente un sentido de compromiso, de importancia, de coraje interno que ni siquiera nos damos cuenta cuando fijamos las metas…

4. Hacer un Plan…Tenemos la meta escrita, ganar x dólares para diciembre 31 de este año, ahora planeemos cómo alcanzamos esa meta…Un plan es poner las bases, los cimientos de la meta…la lista de actividades, la lista de todas las cosas que vamos a hacer para alcanzar la meta, cuando tú escribes un plan, esto hace posible que tu meta se convierta en realidad, tu lo programas en tu subconsciente, te vuelves más positivo en lo que estás haciendo.

5. Toma Acción…Haz algo todos los días que te lleve a alcanzar tu meta. Recuerda que tu reconoces la diferencia entre una persona exitosa y una que no lo es, no por lo que dice…sino por lo que hace…Tú tienes que ser una persona que haga cosas, que tome acción y no simplemente se quede con las ideas en la cabeza…Tú has llegado hasta este módulo porque quieres cambiar tu vida y la de tu negocio...este curso sólo funcionará si tu realizas todas las cosas que has aprendido o por lo menos la gran mayoría o más...Sólo si tú te fijas tus metas, las escribes, pones una fecha y tomas acción vas a poder convertirte en el emprendedor extraordinario que quieres ser...recuerda que tomar acción es la clave secreta más poderosa que existe...

ORIENTADO A OBTENER RESULTADOS
Y eso nos lleva al segundo punto de esta fórmula
Tienes que ser orientado a obtener resultados...
Las personas exitosas están orientadas en resultados, las que no lo son, en actividades. Por eso pregúntate:

1. Cuáles son mis áreas claves de resultados. En mi negocio cuáles son esas áreas claves donde produzco resultado, donde mi resultado es medible. Puede que tú hagas muchas actividades, pero cuáles son esas áreas cuyos resultados son claves para tu negocio....Pausa el video y escribe tus áreas claves...

2. La segunda es el Nivel de Desempeño, en otras palabras, qué niveles tú tienes que alcanzar para obtener estos resultados, y recuerda que tu estándar, tu nivel de desempeño, siempre tiene que ser excelente.

3. Para ser una persona enfocada en obtener resultados debes conocer tus tareas de mayor valor, no debes perder el tiempo, no debes trabajar y obtener resultados en áreas que no cuentan para nada...tienes que preguntarte siempre cuáles son las cosas que hago que tienen el mayor valor de contribución en mi negocio y trabajar en ellas todo el tiempo.

4. El cuarto punto es la regla del 80/20, cuál es ese 20 por ciento de cosas que yo hago que son responsables por el 80 por ciento de mis resultados y disciplínate a trabajar solo en ese 20 por ciento…y esa es la parte más difícil, concentrarte en una o dos cosas que hacen toda la diferencia.

Haz una lista con todas las cosas que haces y resalta con un círculo, una o dos que son las más importantes y disciplínate en trabajar en ellas primero hasta que estén completas.

ORIENTADO A LA EXCELENCIA
La siguiente parte de la fórmula es ser orientado a la excelencia…y todos sabemos que nadie es exitoso si no es excelente en algo. No es suficiente ser bueno, ser del promedio y muchos menos ser mediocre, tú tienes que ser muy bueno, excelente, extraordinario en lo que hagas, tienes que ser el mejor… ¿Cómo desarrollas una orientación a la excelencia?

1. Tienes que identificar los factores críticos de tu éxito, qué es esto…algo que tú haces que es absolutamente indispensable para tu éxito…algo que si no haces, no serías exitoso…Lo que se ha encontrado es que en cada trabajo hay entre 5 y 7 factores críticos de éxito en algunos trabajos son solo uno o dos. Por ejemplo, si estás en ventas, prospectar es un factor crítico para tu éxito, tienes que ser absolutamente excelente en prospectar para ser exitoso, otro es hacer presentaciones, cerrar la venta, obtener referidos, manejar tu tiempo, son algunos factores críticos para tener éxito en las ventas, por ejemplo…Tu trabajo es definir esos 5 a 7 factores críticos que determinan tu éxito y desarrollar un plan para ser muy bueno, excelente en cada una de esas áreas.

2. La segunda parte para ser orientado a la excelencia es identificar lo que llamamos las competencias básicas. Este es uno de los conceptos de administración de negocios más importantes…dice que cualquier trabajo tiene unas competencias básicas o habilidades. Todas las organizaciones

que son exitosas es porque tienen algunas habilidades especiales en torno a las cuales desarrollan su negocio... muchas empresas delegan o tercerizan todo su trabajo, excepto esas habilidades básicas que tienen...la pregunta es cuáles son tus habilidades básicas. Cuáles son las cosas que tú haces de una manera extraordinaria, y si no las tienes qué vas a hacer para desarrollar esa habilidad básica. Vas a escribir estas respuestas, cuál es tu habilidad básica o cuál sería esa habilidad o competencia clave para alcanzar el éxito en tu negocio, si no la tienes.

3. La tercera parte es cómo vas a llegar a estar en el 10 por ciento de los mejores en tu campo... ¿Qué tienes que hacer para ser uno de los mejores en tu área si no el mejor?
Hazte esa pregunta siempre...qué debo hacer y en cuánto tiempo lo voy a lograr...

4. Y la cuarta parte es ¿Qué habilidad si yo la desarrollo a un nivel de excelencia, y la realizo consistentemente tendría el mayor impacto en el éxito de mi negocio o en mi carrera?
Qué habilidad si yo tuviera que demorarme así sea una semana, un mes, un año desarrollándola, me convertiría en excelente en esa área y me traería un impacto positivo a mi vida.
Quiero que escribas esa habilidad que si la desarrollas a un nivel de excelencia tendría el mayor impacto en tu éxito empresarial.

ORIENTADO A TOMAR ACCIÓN
El siguiente ingrediente de la fórmula es ser orientado a tomar acción...Y este punto es absolutamente crítico, de hecho, ser orientado a tomar acción es la diferencia entre mayor o menor desempeño...Es la cualidad número 1 del éxito, lo escuchaste bien, la cualidad número 1 de una persona exitosa es estar orientada a tomar acción...Y estas son las claves...

1. Muévete rápido. Si tú tienes una oportunidad, si tienes un problema, una idea, muévete rápido.
No dejes las cosas para mañana, actúa rápido.

2. Desarrolla un sentido de urgencia. No pierdas el tiempo, hazlo ahora, sé ese tipo de persona que si uno quiere que se hagan las cosas eres tú con el que hay que hablar. Qué si hay alguien que necesita que las cosas se hagan con urgencia, eres tú el indicado porque saben que tú actúas rápido.

3. La velocidad de Implementación es esencial para el éxito.

4. La cuarta clave es lanzarse, tomar acción…en varios estudios han descubierto que las personas exitosas son las que están dispuestas a tomar acción sin tener garantía…las demás personas siempre están esperando a que las cosas estén perfectas para poder decidirse a lanzarse a hacerlas.

5. Y la quinta clave es actuar como si no existiera la posibilidad de fallar…y es que si sabes que es imposible fallar, es imposible que falles…Yo recuerdo que cuando empezamos nuestra publicación, yo no tenía otra opción, era salir adelante o salir adelante…y crees que pasó…

ORIENTADO AL MANEJO DEL TIEMPO
Y la última clave de esta fórmula es ser orientado al manejo de tiempo…

1. Planifica tu trabajo y trabaja tu planificación. El tiempo que tú inviertes en planificación te ahorra 10 minutos en ejecución por cada minuto que tú trabajes en ella.

Cómo haces un plan…

2. Haz una lista. Elabora una lista antes de empezar, la gente que elabora una lista ahorra 25 por ciento del tiempo en hacer las cosas.

3. Luego que tengas una lista, establece prioridades, usa el método del abecedario…pones A a las cosas que debes hacer, B a las que podrías hacer, C a las que sería bueno hacer, D a las que puedo delegar y E a las que puedo eliminar… De esto voy a estar hablándote con más detalle en el curso Dobla Tu Productividad, que puedes encontrar en: www.DoblaTuProductividad.com

4. Concéntrate en tu tarea de mayor valor.

5. Y finalmente trabaja en ella 100 por ciento hasta que la completes.

Una de las cosas que yo he descubierto es que la mayoría de las personas no saben cómo ser exitosas, no saben qué hacer y qué no hacer, y también descubrí que cualquier sistema es mejor que no tener ningún sistema y mi programa Máster Para Emprendedores es un gran sistema para lograr el éxito empresarial que estabas buscando…sólo falta una pieza y esa pieza fundamental eres tú…si tú quieres llevar una gran vida desarrolla esta fórmula, debes ser orientado a alcanzar metas, a tener resultados, a enfocarte en las cosas que realmente hacen la diferencia, a desarrollar la excelencia para lograr ser el mejor en tu campo o por lo menos uno de los mejores, tomar acción, hacerlo ahora mismo, y concentrarte en las tareas que dan más a valor a tu vida…

Recuerda que tú debes invertir la mayor parte de tu tiempo en ventas, mercadeo, innovación o cómo generar utilidades en lugar de estar trabajando en llenar documentos, o haciendo trabajos que no representar ingreso en tu negocio…

administración, producción, distribución, tienes que regresar a la base y pensar en utilidades todo el tiempo, es la única forma real de medir qué tan bien estás manejando tu negocio…recuerda que solo hay dos formas de aumentar tus utilidades, aumentando tus ventas o reduciendo tus gastos, o ambas, tú siempre tienes que estar pensando cómo puedo estar incrementando mis ventas y cómo puedo reducir mis costos manteniendo la misma calidad…

LAS CLAVES SECRETAS
Te quiero revelar las Claves Secretas para alcanzar el éxito en tus negocios.

- La Pasión, tienes que pensar en un negocio que te apasione, que te brillen los ojos cuando hables de el.

- El nicho, tienes que crear un producto o servicio que supla una necesidad en un mercado hambriento y saber hablarle a ese nicho.

- Tu plan estratégico, el propósito, la visión y la misión… tener una visión a largo plazo y tener claro el por qué estás en el negocio.

- La marca, crear una marca sólida y aprender a venderte a ti mismo.

- El plan de negocio, dibujar ese mapa del tesoro y revisarlo constantemente.

- La organización, crear una estructura administrativa que sea el soporte de tu negocio.

Tienes que estructurar tus costos para generar utilidades y mantener el dinero en el cofre del tesoro y tener flujo de caja que es una de las claves de poder más importantes de tu negocio.

- Medir absolutamente todo en tu negocio, recuerda que si no lo puedes medir…no lo puedes manejar.

- El mercadeo, tener un plan de promoción para atraer prospectos, convertirlos en clientes y que esos clientes se conviertan en tus mejores promotores, crear tu PUV y no olvidarnos que la nada se mueve en un negocio hasta que alguien no le vende algo a alguien.

- Sistematizar tu negocio para que trabaje para ti y lo puedas clonar si lo deseas y hacer… la capacitación, tienes que aprender constantemente tanto tú como tus colaboradores…aprender de otros que ya saben y potencializar tus ideas juntándote con personas que tienen tus mismos intereses.

- Y la clave de poder sin la cual nada es posible…tomar acción.

Estas claves las desarrollo a profundidad en mi curso Máster Para Emprendedores del InstitutoDeNegocios.com, un sistema que han aplicado más de mil estudiantes en 41 países, con ellos he trabajado para ayudarles a alcanzar el éxito en los negocios y quiero sembrarte a ti amigo lector la misma semilla que he sembrado en mis estudiantes. Quiero que te preguntes:

· ¿Cuál de tus habilidades y capacidades han quedado obsoletas en los últimos cinco años?

· ¿Dónde crees tú que está el control de tu vida?

· ¿Cuáles son los objetivos más importantes de tu vida personal y laboral?

· ¿Cuáles son los factores críticos de éxito de tu trabajo actual?

- Lo que una habilidad, si lo hizo de manera excelente, ¿tendría el mayor impacto positivo en la su carrera?

- ¿Cuál es el uso más valioso de tu tiempo, en este momento?

- ¿Qué cosa se va a hacer de manera diferente como resultado de lo que has aprendido en este curso?

- ¿Por qué algunas personas ganan más dinero que otras?

- ¿Qué tendrías que hacer para duplicar tus ingresos en los próximos años?

- ¿Cómo podrías aumentar la productividad y el valor de tu contribución, comenzando de inmediato?

- ¿Cómo podrías fijar metas claras y planes concretos para ser más productivo?

- ¿Cuál es tu programa diario de aprendizaje continuo y mejora de tus habilidades?

Quiero que te evalúes, que este capítulo te sirva de hoja de ruta para tu futuro, que conozcas las claves para tu éxito, pero que mejor aún, las apliques para que puedas disfrutarlo.

Los negocios cambian vidas, empezando por la tuya.

Yo Luis Eduardo Barón y recuerda que el éxito es mejor buscarlo que sentarse a esperarlo.

Luis Eduardo Barón es fundador del InstitutoDeNegocios.com una institución de capacitación en línea para emprendedores de habla hispana alrededor del mundo.

32 Formas Sencillas de Usar las Cartas de Ventas para Conseguir Que Los Prospectos Le Compren

Por **Álvaro Mendoza**
MercadeoGlobal.com

Su sitio Web, ¿convence a la gente como para que le haga una compra?
Esa era la pregunta que yo me formulaba muchos años atrás, poco antes de comenzar con mi primer emprendimiento por Internet.
A juzgar por la cantidad de ventas que estaba generando, mi respuesta fue… "No muy a menudo".

No podía entenderlo: estaba recibiendo gran cantidad de tráfico en mi sitio Web.
Mis anuncios estaban funcionando bien, pero no estaba convirtiendo a esos visitantes en clientes, ¿Por qué?

¡Porque mi Carta de Ventas era malísima! Yo no tenía la menor idea de cómo debía escribirse una Carta de Ventas que anunciara bien y que produjera resultados. Y mis ventas… mejor dicho "la falta de ventas" era la evidencia de eso.

Entonces fue cuando comencé una nueva búsqueda y me pregunté: ¿qué es lo que hace que una Carta de Ventas sea "matadora"? ¿Qué es lo que hace que la gente quiera comprar? Leí libros escritos por los mejores, personajes muy reconocidos, como Jay Abraham, Bill Myers, Ted Nicholas y Dan Kennedy.

Estudié las *Cartas de Ventas* que habían sido exitosas *online*, como las de Terry Dean, Ken Evoy, Allen Says y Marlon Sanders.
Y tomé un montón de notas.
Y puse en acción en mi sitio Web lo que aprendí con esas notas.
¡Y mis ventas saltaron hasta el techo! ¡En serio! ¡Eso es lo que ocurrió!

POR PRIMERA VEZ voy a compartir los **SECRETOS** que yo he aprendido después de años de buscar las mejores <u>Cartas de Ventas</u> escritas por expertos.
Su sitio Web, ¿convence a la gente para que le compre?
Si no es así, usted puede pasarse hasta 5 años buscando…
…o puede leer este super-artículo.
Es la verdad.

Pregúntele a los CEOs (Principales Oficiales ejecutivos) de cualquier empresa de *marketing de respuesta directa*, y ellos le dirán que es verdad. O sea, **¡no confíe sólo en mi palabra!** Mándeles un *e-mail* a algunos de los principales expertos de mercadeo en Internet y pregúnteles a ellos acerca de lo que le digo. Ellos coincidirán en un 100 por ciento y le dirán que es verdad.

De hecho, usted puede contactarse con cualquiera de las 10,000 personas que están vendiendo recursos para el *Marketing online*, y todos ellos le dirán enfáticamente, sin ningún tipo de dudas, que esto es absolutamente cierto.

Es verdad. **CUALQUIERA puede ganarse la vida en Internet.**
¡Por supuesto que pueden! Pero se deben tener en cuenta muchos ingredientes importantes si se quiere llegar a formar parte de ese 5 por ciento que es verdaderamente exitoso en Internet.

Una de esas necesidades, es un sitio Web.

Ahora bien; su sitio Web puede hacer una de estas dos cosas:
…puede ser un sitio vendedor… ¡o no serlo!
Para el 95 por ciento de los negocios *online*, sus sitios Web, decididamente, no producen resultados favorables.
Y hay una razón muy sencilla para esa consecuencia tan pobre:
Cartas de ventas deplorables.

Su sitio Web, ¿convence a la gente como para que le haga una compra? Si no es así, hay 32 Formas Sencillas de Usar las Cartas de Ventas de su sitio Web para Conseguir Visitantes que le digan que SÍ y Que le Compren.

1) Escriba sus Cartas de Ventas pensando en UN individuo
Salga y busque a alguien, una verdadera persona a la que pueda escribirle sus Cartas de Ventas. No importa si es su abuelita, su vecino, o su gato. Pero escriba sus Cartas de Ventas como si lo hiciera directamente para ellos. ¿Por qué? Porque cuando su cliente potencial la lea le parecerá más personal, como si la hubiera escrito pensando en él. Muchas veces las Cartas de Ventas están escritas como si las fuera a leer toda una audiencia, en vez de una persona. Mantenga su Carta de Ventas como algo personal, porque solamente "una persona a la vez" va a leerla.

2) Utilice siempre un ejemplo ilustrativo para llegar al punto que le interesa
En mis Cartas de Ventas yo he contado historias acerca de mi carro parado a un costado de la carretera, para demostrar la idea de que nosotros siempre tenemos que agregarle el "combustible" de los anuncios para que nuestros negocios sigan andando. A la gente le encanta una buena historia, si es que le deja un mensaje sólido. Cuénteles historias que ilustren el punto al cual usted intenta llegar. Enfatice en los beneficios

que recibirá, compartiendo el informe del "mundo real". Eso, sin duda, crea espacios de interés y, además, establece el punto a donde usted desea llegar.

3) Haga que el futuro cliente se interese en la lectura desde la primera línea

Ese primer renglón tiene que crear en el lector el interés inmediato de desear conocer más. Por favor, vuelva atrás en este informe. Las primeras palabras fueron: "Es la verdad". Y yo puedo garantizarle que usted, en ese momento, pensó: "¿Qué es esa verdad?" Inmediatamente su inconsciente quiso saber de qué estaba yo hablando. Por lo tanto, inclusive antes de que usted se diera cuenta, se encuentra aquí, unos cuantos párrafos más abajo leyendo este artículo. Por lo tanto, diseñe y arme su primera línea. Si consigue que ellos inmediatamente deseen saber más, ¡esa es la frase ganadora!

4) ¡Use toda su artillería!

La gente pasa mucho tiempo repasando esas listas. De hecho, ellos las leen y vuelven a releerlas una y otra vez. Entonces, use esos proyectiles a su favor, para demostrar las cualidades de sus productos o servicios, y para explicar con claridad qué es lo que está incluido en su oferta. Utilice un espacio extra entre cada una, para destacar cada línea y crear la sensación de que la lista de beneficios es aún más larga.

5) Comience inmediatamente con una lista de su artillería

Lo más cerca que pueda de su línea de introducción, coloque ya una lista de los beneficios que conseguirán. Y, a continuación, lance su principal argumento. Saque su mejor arma, apunte, y dispare con las palabras más fuertes: "solo algunas de las cosas que el lector descubrirá". Si usted ofrece una lista "matadora" al principio de sus Cartas de Ventas, creará un deseo automático en el lector de continuar leyendo todo su anuncio. Después de todo, si ellos ya están interesados en la primera lista de beneficios, con certeza estarán dispuestos para averiguar todas las razones por las cuales su producto o servicio les será de utilidad.

6) Deje que las palabras fluyan
Escriba todo los que se le ocurra mientras redacta su Carta de Ventas. Luego puede editarla y corregirla. Si usted solamente se sienta a escribir acerca de su producto o servicio y cómo van a beneficiar a sus clientes, quedará admirado de la cantidad de información que saldrá de su mente. **¡Escríbalo TODO!** Después léalo y verá que es capaz de agregarle una gran cantidad de detalles a muchos de los puntos. Solamente debe editarlo cuando esté seguro de que sus ideas se han agotado.

7) Haga que su Carta de Ventas sea personal. Las palabras "Usted" y "Suyo", deben ganarle aproximadamente por 4 a 1 a "Yo" y "Mío"
El anuncio debe ser escrito para SU CLIENTE, no para usted. No recuerdo exactamente cómo dice el viejo refrán, pero es algo así: "No me interesa para nada lo que ocurre con su cortadora de césped, yo solo me ocupo de la mía". O sea: ellos no están interesados en usted ni en sus productos; ellos se interesan en ellos mismos, en sus deseos y en sus necesidades.

8) Escriba de la misma manera en que habla
Olvídese de todas esas formalidades que le enseñó su maestra. Escriba sus Cartas de Ventas con el lenguaje diario, exactamente como si estuviera hablando con la persona. No se preocupe si comienza una oración con "Y" o con "Porque". Escriba como si estuviera hablando. Su Carta de Ventas no es la Gran Novela, así que no hace falta que usted escriba como si fuera García Márquez.

9) Redacte párrafos cortos, que contengan entre 2 y 4 oraciones cada uno
Las Cartas de Ventas largas funcionan bien, pero los párrafos largos no. Use parágrafos cortos, que lo lleven al siguiente punto. No tenga miedo de utilizar frases cortas. Como esta. O esta. ¿Ve lo que quiero decir? Los párrafos cortos mantienen el interés del lector. En cambio los largos producen tensión y, generalmente, el lector se distrae.

10) Ponga énfasis en los beneficios, no en la apariencia
Le repito: los lectores quieren la respuesta exacta a sus preguntas, y ellas son: "¿Qué me ofrece esto? ¿Qué necesidad me cubrirá?" Y yo le pregunto: su producto o servicio, ¿será beneficioso para su cliente? Pues entonces, **¡dígalo!**

No se enfoque solo en los beneficios de su producto o servicio, sino en lo que esos recursos beneficiarán a su lector. Por ejemplo, si usted está vendiendo neumáticos para el automóvil, es probable que tenga una gran variedad; pero, ¿a quién le importa eso? A mí no me interesa su gran selección. Sin embargo, sí me importa llevar a salvo a mis hijas Laura y Nichole, mientras conduzco mi carro. Por lo tanto, en vez de enfocarse en la gran variedad de neumáticos, muéstreme que mis hijas viajarán a salvo, porque usted tiene el neumático que es exactamente el que necesita mi carro. Usted entonces no estará vendiendo neumáticos; usted me estará vendiendo la seguridad para mi familia. **Enfóquese en los beneficios, no en las apariencias.**

11) Mantenga al lector interesado
Algunas Cartas de Ventas parecen manuales que tratan de explicarme cómo realizar una complicada cirugía en mi esposa. Están llenas de palabras y frases que, para entenderlas, tengo que recurrir al diccionario. Sólo en el caso de que

usted le esté escribiendo a una audiencia muy segmentada, evite utilizar un lenguaje técnico que muchos de ellos no entenderán. Manténgalo simple, empleando palabras, lenguaje e información que sean sencillas de comprender y de seguir.

12) Segmente sus Cartas de Ventas
Una vez que usted haya finalizado con la redacción de su Carta de Ventas, segméntela para sus distintas audiencias. Por ejemplo: si usted está vendiendo un producto para "trabajar en la casa", entonces escriba otra vez sus Cartas de Ventas agregándole palabras relativas a mujeres que hacen trabajos en sus casas. Luego vuelva a escribir esa misma Carta de Ventas y diríjase a los estudiantes. Escriba otra carta segmentándola hacia el público en general de mayor edad. Inclusive podría escribir alguna dedicada a los profesores de las escuelas superiores que quieren ganar algo de dinero extra durante sus vacaciones. Las posibilidades son infinitas.

Todo lo que usted necesita es agregarle algunas palabras aquí y allá a su anuncio, para que parezca que ha sido específicamente diseñado para esa audiencia segmentada. Por ejemplo: "Trabaje solamente 5 horas a la semana", puede transformarse en "Estudiantes, trabajen solo 5 horas a la semana". Sus Cartas de Ventas están ahora segmentadas. Es el momento de subirlas a su sitio Web, colocándolas en diferentes páginas. Usted, tranquilamente, puede segmentar 100 grupos.

Luego, simplemente, anuncie esas páginas segmentadas en todos los medios. Puede anunciar el que es para los Estudiantes en la revista del Campus de la Universidad; la que está dirigida a los ciudadanos mayores, puede estar publicada en las pizarras de las comunidades de retirados.

Si usted crea este tipo de Cartas de Ventas segmentadas puede, literalmente, abrir docenas de nuevos grupos para vender su producto, que ya existía. Y, para los ojos de sus lectores lucirá como un producto creado especialmente para ellos.

13) Haga que sus anuncios sean fáciles de leer
Use frases cortas, y párrafos. Haga cortes en sus Cartas de Ventas que, con buenos titulares, lleven la atención de los lectores al siguiente párrafo. Algo que yo he visto que siempre funciona bien en las Cartas de Ventas…

… es usar una pausa como esa: se trata de comenzar en una línea, dejando al lector con ganas de saber más, para luego finalizar en la línea siguiente. De la misma forma, si usted va a usar Cartas de Ventas que continúan por varias páginas en su sitio Web, tiene que ponerle un buen gancho al final de cada una, para que ellos sigan leyendo. Por ejemplo: "Vamos a comenzar a andar por la ruta de sus éxitos, ¿está preparado? Haga CLIC AQUÍ para continuar".

14) Use sonrisas y metáforas, para producir un mayor efecto
Cuando los clientes adquieran sus productos, eso generará un "flujo de tráfico que hará pensar a Noé en construir otra Arca". Si ellos no le compran a usted HOY, se sentirán "como un gato que ha dejado escapar a un ratón". Utilice palabras que generen esa imagen en la mente de sus lectores. Cuando usted piensa en Superman, ¿qué es lo primero que viene a su mente? Inmediatamente recordamos que "Es más rápido que una bala", "Más poderoso que una locomotora", "Capaz de saltar a los más altos edificios solo de un salto". ¿Ve cómo las palabras se quedan pegadas en nuestra mente?

15) Enfóquese en su producto o servicio
No trate de vender diferentes productos al mismo tiempo. Eso solo confunde al lector. Mantenga su Carta de Ventas dirigida exclusivamente a un producto o servicio. Luego use otros

productos y servicios para las compras posteriores (backend) de sus clientes.

16) Destáquese del resto
No se engañe usted mismo. Hay cientos –quizás miles– haciendo lo mismo que usted en la red. ¿Cómo hará para destacarse de esa multitud? Sus Cartas de Ventas tienen que inyectar personalidad. Deben tener un aire de originalidad. Su producto o servicio ES diferente. No es como el resto. Es único. ¿Verdad? Entonces sus Cartas de Ventas deben diferenciarlo a usted del resto de su competencia. Deben crear el sentimiento de: "Usted no encontrará esto en ningún otro lado".

17) Sea creíble
"¡¡*Gane $54,000 dólares en la próximas 24 horas!!*" ?? ¡Borre eso! El que lo lea dirá: "¿Ellos creen que yo soy un idiota o qué?" Sea real. No haga anuncios ostentosos que, obviamente, no son verdaderos… o usted arruinará su reputación. Déjeme explicarle un hecho simple y universal que no se puede revertir. Una vez que lo tilden de mentiroso, usted NUNCA será otra cosa más que un mentiroso. No importa si se vuelve el más respetable y honesto comerciante de todos, la gente siempre dudará porque ellos recordarán los argumentos locos que usó en aquella oportunidad. Sea creíble. No exagere, no engañe, no exagere ni distorsione la verdad.

18) Sea específico
No generalice su información, sea lo más EXACTO posible. En vez de "más de 100 tips para perder peso" use "124 tips para perder peso". Generalizando la información, se crean dudas y preguntas en la mente del lector. "¿Qué es lo que lograré aquí? ¿Ellos lo sabrán?" Cuando usted usa información específica, el lector comienza a pensar: "Esta persona los debe de haber contado. Sé exactamente lo que puedo esperar de ellos". "Las

perogrulladas y las generalidades no llegan al entendimiento humano, como el agua no moja a un pato" –escribió Claude Hopkins en su clásico libro "Publicidad Científica"–. "Como sea, no dejan ninguna marca".

19) Sea minucioso
Dígales a sus lectores todo lo que ellos quieran saber de sus productos o servicios. Conteste todas sus preguntas, y todo lo que ellos quieran saber antes de hacerle una compra. Piénselo desde el punto de vista de ellos. Pregúntese usted mismo: "¿Por qué yo no compraría esto?" Luego agréguelo a su Carta de Ventas. Quite todo lo que evite que el lector haga la compra.

20) Use testimonios para aumentar sus ventas
Comparta las experiencias de lo que sus actuales clientes dicen de sus productos o servicios. Muchos sitios Web tienen una sección íntegra –o hasta una página aparte– que tienen testimonios, y una lista de buenas recomendaciones. Los clientes satisfechos quitan las posibles dudas de la mente del lector. "Si estas personas encontraron un verdadero valor y beneficios en el producto, seguramente yo también lo obtendré". Son especialmente efectivos los testimonios de gente respetada y conocida como "autoridad" en el campo en que usted se mueve.

21) Use titulares una y otra vez a lo largo de toda su Carta de Ventas
Un buen título no debe ser usado solamente al principio del anuncio. Úselo con frecuencia, pero sin abusar de ellos. Un titular bien ubicado, retiene la atención del lector, lo lleva a meterse más en la Carta de Ventas y lo deja bien dispuesto para el siguiente párrafo. Póngase a trabajar en sus titulares, tanto tiempo como en su Carta de Ventas, ¡es MUY importante!

22) Evite hacer preguntas tontas

"¿Le gustaría ganar $1,000,000 de dólares al año?" "¿Eso no le parece genial?" "¿Quiere ser tan exitoso como yo?" Evite toda pregunta que insulte la inteligencia de su lector o que lo haga sentir inferior, ¡no lo subestime!

23) Ofrezca un obsequio, inclusive si el lector no le compra nada

Si el cliente o clienta decide que no hará una compra, usted querrá hacerle un seguimiento, para tratar de influenciarlo y que compre en el futuro. Por lo tanto, si le ofrece un obsequio, puede pedirle su dirección de *e-mail* para poder enviarle ese regalo. Haciendo eso, usted está en condiciones de hacerle un seguimiento para lograr una probable venta. Además, puede continuar con su proceso de venta teniendo su anuncio, *banners*, etc., que no tengan ese producto gratuito. Y, por supuesto, si ese producto gratuito es de alta calidad, un producto o un servicio utilizable que impresione al visitante, es probable que el visitante pronto se convierta en cliente.

24) Use bonos para atraer al lector

Una de las cosas que yo he encontrado verdaderamente efectiva al redactar las Cartas de Ventas es incluir en ellas bonos que SOBREVALÚEN el producto que estoy ofreciendo. Ginsu hizo esto famoso: ellos estaban vendiendo un juego de cuchillos, pero antes de que el comercial hubiera finalizado había tantos bonos sobre la mesa que era imposible decir que no. Esté seguro de proveer bonos de calidad, no algo sin importancia, viejo, basura, o que dañe la credibilidad en su oferta principal.

25) Use frases que se conecten, como: "¡Pero espere, aún hay más!" o "¡Y eso no es todo!"

Estas frases tan efectivas conducen al lector de un párrafo a otro, en especial cuando el que le sigue es un parágrafo que tiene una lista de los beneficios, o lo lleva hacia el tema los bonos. Repito: la idea es darle MÁS y MÁS beneficios al lector.

26) Siempre incluya una fecha límite
Poniendo esa fecha tope, usted crea en la mente del lector una sensación de urgencia. Por ejemplo: "Si usted no hace la compra dentro de las próximas 24 horas, ya no podrá obtener los bonos" Y el lector pensará: "¡Oh no, quedan solamente 10 productos, tendré que apurarme!" Hágale saber a sus lectores o clientes que ellos perderán mucho si no se atienen a las fechas de finalización de la oferta. Recuerde que ellos no solo perderán sus productos y sus bonos sino, además, todos los beneficios de su producto. Las fechas límite son muy efectivas. Todas las Cartas de Ventas deberían tener una.

27) Explíqueles exactamente cómo deben hacer la orden de compra
Sea muy claro en todo el proceso. Indíqueles dónde tienen los *links*. Hábleles de todos los métodos de pago que usted les ofrece (tarjetas de crédito, cheques, etc.) Haga que este proceso sea tan sencillo y claro como le sea posible. Si ese proceso tiene más de dos pasos, la mayoría de la gente lo abandonará.

28) Explique con claridad cuándo se le enviará el producto
¿La orden de compra se procesará al instante? ¿Cuándo será realizada? Dígales a sus compradores exactamente lo que deben esperar una vez que han hecho la orden de compra. Cuanto más específico sea, mejor. Que sepan que usted tiene su sistema funcionando correctamente, que los operadores están allí, y que su orden va a ser bien atendida. Haga que lo sepan.

29) Prometa una garantía de "devolución del dinero"
Ofrezca una garantía de "30 días, sin hacerle ninguna pregunta".

La mayoría de la gente no lo sabe, pero eso dice la ley. Usted está OBLIGADO a devolverles el dinero si ellos no están satisfechos con el producto o servicio que han adquirido. Entonces, si de todas maneras es lo que dice la ley, ¿por qué no transformarlo en un beneficio? Hágales saber que ellos están comprando su producto o servicio, LIBRES DE TODO RIESGO.

30) Incentívelos para que respondan inmediatamente
Muchas personas necesitan que les digan: ¡"Hágalo ahora!" "¡Ordene hoy!" "¡Haga clic en este momento para comprar YA!" Dígame, ¿ha visto algún comercial en la televisión que no le diga ¡compre ya!?"

31) Incluya siempre una Posdata
La gente siempre lee las posdatas. De hecho, la P. D. es una de las partes MÁS IMPORTANTE de sus Cartas de Ventas. ¿Por qué? Porque muchas veces el visitante de su sitio Web irá con el ratón al final de su carta para saber cuánto va a costarle el producto o servicio. Por eso la posdata es un excelente lugar para recapitular su oferta, así cuando ellos vean la tarjeta con el precio, también verán un informe detallado de lo que recibirán por ese precio. Use la Posdata para repetir su oferta en detalle.

32) Agregue una segunda Posdata
Esté seguro de que, si ellos leen la primera P. D., también leerán la segunda P. P. D. Úsela para recordarles la fecha de finalización de la oferta, para ofrecerles otro bono, o para repetirles algún otro punto que les refuerce la idea de comprar. ¡Le garantizo que lo leerán!

Bueno, ¡ahí están los 32 tips!
Espero que haya aprendido información muy valiosa durante este mini-curso.
Estoy seguro de que si usted usa estos tips, verá un incremento

muy significativo en el número de respuestas que recibirá por sus Cartas de Ventas.

ÁLVARO MENDOZA
MercadeoGlobal.com

La Magia del Arte

Cómo encontrar soluciones de vida a través del Arte

Por **Amparo Garzón**

Sí, estás leyendo correctamente, el arte es un recurso ancestral para cambiar y engrandecer vidas. Más aún para conocerse a sí mismos y lo más importante: El arte crea una conexión entre cuerpo, mente, alma y espíritu.
"El arte sana".

Tal vez te enseñaron, que el arte eran las pinturas y esculturas que están en los museos y galerías, o el ballet, la música y el teatro.

Existen verdades escondidas que hasta ahora no han sido reveladas, al igual que hay creencias con las que vivimos y nos desenvolvemos en el curso de la vida. Con esas creencias y verdades a medias intentamos resolver los llamados problemas o errores que cometemos una y otra vez y a los que nunca antes les hemos encontrado soluciones definitivas.

Una de esas verdades escondidas es el arte. A lo largo de este capítulo encontrarás una visión hasta ahora desconocida no sólo para ti, sino que lo es también para la gran mayoría de la humanidad. Aun cuando a través de la historia de la creación, nos han mostrado que en el universo nada existe por azar o por casualidad; en la vida nada falta, nada sobra. Todo es completo y entero, por lo tanto el arte que conforma la creación está presente en cada forma, color, sonido, aroma de la naturaleza y por supuesto en ti. Es decir, que el arte en todas sus manifestaciones es y ha sido fundamental para el desarrollo del hombre y su entorno.

Hildergard Von Bingen compositora de los cantos gregorianos decía: *"En el hombre siempre hay algo divino y ese algo se expresa en la música y el arte".* Entonces te estarás preguntando... ¿Cómo es que el arte es un recurso que el universo me brinda para sanar mis problemas físicos, emocionales, mentales y espirituales?
Primero veamos una definición de lo que es arte y sanación.

¿Qué es el Arte?
Es cualquier actividad que realiza el ser humano, con una finalidad estética o de *comunicación*, a través de la cual se expresan ideas, sentimientos, y emociones. Lo más importante: el arte es una visión personal del mundo interior mediante el uso de múltiples recursos. Esta es una de las muchas definiciones que podemos encontrar.

¿Qué es sanación?
Es la ciencia de resolver los problemas, enfermedades, dolencias e inconsistencias, desde su origen, integrando cuerpo, mente, alma, y espíritu; es decir, desde el aspecto holístico.
Todos somos parte del arte ahora mismo, y en todo instante estás en contacto con una o más formas de arte; no puedes sustraerte de él, de hecho constituyes parte de él. Nuestro cuerpo es una creación perfecta de formas, colores, olores, sabores, texturas y sonidos, como lo son también las cosas que producimos, construimos y creamos. Ya te vas dando cuenta que tú y tu entorno son obras de arte y que cualquier desbalance, incongruencia o incoherencia, es una enfermedad.

Ahora mismo como raza, sociedad e individuos, estamos conociendo cada día, la validación de algunos paradigmas científicos, como por ejemplo *El Bosón de Higgs*. De esa misma forma, no podría entonces ignorarse entre ellos: *El arte y la sanación*.

Durante muchos años, la humanidad ha usado a la *medicina natural*, como la principal herramienta para curar y sanar las dolencias o desbalances físicos, mentales, emocionales y espirituales.

En los últimos 20 años, médicos, hospitales y sanadores en todas sus especializaciones están descubriendo que el arte (música, pintura, escultura, danza, poesía, teatro, literatura, etc.), tiene profundos efectos sanadores. Todos ellos están trabajando con artistas, para ayudar a las personas de cualquier raza, edad y religión a sanar sus enfermedades, incluyendo cáncer, sida y problemas mentales.

El arte provee nuevos e insospechables recursos y formas novedosas, acerca de la capacidad que tiene el hombre de sanarse a sí mismo y a otros. Es un camino potencial, que ofrece una profunda influencia en nuestra salud, bienestar y por supuesto, en el temido estrés.

Las universidades están creando programas para los artistas. Están llevando entre otros, programas de arte a los hospitales y centros de salud, para trabajar e interactuar con los pacientes, con el propósito de hacer cambios en el frío medioambiente que reina en esos lugares.

El arte tiene el poder de mover la energía del miedo y la tensión que rodea al paciente, porque genera alegría y regocijo; libera el espíritu y logra una apertura que ayuda al cuerpo y a la mente a entrar en el proceso de sanación, pues lo lleva a incrementar la energía en su sistema inmunológico y a trabajar con los dos hemisferios del cerebro.

El Arte y la Sanación son uno, esta verdad está siendo ahora reconocida por la *Psico-neuroinmunología*. *El arte, la oración, la meditación y la sanación* provienen de la misma fuente y todas ellas están asociadas con un patrón de onda vibratoria en el cerebro. *El arte y la sanación* son dos manifestaciones energéticas básicas y cuando estas dos energías se mezclan con el *poder de la intención* –a través de la visualización no guiada– entonces se hace arte para sanar y se practica la *sanación* como *arte* porque el proceso creativo en sí mismo es sanador; se está trabajando con el arte y la medicina del futuro, esto es, arte y medicina como *uno*: *HealingArt*. Aunque no existe una traducción para *HealingArt* en español, podemos decir que lo más cercano sería "Arte de Sanación" o "La Sanación a través del Arte".

Las investigaciones sostienen que nuestras memorias verbales se alojan en el lado izquierdo del cerebro que tiene una capacidad analítica necesaria para comprender y juzgar, nuestras memorias visuales asociadas a las emociones, que han sido ejercitadas y se arraigan profundamente en la experiencia sensorial del cuerpo, están almacenadas en el lado derecho del cerebro como *imágenes*. Esas imágenes tienen más poder que las palabras, y son la vía más directa para hacer contacto con aquellas emociones dolorosas que nos enferman; y es allí en donde el *arte* juega el rol más importante del proceso de la Sanación.

HealingArt es una excelente herramienta que se entrega a quien se encuentra en desbalance –junto con el apoyo de un profesional– para que por sí mismo, encuentre un camino para sanar; pues aprende a cómo reconocer y reconectarse con su propio "lenguaje interior". Sus memorias visuales (imágenes), su simbolismo y el entendimiento de sus mensajes, van haciendo posible descubrir su "sabiduría interna" y su "verdadero poder", llevándolo a hacer cambios profundos al sanar su cuerpo, su mente, sus emociones y lo más importante, las heridas del alma.

HealingArt es un camino de inspiración para artistas y no artistas, es una guía para la iluminación en la oscuridad, la sanación de la enfermedad; porque cada vez que expresas tu propio lenguaje visual, y tu simbolismo interno se manifiesta a través del Arte, ya nunca serás el mismo, ni tu mundo significará lo mismo. Tu tendrás un maravilloso recurso para llegar a conocer "el propósito de tu alma", que va más allá de lograr éxito, dinero y amor. "El propósito del alma", es la única misión sagrada que viene a cumplir el hombre en este plano.

No se necesita haber estudiado arte ni tampoco ser artista, para recurrir al arte como recurso de sanación. No, si se conocen las herramientas sanadoras que el arte ofrece. Solamente es necesario, decidirse a poner colores sobre un lienzo, o un trozo de arcilla para modelar, pues, esta obra no será exhibida. En este caso, no es importante preocuparse pensando cómo lucirá lo que hagas –y mucho menos pensar si se tiene o no talento– si la obra va a ser reconocida o no; tampoco si se dibuja mejor que otros… solo se usará esta expresión de arte como una herramienta para sanarse a sí mismos.

Si eres un terapeuta o un profesional de la salud, entrenado para acompañar a otros en este proceso, el arte, en este caso, será usado como un medio de expresión de las imágenes internas, de las emociones más profundas que están causando dolor y sufrimiento, y que aún, no se han podido liberar con palabras, ni mucho menos descifrar, por qué suceden o por qué el paciente está viviendo esa situación que lo perturba.

Es una experiencia única. A través de los dibujos, las propias imágenes internas comienzan a verse plasmadas sobre papel o lienzo. A partir de allí, empiezas a sentirte mejor, pues esa imagen del dolor que tienes adentro, es el medio de expresión que tu alma propone en ese momento de la vida. Porque es el alma la que conoce su verdadera esencia y el por qué de su existencia.

Permitirle a esas imágenes internas salir a la luz, es ir en la dirección que el alma ya conoce; es conectarte con tu sabiduría, en un orden que te llevará al camino del auto-conocimiento y por lo tanto, a la conexión de todas tus partes que habían estado fragmentadas. Esta es una labor que proviene de lo más profundo del corazón y del alma; y cuando se co-crea desde ese lugar obtenemos fortaleza, conexión y sabiduría.

HealingArt se está usando, haciendo énfasis en el proceso artístico, como un medio para expresar emociones a través de las imágenes físicas sensoriales y auditivas, con el propósito de llevar al paciente a encontrar –a través del arte– un desahogo y una liberación de sus imágenes internas.

En *HealingArt*, las imágenes esbozadas, no son utilizadas por el terapeuta, psicólogo o psiquiatra, como un método de interpretación. La persona que creó la obra, es la única que sabe su significado, pues son las imágenes internas, las que –a través de las formas– muestran las emociones que tienen que ver con la enfermedad que agobia al paciente. Si está viviendo una situación discordante, o están pidiendo ser reconocidas, esas emociones escondidas son las que afectan directamente la salud física, mental y espiritual, producen una disfunción en el sistema inmunológico, pensamientos negativos, crecimiento anormal en las células, falta de adaptación al medioambiente, al entorno social y familiar, etc.

HealingArt está aportando bases mucho más eficaces y efectivas como *terapia complementaria y terapia de relajación*, que las terapias que son solamente verbales; pues recordemos que las memorias verbales están alojadas en el lado izquierdo del cerebro, que es analítico, y las imágenes son nuestro verdadero lenguaje interno.

La forma de expresar las emociones –que ya han sido experimentadas en el pasado– están almacenadas en el lado derecho del cerebro, por lo tanto, la terapia que rescata las imágenes, es la ruta más directa, para hacer contacto y entender nuestras emociones dolorosas. Cuando esas imágenes internas se hacen visibles y podemos palparlas, podemos usarlas para aliviar, liberar y descargar todos aquellos pensamientos negativos, sentimientos y emociones productoras de la enfermedad en cualquiera de sus manifestaciones…liberando al cuerpo del estrés, aquietando la mente y permitiendo que trabaje el poder del espíritu.

Algunas de los recursos propios de *HealingArt*, son:
La visualización no guiada (no son las mismas técnicas de visualización usadas en la hipnosis)
La respiración
La expresión corporal
El sonido
Técnica del punto cero, que es, llevar al individuo a estar en el presente, sin expectativas a futuro ni creencias del pasado

Con el conocimiento de los múltiples recursos y técnicas que debe conocer un terapeuta experto en *HealingArt*, se logra llevar al individuo a expresar sus emociones a través de imágenes que son el lenguaje interno del cuerpo, la mente, el alma y que están bloqueando el camino de la sanación.

Expresando esas imágenes a través de formas, colores, figuras, movimientos corporales y sonidos, se va liberando todo aquello que se ha sostenido y almacenado en cada célula del cuerpo para abrirle el camino a la sanación.

Para empezar a crear tu propio arte de sanación se debe aprender primero a acallar los pensamientos verbales, entonces así se puede comenzar a estar presente, en un entendimiento claro, sin juzgar o analizar, cómo el cuerpo experimenta y percibe los sentimientos, las sensaciones producidas por las emociones. Luego, podrá llegar paso a paso a reconocer sus imágenes internas, que por años han sido ignoradas y han creado conflictos entre el corazón y la mente.
El cuerpo responde a los mensajes conflictivos e incoherentes liberando hormonas de estrés, que interrumpen el funcionamiento del metabolismo, incrementan la tensión muscular y finalmente, crean el desplome del sistema inmunológico, convirtiéndolo en un candidato a ataques cardiacos, úlceras, cáncer, problemas de riñón, corazón, de relaciones interpersonales, laborales y todas las enfermedades relativas al estrés.

Juzgar y criticar son las raíces del estrés; lo hacemos con nosotros mismos y luego buscamos en otros nuestro espejo, buscamos culpas y culpables, víctimas y victimarios; es decir, lo hacemos doblemente. Entonces para mantener una buena salud se deben resolver los conflictos entre los pensamientos, los sentimientos, las emociones y las creencias, pero no podrá hacerlo hasta que se aprenda a reconocer que esos conflictos existen, y que muchas veces nos encontramos haciendo y diciendo una cosa y sintiendo otra.

Para revelar un conflicto interno, es importante aprender a ir dentro de sí mismo; entender la diferencia que existe entre el lado izquierdo del cerebro, que es verbal y "piensa los mensajes", y el lado derecho del cerebro, que "siente los mensajes".

Uno de los aportes que tiene *HealingArt*, es enseñar a omitir de una manera consciente el lado izquierdo del cerebro con sus pensamientos verbales, por medio del lenguaje de imágenes internas, usando las técnicas de visualización y centrando el cuerpo en la consciencia.

La parte más difícil de aprender, será la confianza que deberá tener el paciente, en sus propias imágenes, las cuales expresará a través del arte. Es importante entender la diferencia abismal que existe, entre expresar una emoción con palabras y hacerlo a través de imágenes; se debe tener clara la diferencia entre sanar y curar. Curar la enfermedad o dolencia es lo que la ciencia médica intenta hacer con tratamientos, medicamentos e intervenciones externas dejando de lado las otras partes que conforman al ser humano. Sanar es un proceso interior, integral para restaurar el balance y la armonía entre el cuerpo, la mente, el alma y el espíritu. Ese balance y armonía ocurren cuando no hay conflictos entre lo que el cuerpo recibe y lo que la mente percibe y eso empezará a suceder cuando se fijan las intenciones, creando un balance entre ellos. Entonces el arte actúa como un agente sanador que activa su propio proceso de sanación. Esta es una de las razones por las cuales, los hospitales, centros de salud y profesionales de la salud física y mental de todo el mundo están complementando sus tratamientos, usando los beneficios que aporta *HealingArt* como terapia holística complementaria.

Ha llevado años de estudio, trabajo e investigación para que la comunidad médica empezara a responder, a los grandes descubrimientos, aportes y beneficios que se logran con el uso del arte; primero con las *Artes Expresivas, Art Therapy* y ahora con los maravillosos avances de *HealingArt*.

Grandes centros de investigación y universidades han abierto programas de *HealingArt* para profesionales de la salud y para artistas profesionales en sus diferentes disciplinas en maestrías y doctorados. Los hospitales y centros de salud física y mental están usando el arte no solo para los tratamientos y terapias para sus pacientes, sino que también están usando las obras de arte creadas por los artistas –que se han especializado en crear arte para sanar– dentro de sus espacios internos, salas de espera, habitaciones, oficinas y también en espacios externos como jardines, terrazas, lugares de descanso, esparcimiento y meditación.

He estado hablando sobre las imágenes internas que son la forma de expresión que tienen las emociones creadas por las experiencias que vivimos y como las vivimos en su momento, esas imágenes internas son en realidad el "lenguaje de las emociones"; estas no se pueden expresar con palabras, porque las palabras no alcanzan a describir lo más íntimo y profundo de las experiencias. He allí, una de las desventajas de la psicoterapia, cuando esta se aplica en forma independiente y no en colaboración con otras formas de expresión visual, sensorial y auditiva que provienen directamente del inconsciente del individuo.

Las emociones, ya sean coherentes o incoherentes, a las que en el pasado hemos llamado emociones positivas y negativas, se alojan en la membrana de nuestras células; en la "memoria celular", muchas veces sin saberlo conscientemente, las fijamos nosotros mismos. Sí, aunque nos parezca increíble, lo hacemos diariamente en diferentes formas, entre ellas las más usadas son la repetición de patrones verbales, reviviendo las experiencias a las que les ponemos emoción con los pensamientos y las palabras. Los recordamos con los ojos cerrados, así estamos dando fuerza a la experiencia reviviendo los eventos una y otra vez, esto es también una forma de vivir en el pasado, pues nuestro inconsciente no hace diferencia de tiempo el sólo vive en el presente.

La otra forma en la que fijamos las emociones en la memoria celular es a través de la respiración. La forma en que respiramos es decisiva, porque respirar es una experiencia íntima que nos relaciona con el universo en toda su expresión. Cuando respiramos –tomando o no consciencia de la profunda interrelación que existe entre mi respiración y mi entorno– debo darme tiempo, para permitir los movimientos de mi cuerpo, reconociendo el apoyo que ella me brinda. La manera como respiro, lleva oxígeno a mis células si lo hago correctamente y por lo tanto mejora mi calidad de vida.

Respirar en consciencia es la base de la salud física, emocional y mental. Es a través de la respiración que puedo hacer contacto con mi Alma que soy yo mismo(a) y de ella con el espíritu, por ello se le llama a la respiración el caballo que me lleva a la meditación, cuando un ser vivo deja de respirar deja de existir, es decir, su parte física muere.

Cuando respiro conscientemente, estoy integrando mi cuerpo físico. Estoy alerta a la expansión del diafragma, abro el pecho, siento el aire frío que entra por mis fosas nasales, mis pulmones se ensanchan, me nutro de energía. Cuando exhalo, el aire sale tibio por mi nariz y mi cuerpo se siente en un profundo y placentero estado de relajación, estoy listo para avanzar, se integra mi mente, pues mis células, y las estructuras subcelulares, han recibido el alimento vital, entonces estoy alerta para pensar y dirigir mi cuerpo a tomar acción. Respirar es todo un arte, que integra todas mis partes y me mantiene con vida.

¿Comprendes ahora, que de la forma como respiras depende tu calidad de vida?
Ojalá esto te motive a explorar todas las posibilidades que respirar en consciencia te brinda. Hacerlo te lleva a un continuo intercambio entre lo más profundo de tu ser y el entorno en el que has elegido vivir y eso solo toma lugar con cada respiración, es lo que llamamos un instante, vivir en el presente, el aquí y el ahora.
Por ejemplo, ¿habías pensado antes sobre la profunda interrelación que existe entre nuestra respiración y la de los árboles?... Ellos se complementan a la perfección.

¿Recuerdas que antes te dije que en la naturaleza de la cual eres parte, nada sobra y nada falta? te invito a leer mi blog aghealingart.wordpress.com, allí te entrego un artículo que escribí sobre *Arbolterapia*, lo mejor de todo es, que es una práctica gratis de la cual sólo recibirás beneficios.

Respirar es una práctica
No importa la edad, el momento o el lugar en donde te encuentres Respirar es sólo la práctica más cotidiana que todos los seres vivos tenemos, lo que sucede es que los seres humanos hemos olvidado esta función. Lo más importante y que la hace infinitamente sencilla es que podemos influir sobre nuestra respiración en forma consciente, es decir, a nuestra voluntad. La podemos practicar en diferentes ritmos. Por ejemplo, existe una gran cantidad de información para diferentes disciplinas a las que puedes tener acceso en libros, audios, etc. De lo

único que se trata cuando hablo de respirar en consciencia es: "entablar una relación con la totalidad de ser", algunas partes o planos del ser están por debajo o por arriba del umbral de la conciencia, pero eso no quiere decir que no podemos tener acceso a ellas, este tema lo trataré en mi blog aghealingart.wordpress.com

De lo que se trata cuando te digo que es una práctica fácil es que la forma correcta de respirar es innata, ¿has observado a un bebé pequeño cuando duerme? Observa también al perro y al gato cuando duermen. La forma correcta de respirar está fijada en tu memoria, entonces es un camino sencillo de recorrer, para ello te invito a hacer el siguiente ejercicio; es uno entre miles que existen, pero que he encontrado muy sencillo y útil por mi experiencia personal y a través de las personas que asisten a mis talleres, conferencias y a mi oficina.

Toma una posición cómoda y observa los lugares de tu cuerpo en donde sientes presión de tus miembros uno contra el otro, por ejemplo, tus piernas tus brazos, tus manos, si estás sentado siente la presión de tus caderas contra la silla, la espalda con el respaldo, ahora respira normalmente, tómate un minuto para observar y sentir la experiencia… Ahora, retira tu espalda del respaldo de la silla y que tus caderas queden haciendo presión con todo tu peso… puedes sentir cómo cambia el contacto de tu cuerpo consigo mismo y con la silla mientras respiras normalmente.

Ahora observa tu cuerpo, cómo se mueve hacia adelante y hacia atrás con respecto al suelo y a la silla. Si no puedes notarlo es porque estás respirando tan suavemente que entonces los movimientos son muy imperceptibles, con la práctica los notarás, pero ahora, respira con un poco más de intensidad; sé gentil y amoroso contigo mismo, nota cómo son las sensaciones cuando inhalas el aire al entrar y cómo es el movimiento de tu cuerpo cuando exhalas el aire por tus fosas nasales. Este ejercicio lo puedes hacer cuando estás de pie, toma las precauciones necesarias y cuando estás acostado, te lo recomiendo en la noche antes de dormir, se convierte en una especie de arrullo y entras en un buen estado de relajación. Después de un tiempo cuando te sientas listo puedes seguir el ejercicio de la siguiente manera:

En una posición cómoda toma conciencia de la posición de tu cuerpo con respecto a ti mismo y tus partes. A esto lo llamo auto referencia o ser autorreferente. Luego con respecto a tu entorno, ya sea la silla, la cama, la playa, el piso, o donde quiera que estés. Comienza a tomar conciencia de tu nariz, tus fosas nasales, presta toda tu atención completamente a cómo entra y sale el aire por tu nariz. Practica un tiempo este ejercicio.

Luego puedes avanzar paso a paso. Sé paciente, gentil y muy amoroso contigo; toma una posición cómoda y sé autorreferente con tu cuerpo y con tu entorno, ahora presta atención completa y profundamente sin esforzarte sólo a tus fosas nasales y siente el aire frío cuando entra y toca el borde de tus fosas nasales y recorre tu nariz y llega a tus pulmones, luego cuando el aire sale por tus fosas nasales siente cómo sale tibio. Hazlo por un tiempo, lo puedes realizar a cualquier hora del día o de la noche, también es una excelente práctica y un recurso maravilloso para cuando estás tenso y para cuando no puedes dormir. También es muy útil para cuando requieres concentración, recuerda que la respiración es el caballo para llegar a la meditación, respirar en consciencia ayuda a la mente a observar sin perjuicios y ver las situaciones tal y como se presentan.

Voy a darte también más información que puede ayudarte a transitar por lugares desconocidos de ti mismo, que te ayudarán a encontrar una salida a lo que esperas.

Dentro de ti, está el poder expresar y soltar todo aquello que en su momento fue útil y que ahora ya no sirve y está ocupando un lugar que pesa, duele y enferma. No obstante, tu organismo no va a renunciar tan fácilmente a todas esas tensiones que se han convertido en patrones habituales, que limitan hasta tu libertad de movimiento corporal, pues tu inconsciente los considera muy importantes para vivir y te mantienen en un círculo de confort. Tu organismo no sabe cuánto tiempo ha pasado viviendo con esas memorias celulares, así como tampoco sabe que existe un universo pleno de nuevas posibilidades.

Puede ser que no encuentres tan fácil lograr cambios, ten presente que al tomar contacto con los procesos que tienen lugar dentro de tu cuerpo y tu mente, estás desafiando formas de vida con las que te has organizado hasta ahora. Entonces, respirar en consciencia será algo nuevo para ti, verás que con un poco de práctica lo encontrarás útil y comenzarás a percibir tu cuerpo y tu entorno como nunca antes lo habías hecho.

Cuando empiezas a experimentar la sensación que te produce la entrada y la salida del aire frío y tibio por tu nariz, lo primero que sabrás que existe es el aire y tu nariz; luego comienzas a prestar atención "tomar consciencia" de las otras partes de ti, tus olores, tus sonidos, tus texturas, tu piel, tus órganos internos y luego maravillosamente tu entorno. Se va creando el arte de la comunicación entre tú y lo que te rodea; ello toma lugar con formas de energía, impulsos que crean redes por medio del tono de tu voz, la calidad de tu mirada, el aroma de tu cuerpo, tus movimientos corporales todas estas nuevas sensaciones te permiten desarrollar una versatilidad que te da la capacidad de entrar en contacto con el mundo que tú eliges vivir y compartir.

He estado hablando sobre las imágenes internas, que son el lenguaje de las emociones y te estarás preguntando... ¿cuáles son esas imágenes y qué tienen que ver con el Arte?

Pues bien, el arte que se expresa por medio de formas y colores (pintura, escultura) por ejemplo, está ocupando cada vez más un lugar preponderante en los espacios públicos, corporaciones, hospitales y centros de salud, es un arte que lleva tranquilidad y regocijo pues son obras co-creadas por artistas en estados de meditación y en conexión con el alma, y ellas en su esencia, son obras con formas ondulantes y con colores basados en estudios e investigaciones sobre psicología del color. Porque el color es una onda vibratoria que emana luz al entorno y al espectador; lo mismo sucede con la danza y la música.

Y te pregunto, ¿qué obras de arte tienes en tu lugar de trabajo, en tu casa?
Revisa tu entorno, cuando las observas... ¿Qué emociones te producen? ¿Qué siente tu cuerpo? ¿Qué música escuchas? ¿Qué libros lees? ¿Qué obras de teatro, o películas ves?

Para empezar, una forma sencilla de crear tu propio arte de sanación: Observa tu entorno, y comienza a hacer cambios. No juzgues, porque esta práctica crea conflictos entre el corazón y la cabeza, y desde el punto de vista científico el conflicto es entre el hemisferio izquierdo y el derecho del cerebro.

Crear espacios armónicos en donde vas a vivir, dormir y trabajar, es fundamental; puedes comenzar encontrando un lugar silencioso en el cual empezar a hacer tus ejercicios de respiración consciente hasta que esta se convierta en una práctica habitual. También puedes buscar un diario, un cuaderno (no es recomendable la computadora o el iPad) porque es muy importante el uso de las manos por las terminaciones nerviosas y de lo que se trata es que comiences a conocer tu cuerpo.

Tu diario de autoconocimiento
A este diario, puedes darle el nombre que tú quieras, con el que te sientas motivado, yo tengo varios. Algunos los he comprado, otros me los han regalado y los que más me gustan son los que yo misma diseño y los he hecho con mis estudiantes en los talleres y seminarios que dicto en diferentes países, con materiales de reciclaje con las bolsas de papel del supermercado, con las cajas de cereal, con las cartas que me envían, papeles, plásticos, sobres, fotos, latas de metal, en fin con todo lo que me motiva y me parece lindo y muy importante. Todo esto es lo que mejor me describe a mí y a mis emociones.

Dentro de las prácticas de *HealingArt*, se proponen los diarios de sanación, y son muy importantes, porque es allí en donde el artista puede entrar a enseñar una de las prácticas más enriquecedoras que se pueden compartir; "la creatividad" se desborda y florece el artista interno que tenemos todos nosotros. Tú también eres un artista, eres una obra de arte perfecta. Te invito a leer el artículo sobre "creatividad, revelando tu individualidad, tu poder interior" mi blog aghealingart.wordpress.com

Cuando tengas tu diario de autoconocimiento, consigue también lápices, colores, marcadores, crayones o tizas, acuarelas, pinceles, nada costoso, no es necesario desde el principio tenerlo todo con un lápiz y unos colores es suficiente, los materiales que usan los niños en la escuela sirven muy bien; busca un lugar cómodo y seguro, en donde no seas interrumpido mientras llevas a cabo este ejercicio.

Organiza tus materiales sobre la mesa o sobre el piso, en donde te sea muy fácil encontrarlos, abre tu diario en una página que esté en blanco, siéntate cómodamente en frente de tus materiales, toma unas cuantas respiraciones que te permitan estar relajado y concentrado, simplemente lee y sigue estas sencillas instrucciones:

Piensa en un dolor, tensión que te esté produciendo una emoción y te cause molestia y quieras entenderla y que te gustaría poderla liberar o por lo menos aliviar; ahora piensa en una palabra que describa con claridad esta emoción (por ejemplo, ira, miedo, desprotegido, depresión, estrés), cuando la tengas sin esforzarte toma tu tiempo, ve a tu diario, toma algo con que escribir y en la página en blanco escríbela en la parte superior de la página en letras grandes y claramente para que la puedas leer.

Observa, mira, estudia con detenimiento por unos momentos la palabra que escribiste, entonces escribe debajo de la palabra dos o tres frases que describan cómo esta emoción que has estado experimentando te hace sentir.

Cuando sientas que has terminado de escribir las dos o tres frases, léelas en voz baja para ti mismo, ahora piensa cómo esa palabra y esas frases describen, hablan de cómo te sientes, que te cuentan cómo estás viviendo la experiencia en tu cuerpo. Ahora escribe las respuestas que has obtenido al respecto.

Mi pregunta es ¿realmente esas palabras describen tu realidad? ¿Identifican completamente la emoción de la experiencia que estás sintiendo en su totalidad? ¿O sólo has estado en contacto con tus pensamientos acerca de la emoción?

Segunda parte del ejercicio
Para esta segunda práctica, requieres de tu diario de

autoconocimiento, lápices, colores y si ya tienes los otros materiales a mano, ponlos todos frente a ti en donde puedas acceder a ellos fácilmente.

Debo hacer primero una aclaración para que no te sientas frustrado o incómodo si desde el primer intento no lo logras hacer. Algunas personas no logran desde el primer momento que cierran sus ojos ver una imagen clara de su emoción, desde el primer momento en que cierran sus ojos, y tratan de guiarse u obligarse a sí mismos a ver imágenes. Por favor no lo hagas, si has leído el contenido de las páginas anteriores ya podrás entender de lo que se trata, no permitas que intervenga tu hemisferio izquierdo del cerebro.

Cada persona lo experimenta a su manera, algunas ven una imagen en su pantalla mental, en el lóbulo frontal, otras solamente sienten la imagen, otros intuyen una imagen, otras escuchan un sonido que se puede traducir en una imagen o color, y otras personas aún con sus ojos abiertos permiten que su mano dibuje la imagen que proviene de su interior; este ejercicio es sólo cuestión de práctica. Si en algún momento sientes que estás forzando, pensando en una imagen, juzgando la imagen, abre tus ojos respira, tómate tu tiempo y vuelve a intentarlo. Como siempre sé gentil, comprensivo y amoroso contigo mismo.

Es muy importante, leer primero las instrucciones del ejercicio, las puedes grabar si te es útil. Es más recomendable con tu voz, no con la de otras personas.

Siéntate en una posición cómoda, piensa por unos momentos en el dolor o molestia o tensión que te esté produciendo una emoción y quieras entenderla y te gustaría poderla liberar o por lo menos aliviar.

Toma unas dos o tres respiraciones lentas y profundas para estar más relajado, permítete estar en contacto y en presente con tu cuerpo.

Ahora, identifica, si te es posible, en qué parte de tu cuerpo, o fuera de él, sientes que se encuentra esa emoción. Imagina ahora, que los sentimientos de esa emoción fueran una imagen… toma tu tiempo.

Cuando puedas ver, sentir o intuir esa imagen de tu emoción, entonces identifica qué forma tiene, si es definida, indefinida, conocida o desconocida. Luego, piensa en qué colores serán los más acertados o los que más se acercan a expresar esa emoción que estás viendo, sintiendo, intuyendo… o si es solamente un color, toma tu tiempo.

Cuando ya tengas esa imagen, abre tus ojos suavemente, toma los colores para dibujar aquella imagen que emergió de ti, sin forzarte para que sea un dibujo perfecto, permite que tu mano se mueva con libertad, si pierdes detalles entonces vuelve a cerrar tus ojos. La imagen sigue allí mostrándose para que continúes trabajando.

Una vez que has completado el dibujo de tu "imagen interna", pega el dibujo en la pared o pon tu diario frente a ti en donde lo puedas observar a una distancia prudente. Este es el "lenguaje de tu emoción" como nunca antes la habías visto.

Mira, observa la imagen de tu emoción. ¿Qué sientes?, observa a tu cuerpo cuando miras tu imagen interna, presta atención a tu respiración…

¿Encuentras la diferencia entre describir con palabras tu dolor, tensión, estrés que te están produciendo una emoción y el expresarlas con tus "imágenes internas"?

Como habrás descubierto es mucho mejor expresarte con imágenes, porque ellas provienen de dentro de ti, en donde tus sentimientos no son juzgados por el lado izquierdo del cerebro, las imágenes internas se muestran tal y como son, y te cuentan qué está realmente sucediendo dentro de ti. En adición, el solo acto de dibujar el estrés producido por una emoción es ya un proceso de liberación y no deja que se prolongue por más tiempo el daño que esta causa. Es allí en donde comienza el proceso de sanación.

Este recurso simple de *HealingArt* que te comparto es sólo el principio de un camino de cambio para poder comenzar a vivir en una forma diferente.

Tomando algunas palabras de Bárbara Ganim, yo le he agregado otras de acuerdo a mi experiencia:
"El arte es la voz hasta ahora oculta del Alma", El Arte es el lenguaje del Alma y el alfabeto de este lenguaje son las formas, los colores".

Las texturas, volúmenes, sonidos, movimientos forman parte de ese alfabeto. Las imágenes internas son la expresión más pura del mundo interior del ser humano como especie.

Si por alguna razón después de hacer los ejercicios te sientes inquieto o con algún grado de ansiedad, te recomiendo ir a tu respiración consciente para que te puedas relajar. Si eres un terapeuta, *Coach* o practicante de alguna terapia complementaria, te recomiendo no hacer esta práctica con tu cliente de manera profunda; es decir, con traumas, fobias, enfermedades físicas, mentales o emocionales en las que tú no puedas tener control. Si no tienes conocimientos en esta metodología, no la hagas, pues aquí no he explicado el trabajo completo para proteger al lector.

Si eres un artista o tienes como *hobby* las artes o las artesanías, te recomiendo que no dibujes con tu mano dominante, es decir, con la mano que trabajas, pues allí sólo trabajará tu ego en busca de talento.

Espero que te sientas motivado para seguir en tu camino de búsqueda para lograr tener una vida diferente. Otro de los artículos que te recomiendo leer en mi blog aghealingart.wordpress.com es: *Altares*, creando un espacio Sagrado.

Los *Altares* a los que me refiero, no tienen que ver con ningún tema religioso. Todo lo llevo bajo la propuesta de *HealingArt*, son un recurso muy sanador y liberador de estrés, con el tiempo puedes ir creando tu espacio de trabajo en un lugar de tu casa, en donde puedas tener tus materiales y tus memorias personales como tu espacio sagrado. Es el lugar en donde te conectas contigo mismo en un diálogo interno. También te puedes poner en contacto conmigo a través de los *links* que encontrarás al final del capítulo, puedes enviarme tus comentarios, preguntas y experiencias, dentro de un marco de respeto y compasión.

Como artista profesional con más de 30 años de experiencia, he trabajado mi obra en la Escuela de Realismo Mágico, lo que me ha llevado a ser una experta en simbolismo colectivo, he exhibido mi obra en muchos lugares alrededor del mundo lo que me ha permitido tener contacto directo con un gran número de personas, no solo a través de la pintura, la escultura y las instalaciones, sino que me he ocupado también de crear una relación muy personal con ellos. En ese compartir he podido vivir los sentimientos y las emociones que el arte despierta en el espectador, porque como artista he co-creado mi obra desde mi ser interior, con el lenguaje del alma y con los designios de la esencia, *cumpliendo la misión sagrada de traer al mundo visible lo real y maravilloso del universo invisible*; para ser partícipe de los cambios y ser un canal para la evolución de la conciencia.

Por esa razón he investigado, *HealingArt* por más de 15 años, no solo como artista, sino también como terapeuta. He hecho del arte mi forma de vida y lo he vivido, como un camino de sanación para mí y para otros. Lo que he compartido contigo es producto de mi propia investigación y de mi experiencia personal.

No es usual en mí contar experiencias personales públicamente, pero consideré conveniente en esta ocasión, contarles por qué decidí comenzar a investigar y trabajar bajo las enseñanzas de *HealingArt*.

Hace más de 30 años he trabajado como artista plástica, pintora, escultora, haciendo instalaciones de arte, con mi esposo *Roberto Preciado*, con quien estoy casada desde hace 27 años. Él ha sido mi apoyo como representante de mi obra por 25 años, y hemos tenido la oportunidad de viajar juntos para mis exposiciones y ferias de arte por muchos países. Otras veces, viaja él solo, pues también soy la mamá de *Natalia*, y cuando ella era más pequeña no podía asistir a los eventos y *Robert* iba solo. En muchas ocasiones, él me llamaba por teléfono y me contaba lo sucedido durante las exposiciones en las galerías.

Al principio no me impactaban tanto sus historias sobre las experiencias, comentarios del público que asistía a los eventos; mi interés era solamente sobre la obra como arte, los críticos, los curadores, la prensa, los coleccionistas, la proyección de mi obra y yo como artista plástico de la escuela del "Realismo

Mágico". Roberto compartía conmigo las emociones que mi obra despertaba en el espectador, eran emociones desde la alegría, el encantamiento, el disfrute de los sentidos hasta el llanto. Como te dije antes, no me impactaron mucho sus primeras historias.

Después de algunos años, empecé a tomar conciencia, de lo que sucedía con mi obra cuando tenía contacto con el espectador a esos niveles. Fue en el año 1998 cuando tuve una exposición retrospectiva en el Museo de las Américas –en El Viejo San Juan en Puerto Rico– fue una muestra con más de 40 obras en pintura y escultura en dos bellísimos y amplios salones en un edificio precioso al lado del mar, con una vista de ensueño y una arquitectura majestuosa; realmente un regalo del Universo para un artista. La exposición la colgamos con *Roberto* y los asistentes como siempre lo hago en estado de silencio meditativo y de gratitud.

La noche de la apertura fue excelente; al día siguiente desde la mañana cuando me levanté a hacer mi meditación sentí que debía vivir la experiencia de la exhibición en una forma diferente, yo sería un "observador" de los observadores de mi obra. Así lo hice, y desde que llegué me senté en diferentes esquinas de los salones del museo, pasando totalmente desapercibida para los visitantes.

Fue para mí una sorpresa y un descubrimiento enorme, ver desde otra visión mi obra. Fue como verla a través de los ojos del espectador; allí ya no estaba presente mi juicio, mi educación como artista, mi ego, sólo estaba presente mi verdad interior, mi visión desde el alma.

Pude ver y sentir cómo el arte mueve emociones maravillosas en los seres humanos sin importar raza, edad, género, cultura.

El arte es un lenguaje universal, es la voz del Ser a través de las manos del hombre. Se reveló para mi otra faceta de mi poder interior, ese otro talento de los muchos que cada uno de nosotros tenemos, así como lo dijo Hildegard Von Bingen *"existe algo divino en el hombre que se expresa con la música y las artes"*.

Estuve haciendo esta práctica de observación por varios días. En uno de esos días me acerqué a una señora a la que vi muy concentrada y muy cercana a la obra y le pregunté sobre sus sentimientos cuando observaba una de las pinturas, la recuerdo mucho: "*sueños de Natalia*", es una obra muy horizontal en donde pinté varios juguetes de madera en fila unidos por cintas de colores, sobre un fondo azul ultramar muy transparente.

Esa obra, es de una serie que hice, sobre la niñez que yo hubiera querido vivir y la niñez de mi hija *Natali*a, toda la obra que hago sobre *Realismo Mágico*, siempre está basada en simbolismo: Cada forma, cada color tiene un significado para el inconsciente del hombre o al menos eso es lo que yo creía que era. El *Realismo Mágico*, lo he investigado y trabajado por 30 años, siendo una de las pocas artistas latinoamericanas exponente de esta escuela de arte. El haber llevado mi obra dentro de la propuesta del *Realismo Mágico*, me ha permitido convertirme en una experta del *Simbolismo Colectivo*, y tengo en español uno de los pocos libros sobre Realismo Mágico en las artes plásticas de arte figurativo.

Volviendo a mi historia, la señora muy conmovida me respondió con gran sorpresa:
–Nunca antes un artista me había preguntado sobre los sentimientos que tengo cuando veo su obra…
Y empezó a describirme con sus palabras su experiencia, mientras sus ojos se ponían brillantes, su rostro cambiaba de

expresiones muy marcadas y luego lloró cuando recordó su niñez, pero no por los juguetes que había tenido de niña, sino por la imagen interna de su niñez.

Ella me dijo:
—*Las palabras no describen lo que vivo y lo que siento… me gustaría poder dibujar lo que tengo por dentro, que es muy diferente a lo que te digo con palabras.*

Desde allí, tome la decisión de investigar sobre el arte, las emociones, el ser humano y el medioambiente. Me gusta investigar, y antes de estudiar artes plásticas, hice varios semestres de Física pura en la Universidad Nacional, por consejo de mi padre, quien es ingeniero mecánico al igual que mi abuelo. Claro, mi papá me guió con las mejores intenciones, para que tuviera una profesión de qué vivir, porque yo desde entonces quería estudiar Artes plásticas.

Siempre tuve claro que quería ser pintora y mis padres pensaban que los artistas se morían de hambre; por el poder interior que he desarrollado y por mi dedicación y entrega al trabajo, eso nunca ha sucedido. Para mí, investigar es un proceso muy sencillo y divertido, esa sabía decisión que tomé hace tantos años, ha sido un sendero de crecimiento, de autoconocimiento, y lo más importante una comprensión del ser humano desde una visión holística, sin fragmentaciones, sin divisiones, sin juicios.

Todos somos parte del Arte, así que todo lo que construimos, hacemos y co-creamos es un arte.

Ahora puedes entender:
El arte de la vida
El arte de los negocios.
El arte de la comunicación.

El arte de la cocina y el buen comer.
El arte del amor.
El arte de La Paz
El arte de la estrategia.
La vida es un arte.

La Magia del Arte
Doy un profundo agradecimiento a tantas personas que a lo largo de estos años de búsqueda e investigación son y han sido mi soporte, a mis padres *Jorge y Paulina* por haberme permitido nacer, a mi esposo y gran compañero *Roberto Preciado*, a mi hija *Natalia* por llenarme de amor incondicional, a mis amigos y en especial a mis clientes que me han confiado su salud y sus más íntimos secretos, pues ellos han sido mi luz y mi inspiración para seguir buscando y encontrando respuestas. A los coleccionistas de mi obra, a los autores de tantos y tantos libros que han llegado a mis manos para llenarme de entendimiento y sabiduría, (*Rudolf Steiner, Carl G Jung, Rupert Sheldrake, Virginia Sátir, Thomas Moore, Bárbara Ganim, Michael Samuels, Mary Rockwood, Bert Hellinger, Salomón Sellam, Swami Muktananda, Gurumay Shidvilasananda, Milton Erickson, Joseph Murphy, Alex Gray, Lucile y Jean-Pierre Garnier*, entre otros), a Los Maestros de Internet *Álvaro Mendoza y Luis Eduardo Barón*, que me han abierto un camino nuevo, pleno de actualidad, a ti amigo lector que me estás regalando tu tiempo para leer este capítulo de este maravilloso libro, y también a mí misma me doy gracias por permitirme ser merecedora de mis logros. ¡Ah!... a mi amigo, persona no humana, por elegirnos como sus compañeros de vida *"patico"* nuestro perrito.

Estudios y exposiciones de
Amparo Garzón:
Maestría en Bellas Artes con especialización en Pintura de la

Universidad Nacional de Colombia.
Ha realizado más de 200 exposiciones colectivas y cerca de 100 individuales.
Ha asistido a más de 20 ferias de arte por 32 años, en más de 20 países.
Es hipnóloga certificada por el Guild de hipnosis de Los Estados Unidos desde 2006.
Maestro Reiki enseñante-practicante en método Usui y Universal desde el año 2000.
Experta en Constelaciones Familiares con las enseñanzas del Dr. Bert Hellinger.
Coach de vida con programación neurolingüística de la Escuela Superior de PNL del Dr. Edmundo Velasco.
Experta en regresiones a vidas pasadas y entre vidas.
Creadora de la metodología para encontrar las conexiones del plano del Alma y los cuerpos inferiores y superiores.
Experta en *HealingArt*.
Es estudiante devota de Meditación Siddhayoga por 16 años.
Dicta talleres y conferencias alrededor del mundo sobre *HealingArt* para artistas, terapeutas, *coaches*, y público en general y sobre la metodología para el propósito del Alma, (si estás interesado comunícate en los *links* de Amparo).
Posee un estudio de Arte especializado para *HealingArt* en USA.
Realiza asesoría privada en NYC, Miami, Bogotá, Guayaquil, Quito.

Estas prácticas descritas en este capítulo, no reemplazan de ninguna manera los tratamientos médicos, psicológicos o psiquiátricos, por lo tanto no se deben tomar como un método médico. *HealingArt* no es una práctica médica, ni psicológica ni psiquiátrica, tampoco es una terapia alternativa, es una terapia complementaria.

Cómo conectarse con Amparo Garzón:
aghealingart. wordpress.com
www.amparogarzon.co
amparogarzonm@gmail.com
Skype amparo.garzon10
Facebook: amparogarzon

Cadena de Favores

Por **Cristian Abratte**

¿Qué pasaría en tu vida si pudieras obtener aquello que quieres sin necesidad de pagar con dinero por ello?

¿Cómo serían tus días si te dedicaras a aquello que te apasiona, que te gusta y que amas sin necesidad de preocuparte por el dinero?

Estas y muchas otras son preguntas que probablemente pudieran darnos idea de que es todo lo que podríamos llegar a ser en nuestra vida si no pensáramos exclusivamente en el dinero. Y son preguntas que vinieron a mi mente hace algunos años cuando en un entrenamiento me explicaron qué podía hacer para obtener aquello que quería sin necesidad de pagar con dinero.

Era diciembre del año 2009 cuando estaba en Phoenix, Arizona en un entrenamiento con el maestro Robert Kiyosaki autor de la serie de libros "Padre Rico, Padre Pobre" y con muchos de sus asesores que estaban explicándonos temas relativos a las finanzas personales y a cómo mejorar financieramente y conseguir la riqueza en nuestra vida cuando realizamos el taller "El Arte de la Negociación". Fue una experiencia increíblemente rica en conceptos relativos al dinero, lo que era realmente, cómo se usaba, cómo moldeaba nuestras vidas y cómo podríamos obtener los frutos del dinero sin tener que trabajar para el dinero.

Seguramente habrás escuchado el dicho que dice "el dinero no hace a la felicidad", ¿cierto? Y quizá sea cierto, aunque también hay que pensar en que el dinero afecta casi cualquier cosa que nos hace felices: la familia (¿cuántas malas situaciones se pasan en la familia por falta de dinero?), la salud (si hay dinero suficiente, hay planes de salud, buenas comida y cuidados adecuados), las relaciones (¿cuántos amigos y compañeros dejaron de serlo por diferencias de dinero?), la espiritualidad (te sientes mal cuando desearías donar, diezmar, dar más y ¿el bolsillo te dice que no puedes?).

Hace un tiempo vi un video de Alan Watts que se titulaba: *¿Y si el dinero no importara?* https://www.youtube.com/watch?v=1LGhWWxOMBw , y reflexionando acerca del video sentí la importancia suprema de poder "estar en sintonía con el universo a través de nuestros dones" y también pude darme cuenta que el dinero es una gran herramienta para lograr lo que queremos y dar nuestros dones y talentos al mundo, aunque la gran mayoría de la gente no lo hace por temor a no tener los recursos monetarios para subsistir pues para la mayoría de la gente es una traba, un obstáculo, o mejor dicho, una carrera de obstáculos que muchas veces consume 30, 40 o 50 años de la vida, para no ser ganada nunca.

Y si meditamos acerca del tema y miramos nuestro 'probable futuro' reflejado en nuestros mayores, podremos ver que muchos de nosotros habremos vivido gran parte de nuestra vida en la "rueda para hámsteres" o la "carrera de la rata" dando vueltas día tras día para llegar a ningún lado y sin haber cumplido el propósito de ser felices y plenos dando al universo nuestros dones y talentos.

Pero antes de contarte cómo fue que me involucré en estos temas del dinero, me gustaría contarte un poco acerca de mí.

Soy argentino, vivo en Barcelona, tengo 48 años al momento que estoy escribiendo este capítulo del libro "El Factor N" y hace unos ocho años que me interesé por trabajar de manera constante en mi educación financiera, exactamente desde que llegó a mis manos el libro "Padre Rico, Padre Pobre".

Y no es que antes no me hubiera interesado el tema, pues siempre estuve en búsqueda de lograr la riqueza y vivir de esa manera, y es por eso que seguí el plan clásico que inclusive al día de hoy sigue dominando la idea de progreso económico en la mayoría de las mentes de la gente: "Estudiar, sacar buenas notas, buscar un empleo con buenos beneficios e ir progresando", un plan muy exitoso y sin dudas casi infalible para una era que ya ha pasado, la era industrial, que terminara el siglo pasado, pero un plan inútil para la actual, la era digital y de la información, o inútil al menos para quienes quieren alcanzar un estado de plenitud en sus vidas sin verse trabados por el "cuco" del dinero.

Como comentaba unas líneas atrás, el plan clásico no me dio resultado, luego de dos carreras de grado y un MBA y de trabajar en varias multinacionales como empleado, me dediqué a varios emprendimientos en los que me fue muy bien, hasta que me fue muy mal y mi vida financiera era una auténtica montaña rusa con épocas de opulencia y otras de total escasez.

Al fin llegó este gran libro a mi vida y fue un auténtico 'despertar', al menos en lo relativo a las finanzas y para darme cuenta que había estado transitando el camino equivocado para llegar al objetivo deseado.

Que gran descubrimiento el saber que había estado trabajando por dinero y 'corriendo tras la zanahoria' equivocada y que todo podía ser distinto si empezaba a transitar un camino diferente…

Desde muy pequeño me interesó el tema de poder vivir bien la vida, y de no tener inconvenientes financieros pero esa no era mi realidad. Mis padres me dieron, dentro de sus posibilidades, todo lo que necesitaba para poder crecer pero sin dudas el factor dinero no fue algo que abundara en mi casa ya que tanto papá como mamá eran maestros y como creo que mucha gente sabe, en Latinoamérica los maestros no son personas que ganen muy buen dinero; íbamos a escuelas estatales en donde convivían niños de todas las clases sociales y en cuanto a lo económico, las diferencias con los compañeros en la escuela eran notorias entre aquellos que tenían dinero y los que no lo tenían y eso marcó el deseo de disfrutar lo que ellos tenían. La semilla de lograr riqueza estaba plantada…

En mi juventud, inclusive antes de terminar la escuela secundaria me volqué a las ventas como un medio para poder obtener dinero más allá de un salario fijo sabiendo que un vendedor es quien se pone su propio salario, porque mientras más ventas hiciera, mayor cantidad de comisiones serían la que cobraría y eso era algo que realmente me entusiasmaba.
A partir de las ventas, naturalmente para un vendedor que siempre quiere superarse, empecé a tener mis propios emprendimientos y me involucré en muchos negocios pequeños, medianos y grandes intentando siempre conseguir mejores y mayores resultados y puedo decir que me fue realmente muy bien llegando a participar en negocios que generaron mucho dinero pero también tengo que decir que me fue bastante mal en cuanto al manejo de ese dinero porque parecía que año tras año tenía que volver a empezar… me iba bien, perdía todo, me volvía a ir bien, y otra vez caía para volver a empezar.

Como ya conté, a mis 40 años llegó a mis manos el libro "Padre Rico Padre Pobre" y ese fue el inicio de mi recuperación en el mundo de las finanzas personales porque pude darme cuenta de cuáles eran las cosas que venía haciendo mal y lo que tendría que hacer para poder obtener lo que yo quería: la libertad financiera.

Empecé a leer y a devorarme todos los libros de la serie Padre Rico y todo lo que el autor recomendaba y todos aquellos libros que pudieran acercarme al objetivo para poder recuperar todo el tiempo que había perdido. También empecé a jugar el juego *Cashflow* que es un juego de mesa creado por Robert Kiyosaki para poder aprender acerca del dinero de las inversiones y los negocios. Creé varios clubes para que la gente jugara el juego *Cashflow* y aprendiera lo que yo estaba aprendiendo también. Mucha gente desde muchos lugares de Argentina y Latinoamérica estaba interesada en estos temas y finalmente inicié un sitio Web para compartir esas enseñanzas www.escueladeriqueza.org que hasta hoy sigue compartiendo esos conocimientos tan importantes en materia de finanzas personales.

Fueron mi trabajo con los clubes de Cashflow lo que me acercó a la editorial de los libros de la serie Padre Rico y fueron los ejecutivos de la editorial quienes me contactaron con el matrimonio Kiyosaki en octubre de 2009 en su visita a Buenos Aires.

Recuerdo que me habían conseguido una pequeña cita de unos 15 minutos, antes de la cena pero el encuentro fue tan ameno que se hizo de casi 4 horas de diálogo, aprendizaje, humor y estrategias. Y fue ese el momento cuando Robert me invitó a sumarme al equipo global de líderes que se reuniría en Arizona solo unos días más tarde para trabajar las estrategias para difundir los conceptos de la educación financiera que cambia vidas.

Solo unos días más tarde, estaba con otras 25 personas de varios rincones del mundo, trabajando temas increíblemente novedosos para mí, acerca del 'cómo' lograr llevar la educación en finanzas personales al mundo y aprendiendo de quienes ya lo estaban haciendo.

Recuerdo que fue en ese encuentro que tomé otra decisión fundamental en mi crecimiento: contratar a un *Coach Financiero* para que me ayude a entenderme y a entender cómo avanzar sin desperdiciar los valiosos recursos de la mente, del tiempo y del dinero, y con su ayuda y su guía logre rápidamente encarrilarme y obtener resultados que no había podido ver en muchísimo tiempo.

Fue tanta la dedicación que le puse a mi transformación en el tema financiero que rápidamente los frutos empezaron a hacerse notorios y visibles.

Escuela Riqueza tiene al día de hoy una gran cantidad de cursos, seminarios y talleres para apoyar a toda aquella persona que quiera obtener la información necesaria para poder conseguir logros financieros y más importante aún, cuenta con un grupo de entrenadores en finanzas personales que, por medio del Programa Avanzado de *Coaching Financiero* (www.coachingfinanciero.net) están guiando a quienes se han decidido a conseguir sus sueños sin dilaciones y con la claridad que normalmente tienen aquellos que conocen el camino a seguir.

Volví a Phoenix varias veces para conseguir más y mejores distinciones en mi educación y en diciembre de 2010 en Phoenix realicé el entrenamiento que marcó el inicio "del negocio que cambiará vidas". Aquel evento se llamaba "El Arte del Trato" (The Art of the Deal) y en el nos explicaron cómo podríamos hacer para poder obtener aquello que quisiéramos sin la necesidad de dinero, simplemente utilizando lo que tuviéramos, tanto sean bienes o servicios que fueran buenos o necesarios para otras personas.

En uno de los tantos ejercicios que se hicieron, un participante del norte de Europa que ofreció un CD edición limitada de Michael Jackson se quedó con un viaje a mi país, Argentina, con alojamiento y trabajo durante 3 meses que ofreció un compatriota amigo. Parece increíble… solo un CD a cambio de un viaje de tres meses… pero lo más importante es que ambos consiguieron lo que querían, mi compatriota a una persona que 'enriqueciera' su negocio (el CD era solo un *bonus* en su estrategia) y el participante sueco, una viaje de 3 meses con alojamiento y trabajo en un país que quería conocer y entre medio de ambos, mucha gente logrando lo que quería, ofreciendo lo que tenía.

Fuimos entrenados para poder replicar este mismo taller en nuestros países, en nuestros lugares y con aquella gente a la que nosotros quisiéramos ayudar.

Estaba muy entusiasmado pues era realmente mágico ver cómo se formaba una 'cadena de favores' (si has visto la película entenderás más del tema https://www.youtube.com/watch?v=8Jx9vHXRDOc) donde cada uno podía obtener aquello que quería y es por eso que cada vez que hacía este taller, al ver la reacción de la gente me preguntaba cómo podría hacer para influir con estos conceptos en mayor cantidad de personas pues mis eventos nunca superaban las 80 personas y la solución, sin duda, estaba en Internet, era cuestión de saber cómo desarrollar el sistema en un nuevo proyecto.

Siempre estoy en búsqueda de conocimiento en el tema de

finanzas personales y un día, hojeando un libro en una librería, leí que un autor decía que en momentos de crisis económica, la gente no se volcaba masivamente a los metales preciosos (algo que se ha escuchado mucho en los últimos años luego de las crisis internacionales que todos hemos vivido) sino que la gente se vuelca al canje o al trueque, cosa que fue muy vivida en mi país, Argentina, en 2001 y 2002 cuando salimos de la convertibilidad que marcaba que un peso argentino equivalía a un dólar y el valor de la moneda nacional se cayó a niveles impensados.

En 2001 el país entro en *default* (algo así como una quiebra) y no volvieron a entrar dólares del exterior, lo que generó una crisis aún mayor, crisis de confianza, crisis de empleos, crisis de monedas, etc. Fue un momento muy duro donde los pesos argentinos no valían nada y además no se podían conseguir pues la moneda nacional estaba respaldada por los dólares del banco central que ya no existían en sus bóvedas y que tampoco entraban del exterior, lo que dio lugar a la creación, por parte del gobierno nacional y de las provincias, a muchas cuasi-monedas para que la economía fluyera (tales como los 'Patacones' los 'Lecop', los 'Quebracho', etc.).

En ese contexto, donde la gente necesitaba productos y servicios pero no había dinero para conseguirlos y las cuasi-monedas no eran aceptadas por los comercios ni la gente en general, renacieron los 'clubes de canje' donde mucha gente se concentraba en lugares diversos de cada pueblo o ciudad para intercambiar aquello que tenía por aquello que quería.

Recordando aquel libro, me puse a buscarlo pero sin éxito, pero como no hay mal que por bien no venga, así fue como llegó a mis manos el libro "El Futuro del Dinero" de Bernard Lietaer, quien fuera presidente del banco central de Bélgica durante la creación del Euro y cuyos conceptos enriquecieron de manera increíble mi mente y la idea que tenía, y sin duda, dieron el empujón para que mi proyecto se iniciara.

El ingeniero Lietaer escribió este libro en 1997 y pronosticaba lo que ocurriría entre el año 2000 y el 2020. Y tengo que decir que hasta hoy fue muy certero en sus pronósticos. En el libro explica claramente lo que ocurrirá con el dinero tal como lo conocemos, el llamado "Dinero Fiat" o dinero basado en la confianza, pues el papel moneda que todos usamos en nuestros respectivos países solo se basa en la confianza que la gente que lo usa tiene en él. De hecho, cada billete de papel moneda es un "pagaré" o "bono de deuda" que emite el Estado, para que quienes lo usamos intercambiemos bienes y servicios necesarios para nuestra vida teniendo un valor de referencia común. Pero a tener en cuenta… dependen de la confianza que la gente tenga en él, y si la gente tiene desconfianza en su moneda (y en su gobierno) el valor de ese dinero se deprecia versus las monedas duras o de referencia, como el dólar.

Por otro lado el dinero como lo conocemos está en vías de desaparición pues si pensamos, cada vez más gente y en más oportunidades utiliza el dinero electrónico o que no se puede tocar, como las transferencias bancarias y las tarjetas de crédito, etc. y si entendemos que su función pasa por "representar valor" para concretar un intercambio eficiente de bienes y servicios, también podremos darnos cuenta que ese valor puede ser representado de otras formas.

El autor cree que las monedas nacionales están creadas para generar competencia y mantener la escasez y por ello cree que las monedas complementarias cumplirían funciones sociales que hoy no logran las monedas convencionales, de manera de tener una 'convivencia entre ambas monedas' cada una cumpliendo una función, o sea, que usando la moneda de un país más las monedas complementarias se logrará un mejor 'estilo de vida' y que no estará atado solamente a cuánto dinero se podría generar cambiando muchas horas de nuestra vida para conseguirlo.

El ingeniero Lietaer comenta la crisis existencial que se ha generado a partir de la Era Industrial en la expresión de la individualidad de la gente por medio de su trabajo, pues la mayoría de los trabajadores no hacen lo que desean, sino lo que les conviene por sus necesidades económicas, o sea, trabajan donde no quieren, haciendo lo que no les gusta y muchas veces, ganando salarios que no le dan tampoco la satisfacción que quieren y plantea que el trabajo real, a diferencia del empleo, es la expresión del ser de una persona realizando lo que desea a la vez que brinda sus dones al mundo.
Viendo todo esto, estoy convencido de que este proyecto podría quizá traer un aire fresco a muchísima gente que no logra encontrar un empleo o que hoy está empleada y haciendo lo que no quiere ni le gusta con tal de obtener su cheque cada quincena.

El trabajo, en términos económicos es uno de las factores productivos que junto con el capital y la tierra [medios de producción], permiten generar riqueza.

El trabajo es la medida o representación del esfuerzo físico o mental que el hombre realiza sobre los medios de producción para generar riquezas, para producir bienes y prestar servicios.

El empleo, en cambio, se refiere a la tasa de población ocupada, a la parte de la población que realiza un trabajo remunerado y que muchas veces no le da más satisfacción que el salario de cada quincena.

Del empleo se deriva un concepto mucho más importante: el desempleo. El desempleo hace referencia al porcentaje de la población económicamente activa que se encuentra desocupada, es decir, que no desarrolla ninguna actividad remunerada y que por lo tanto, depende de otros para subsistir.

Es por eso que para el ingeniero Lietaer, los esquemas de cuasi-monedas, permiten amortiguar uno de los grandes problemas de nuestros tiempos: el desempleo, pues cada persona podría estar ofreciendo lo que puede hacer, según sus gustos, sus habilidades, lo que le apasiona o lo que tenga que ver con su propósito y a la vez obtener compensación en una cuasi-moneda que le permita adquirir algo o mucho de lo que necesite para vivir mejor.

Acerca del dinero la OCDE (Organización para la Cooperación y el Desarrollo Económicos) dice, acerca del futuro del dinero: En términos claros y concisos, puede decirse que el dinero está destinado a convertirse en digital. Esta conclusión general se desprende del estudio de la larga evolución histórica del dinero y de su probable relación con las futuras transformaciones socioeconómicas. Históricamente, a lo largo de milenios, el dinero ha tendido, progresivamente, a hacerse más abstracto o a ir plasmándose en una representación meramente simbólica disociada de cualquier materialización física concreta.

Y si esto es así, las cuasi-monedas digitales serán un medio muy efectivo para el intercambio de bienes y servicios en una economía casi totalmente globalizada y hambrienta de vivir mejor.

Todo lo que había pasado y todo lo que había leído me enfocaron entonces en desarrollar la idea que permitiera que mucha gente lograra conseguir cosas que hasta ahora no podía (bienes, servicio, trabajo, ocupaciones, etc.) por falta de dinero para lograr vivir mejor.

Al inicio de 2012 decidí que había llegado el momento de empezar a trabajar mucho más seriamente y llevar la idea al mundo real.

Empecé a hablar con mucha gente vinculada al mundo de Internet para que me dijeran de qué forma se podía hacerlo, pues no era ni una página Web, ni un blog, ni algo que se pudiera realizar de manera sencilla.
Finalmente logré dar con dos ingenieros que, por separado contraté y empezaron a diseñar esta plataforma y luego de casi 6 meses de trabajo decidí que debíamos ir más allá e iniciar el desarrollo del *software* que hoy está a punto de salir a la luz como **"Cero Cash: consigue lo que quieres con lo que tienes"** [http://www.cerocash.com] que en breve estará al servicio de miles y ojalá, millones de personas.

¿Qué es Cero Cash?
Fundamentalmente, ¡un negocio que cambiará vidas! El tema de este capítulo 100 por ciento.

Se trata de un 'Market Place', un sitio que permite a la gente relacionarse para efectuar una transacción comercial pero sin dinero. Un sitio donde la gente ofrece lo que tiene (bienes, productos y servicios) y se lleva lo que quiere y que haya sido ofrecido pero sin necesidad de pagar con dinero pues cada cosa que se ofrezca debe ser valorada en una moneda propia del sistema (una cuasi-moneda) llamada 'favor o **fvr**' y que tiene relación con el valor que damos a eso que ofrecemos y al entregar algo de lo que ofrecemos, se transformará en un crédito en nuestra cuenta en favores o fvr que usaremos a su vez para llevarnos algo que queramos y que otro participante haya ofrecido, todo ello enmarcado en lo que se ha dado en llamar, "la economía colaborativa" que permite a los individuos conectarse a través de Internet para consumir, educarse, viajar, financiarse, etc. de manera conjunta y directa.

El consumo colaborativo es el ejemplo más actual del valor que la Web proporciona a los consumidores. Hasta la revista TIME lo ha incluido como HYPERLINK: http://content.time.com/time/specials/packages/article/0,28804,2059521_2059717_2059710,00.html" \o "Time Magazine - Collaborative Consumption" \t "_blank" una de las 10 ideas que van a cambiar el mundo.

Pero no saques conclusiones adelantadas, no es solo un sitio más de canjes o trueques, es mucho más que eso. El proyecto se basa en el valor relativo que tiene lo ofrecido para quien lo ofrece y para quien lo demanda pues según las circunstancias, algo que se posee en determinado momento de nuestra vida es muy valioso y costoso, pero en otro momento deja de tener valor (aunque quizá mantenga el costo) para nosotros, pero sería muy valioso para otra persona.

Si por ejemplo yo tuviera tiempo disponible y experiencia profesional en el área del *Coaching Financiero* (una de mis ocupaciones reales) podría ofrecer mis servicios de *Coach* por 80fvr por hora. Y si resulta que limpiando mi escritorio me encontrara con un viejo teléfono celular que está en buen estado pero en desuso pues he comprado un nuevo teléfono inteligente, podría ofrecerlo por unos 45fvr. Y seguramente, en este momento te preguntarás: ¿Cuánto es lo que vale un fvr? Bueno, la respuesta podría ser que cada fvr equivale a un dólar o bien que un fvr equivale a lo que yo desee pues cada cosa que yo pueda ofrecer tiene un valor completamente relativo para quien lo ofrece y para quien lo demanda.

Para entenderlo mejor, quisiera contarte una anécdota real que me ocurrió a fines de 2012, cuando viajábamos con mi familia a veranear a Chile con nuestro vehículo. Era un verano muy caluroso y viajábamos por una ruta que no conocíamos y por no haber tomado en cuenta los carteles indicadores de las gasolineras, me quedé con el tanque casi vacío (el indicador marcaba que solo teníamos recorrido para unos 20 kilómetros) y con la gasolinera más cercana a 65 kilómetros. Paramos en un pueblito casi muerto y un lugareño me contó que en la entrada del pueblo rumbo a Mendoza (una provincia del oeste de Argentina) a unos 47km, habría una gomería y que ahí tendrían combustible para venderme y me sugirió también la estrategia que tuve que seguir pues este buen hombre parecía saber muy bien de lo que hablaba, que apagara el motor cuando estuviéramos en bajada de una colina de manera de ahorrar el poco combustible que teníamos… ¡jajaja! Hoy lo recuerdo con humor, pero en pleno verano con temperaturas de más de 40 grados Celsius en el auto y sin combustible puedo asegurarte que ¡no estaba tan jocoso!

En fin, para hacer corto el cuento, llegamos completamente al límite de combustible y con el auto "tosiendo" con los últimos olores a gasolina. Apenas pude llegar a la gomería y por suerte tenían combustible, pero… un 100 por ciento más caro que el precio normal y seguramente con una calidad bastante inferior, pero no me caben dudas que si el precio hubiera sido un 200 por ciento más caro que el normal, también lo hubiera pagado pues *el valor* que tenía para mí en ese momento era de un 1000 por ciento ya que no quería tener que caminar bajo el sol muchos kilómetros para conseguir 1 galón de combustible.

Esta pequeña historia de mi vida creo que ilustra perfectamente *la diferencia entre el precio y el valor*, y desde ya eso es lo que tendremos que considerar para aprovechar **Cero Cash**, el valor que tiene algo para nosotros al ofrecerlo en la plataforma, pues para mí, la hora que estoy ofreciendo, si no la uso, la pierdo y el teléfono que está guardado en el escritorio, si no lo ofrezco y entrego, en breve y con el avance de la tecnología solo servirá como pisapapeles o chatarra.

Si lo pensamos, de alguna manera algo parecido a lo que se conoce como canje o trueque entre partes, pero solo es parecido pues no tiene mucho que ver con aquel sistema que aprendí en Phoenix en el entrenamiento de Padre Rico.

¿Por qué *Cero Cash* es único?
Porque hasta hoy solo hay sitios de intercambio o permuta directa y en un ámbito local o bien sitios de compra-venta. *Cero Cash* será global y quienes participen podrían obtener lo que desean de parte de cualquier persona que participe, sin importar donde viva. Imagina ahora la posibilidad de contratar los servicios de un diseñador que vive al otro lado del mundo y pagarle con tus favores que has obtenido porque alguien se llevó una bicicleta que ya no usabas y que estaba juntando polvo en el garaje.

¿Por qué es un negocio necesario?
Porque muchísima gente tiene productos que no utiliza ni utilizaría, o tiempo y habilidades que se transformarían en servicios que de no usarse, dejarán de generar valor y sin dudas que estas mismas personas tienen necesidades de adquirir a su vez productos y servicios y si es sin dinero, ¡mucho mejor!

¿Qué amarán los usuarios de este negocio?
Que podrán conseguir muchísimas cosas sin dinero, solo con un poco de ingenio y aquello que hoy no sea necesario en su vida. También amarán poder desarrollar sus dones y habilidades sin importarles una compensación dineraria pues

obtendrán dentro del sistema lo que hubieran comprado con dinero si hubieran estado ofreciendo esos dones y habilidades en el mercado.

Quisiera invitarte a que seas parte, tu también, de este negocio que cambiará vidas y que accedas ahora para pre-registrarte y ser uno de los primeros usuarios del sistema, haz clic aquí para hacerlo: http://www.cerocash.com y si quieres sacar el mayor provecho al negocio haz estas dos cosas:
1) publica todo lo que tengas en desuso que pueda ser de utilidad para otros (sean productos o habilidades) y,
2) comparte el sitio con todos quienes quieras pues mientras más usuarios tenga el sitio, más cosas habrá para escoger y mayores las posibilidades de que alguien se lleve lo que tu tienes.

Para cerrar mi capítulo, desearía que te entusiasmaras con la idea de la educación financiera como un medio para mejorar tu vida. En los tiempos acelerados que vivimos, cada vez es más necesaria esta instrucción pues los estudios académicos, si bien son muy importantes, no logran cerrar la brecha que separa la vida de la mayoría de las personas con sus aspiraciones y motivaciones que surgen de vivir en una sociedad de consumo y para mucha gente, su vida pasará día tras día en la rueda del hámster a no ser que aprenda lo que debe hacer para que su economía esté a su servicio y que el dinero trabaje para él y no a la inversa.

Es por ello que como reconocimiento a tu interés en este capítulo quiero regalarte una sesión de *Coaching Financiero* con uno de nuestros entrenadores de manera de tener una visión clara de dónde estás financieramente en la vida y hacia dónde te diriges y qué caminos serían los más adecuados para ti en función de tus habilidades, tus sueños y tu experiencia.

Entra ahora en http://www.coachingfinanciero.net y completa tus datos para obtenerla gratuitamente.

Espero que todo lo que compartí contigo enriquezca tus posibilidades de vivir mejor y como habrás leído, eso está a solo un clic de distancia. Solo debes tomar acción.

Cristian Abratte es director de www.EscueladeRiqueza.org donde forma en temas de finanzas personales con seminarios, talleres y conferencias a quienes están en la búsqueda de la riqueza, y también es director de www.CoachingFinanciero.net donde brinda entrenamiento personalizado a quienes han decidido dar un paso más allá en la búsqueda de la Libertad Financiera.

El Factor N de los Negocios

Por **Juan Carlos Ramírez Guzmán**

Factor 1. Desarrolla tu habilidad de vender

Vender es la habilidad #1 del mundo de los Negocios
Robert Kiyosaki.

Al hablar de emprendimiento muchos nos preguntamos si ese espíritu emprendedor que admiramos en destacados y exitosos empresarios, es un don o talento con el que se nace o es quizá una habilidad que puede adquirirse. Esta es una pregunta difícil pero que vale la pena responderse cuando estamos pensando seriamente en la posibilidad de tomar la decisión de vida de ser emprendedores.

Muchos estudios han tratado de establecer patrones entre los emprendedores exitosos y quienes no lo son. Pero no han logrado identificar ningún tipo de rasgo personal de raza, edad, género, clase social y ni siquiera el nivel de estudios puede considerarse un factor diferenciador relevante para llegar a tener éxito en el mundo empresarial. ¿Se tratará acaso de un gen especial que sólo algunos privilegiados pueden tener?

Afortunadamente para muchos de nosotros la buena noticia es que todo indica que la respuesta es no, no es así. El ser emprendedor no es un privilegio de unos pocos y parece ser más una decisión de vida que aunque es una opción difícil que exige de mucha valentía, cualquiera de nosotros está en capacidad de tomarla.

Y si lo anterior fuese cierto, la pregunta que todos quisiéramos respondernos es ¿cómo podemos desarrollar nuestro espíritu emprendedor, tanto en nosotros mismos como en otros? Cómo desarrollar este gen del emprendimiento en nuestros hijos, en nuestros empleados o en nuestros estudiantes. Lo que deseo compartir a continuación contigo son mis conclusiones personales al respecto, con base en mi experiencia personal de más de 20 años como emprendedor, vendedor, ejecutivo y luego consultor y entrenador en ventas, con el único objetivo de invitarte a explorar tus propias respuestas para que tomes tus mejores decisiones personales que te lleven a ser exitoso en el camino de ser un empresario.

Un primer paso, muy inspirador...
Uno de los caminos más efectivos para comenzar a desarrollar nuestro espíritu emprendedor y empezar a preparar nuestra mente para el mundo de los negocios es leer biografías. En especial, si son biografías de grandes líderes, de personajes que han cambiado el mundo y mejor aún, si tenemos la oportunidad de leer historias de vida de grandes empresarios hechos a pulso.

Cuando era estudiante desarrollé este buen hábito y con el tiempo lo afiancé aún más, dedicando buenos ratos a leer decenas de biografías apasionantes con enriquecedoras historias de hombres y mujeres exitosos como John D. Rockefeller, J.P Morgan, Thomas Alva Edison, Ray Kroc, Bill Gates, Steve Jobs, Michael Dell, Donald Trump, Richard Branson o Mark Zuckerberg pero también Albert Einstein, Isaac Newton, Leonardo da Vinci, Jesucristo, Mahatma Gandhi, Hellen Killer, Simón Bolívar, Abraham Lincoln o la Madre Teresa de Calcuta. Cada historia de estos líderes iba dejando en mí nuevas enseñanzas sobre lo que se debe o no se debe hacer para tener éxito en la vida, en el mundo de los negocios y en las ventas.

Años más tarde, desde mi compañía de Consultoría y Entrenamiento en Ventas, Estrategia & Desarrollo (www.estrategiaydesarrollo.com) empezamos a hacer eventos por todo Colombia para compartir con emprendedores y empresarios conocimiento empresarial, recuerdo que fueron más de 6.500 las personas que asistieron a nuestros eventos y la charla más exitosa que teníamos era: Cómo Vender Más en una PYME, era realmente taquillera, fuimos a 7 ciudades y llegamos a repetirla 3 jueves seguidos en la misma ciudad asegurando el lleno total y el patrocinio de grandes firmas en todos nuestros eventos.

Y como la innovación es la clave para mantenerse vigente, al avanzar con nuestros eventos necesitábamos permanentemente nuevos conceptos y formatos para dinamizarlos aún más. Así que un día, mientras almorzábamos en un restaurante de Crepes & Waffles a manera de celebración por el éxito de uno de nuestros foros, me surgió la firme idea de que para enseñar de negocios, debíamos hacerlo aprendiendo con quienes ya eran empresarios exitosos que habían nacido pequeños, y habían logrado crecer a pulso. Pensé en el gran impacto que tendría tener al dueño de esta exitosa cadena de restaurantes en mis eventos.

Así que aproveché para hablar con la mesera cuando nos trajo la cuenta y le pregunté por el nombre del dueño de Crepes, me dijo: "El dueño se llama Eduardo Macía pero todas le decimos Don Lalo", le agradecí su información, ya sabía a quién debía preguntar así que llegué a mi oficina, ubiqué el número telefónico de la empresa y llamé a Don Lalo, me sorprendió un poco porque me lo pasaron relativamente rápido al teléfono, me saludó en forma muy sencilla y amable, por lo que sin perder un segundo, le dije quién era y le mencioné que tenía un evento con decenas de emprendedores y sería un honor escuchar su historia, el formato sería un conversatorio informal, estaríamos al frente tomándonos un café y conversando como dos buenos amigos, no tenía que preparar ninguna presentación y no debía preocuparse por las respuestas porque ya se las sabía todas, pues al fin y al cabo el tema único era la historia de su vida y de su empresa.

Le recordé luego los momentos de desorientación que seguramente él también tuvo al iniciar su negocio en sus comienzos emprendedores y le mencioné el compromiso de responsabilidad social de ayudar a otras personas que todos tenemos cuando hemos logrado salir adelante, finalmente subí un poco su ego al decirle: "Nadie mejor que un emprendedor exitoso como tú para inspirarlos y mostrarles el camino a los futuros emprendedores de este país". Sin más demoras, me preguntó la fecha y la hora del evento y me dijo: "Cuenta conmigo".

Creo que realmente terminé de digerir los efectos de esta conversación varias horas después de haber colgado el teléfono. Pues no tenía claro el alcance de lo que había hecho, sólo sabía que ese auditorio tenía que llenarse. Al final, asistieron más de 500 personas, el evento fue todo un éxito, y yo sentí que seguía leyendo biografías pero ahora compartiéndolas en vivo y en directo, y nuevamente gratis como en la biblioteca pública cuando era un muchacho, estaba haciendo un buen negocio, mientras hacía lo que más me gustaba: aprender de empresarialidad, en realidad me estaban pagando por escuchar y aprender de los mejores.
Por supuesto mi osadía no paró allí. Y este primer éxito me dio ánimo para invitar a 44 empresarios más en 7 ciudades diferentes, a contarnos sus historias. Simplemente llegaba a una

ciudad y le decía a alguien de allí, quiénes son los empresarios más representativos de la Región, los ubicaba, les mencionaba los empresarios que ya habían asistido y ya la venta estaba hecha. Y aunque algunos me dijeron que no, fueron muchos los que me abrieron sus puertas para contarme sus historias empresariales de éxito con lujo de detalles, empresarios exportadores, productores, emprendedores del campo, de servicios, comercializadores, nos permitían conocerlos en profundidad y nos transmitían sus grandes lecciones de negocios, a la vez que hacían nuestros eventos cada vez más exitosos, sin que nos costara más, pues aunque los consentíamos ninguno de ellos nos cobraba, fue una estrategia perfecta.

Era claro que los mejores maestros de los negocios son los empresarios exitosos hechos a pulso, nosotros sólo habíamos creado el espacio adecuado para que se juntaran nuevos emprendedores con experimentados empresarios. Yo aprovechaba esta oportunidad para bajar los precios e inclusive regalar muchas de las entradas porque nuestros patrocinadores cubrían nuestros costos y nos dejaba utilidad. Era una situación de negocios ideal, los asistentes disfrutaban de un evento único, los patrocinadores se sentían cómodos con los niveles de asistencia y nosotros ganábamos dinero. Ojalá pudiese crear más negocios así en el futuro.

Por esos días cayó en mis manos el libro Padre Rico, Padre Pobre de Robert Kiyosaki, el impacto fue total, sus lecciones fuertes, el hecho de que ambos fuéramos hijos de educadores y en mi caso nieto de empresarios, me conectó con su historia. Mi abuelo paterno tuvo una fábrica de cerveza y gaseosa, que desafortunadamente vendió antes de tiempo. Y mi abuelo materno tuvo sombrerería, cuando todo el mundo usaba sombreros, al final les dejó su negocio a sus empleados y les prestaba plata a otros empresarios. Mi libro personal debería llamarse Abuelos Ricos, Padres Pobres. Mis abuelos me heredaron la osadía de emprender, sembraron en mí el deseo de no ser empleado, y mis padres me heredaron su vocación de enseñar.

Por eso, de esta combinación genética y herencia familiar tenía que salir alguien que le gustara transmitir conocimiento empresarial y a eso es a lo que me dedico desde hace 17 años en mi Firma de Consultoría y en CLEVER – el Centro Latinoamericano de Entrenamiento en Ventas www.vendedoresclever.com. A mi hija de 9 años María Alejandra le preguntaron en su colegio, a qué se dedica tu papá y ella sólo atinó a decir: "mi papá es profesor de empresas", luego en casa me preguntó, "¿Dije bien papá? A mí sólo se me aguaron los ojos, y pensé: mi hija acaba de mostrarme qué es lo que realmente hago yo en la vida.

Desde mi adolescencia me había negado a dedicarme a la docencia, mi padre me insistió muchas veces que estudiara y me hiciera profesor como él y como mi madre, pero siempre me negué y estudié ingeniería. Y aunque he dictado clases por más de 10 años, en varias especializaciones y maestrías, voy menos de 15 días al año a las universidades y nunca ha sido esa mi actividad laboral principal. Sin embargo, "Lo que natura no da, Salamanca no lo presta", decía un viejo amigo mío. Mi vocación docente es una vocación heredada y lo único que yo tenía que hacer era encontrar la forma de desempeñarla de manera que pudiese simultáneamente alimentar mi sueño emprendedor.

El éxito al final parece ser que se trata precisamente de todo eso, que mi abuelo en una gran lección ya me había dicho: "Descubre para qué eres bueno, fortalece tus fortalezas y encuentra la manera de servir a la mayor cantidad de gente posible, si haces esto con disciplina y constancia, Dios te premiará con mucho éxito". Y así se ha cumplido.

Pero el camino del emprendedor no es todo color de rosa, y en realidad debes dudar de la persona que describa así la labor de quien decide ser empresario, al contrario este suele ser un camino lleno de espinas y dificultades. En este proceso frases fuertes de emprendedores versados seguían bombardeando mi mente: "No es el más inteligente el que va adelante sino el que se atreve", "Nuestros padres nos dijeron, ve a la escuela saca las mejores calificaciones y tendrás tu futuro asegurado… NOS MINTIERON, hoy eso no es cierto". "Si alguien está ganando dinero hoy, es porque corrió en el pasado un gran riesgo".

Esas eran reflexiones muy fuertes para alguien que al ser hijo de educadores había rendido toda la vida culto a la educación formal. Yo había entrado a la escuela a los 4 años a primero de primaria porque en esa época no se hacía preescolar en las escuelas públicas, mi madre le dijo a una colega suya, "déjelo en su clase él es juicioso y no molesta, es que no tengo con quien dejarlo en casa", al finalizar el año había sacado el primer puesto y tuvieron que pasarme las calificaciones sin estar inscrito, y así luego año tras año, siempre en el primer puesto. En tercero de primaria llegué al punto de sacar la máxima calificación en todas las materias en uno de los períodos escolares. 5 en todo, desde matemáticas hasta educación física y religión.

La escuela era fácil para mí y Dios me había regalado algunos dones para aprender rápido los números y las letras. Sin embargo, era un niño muy tímido, que socializaba poco y tenía compañeros mucho más grandes que yo en las clases, porque mi desarrollo intelectual no correspondía completamente a mi desarrollo físico, siendo siempre el más bajito de mi clase, con gustos e intereses diferentes a mis compañeros y esto realmente era un hecho que me aislaba de los demás. Luego, entré a los 9 años al bachillerato y a los 15 años a la universidad a estudiar ingeniería industrial. Al final recuerdo, que fue en la universidad donde me estiré y crecí unos cuantos centímetros para dejar de ser "el enano" de la clase.

A los 25 años, después de trabajar 5 años profesionalmente, hice mi MBA tiempo completo en la Universidad de Los Andes en donde me nominaron a la Beca Vegalara a la excelencia académica, a los 29 estaba cursando un Doctorado en Administración en una universidad española que luego decidí no terminar porque no iba a gastarme 5.000 horas de mi vida haciendo una tesis doctoral que sólo íbamos a leer mis directores de tesis y yo. Tanta academia me sirvió, por supuesto y la agradezco enormemente, porque le dio una fundamentación técnica muy importante a mi forma de entender las empresas, lo cual he aprovechado enormemente por más de 20 años en el mundo de la consultoría estratégica.

El rigor de los números de la ingeniería y mi MBA dejaron en mí un pensamiento sistémico que me ayuda a analizar y a encontrar soluciones a los problemas empresariales con una lógica creativa que hoy marca una diferencia en mi trabajo como consultor diseñando estrategias para vender más. El estudio formal ha sido una de mis grandes ventajas competitivas, pero faltaba algo más, algo muy importante que me abriera opciones reales de avanzar en mi propósito de ser empresario, faltaba un importante componente de mi Factor N que quiero compartir contigo, y que debo confesarte, fue lo que realmente me abrió los espacios necesarios para empezar a ser un verdadero emprendedor.

La frase de Kiyosaki me sonaba lapidaria, cuando traía a mi cabeza los mejores resultados académicos y pocos resultados reales de negocios: *"No es el más inteligente el que va adelante, sino el que se atreve"*. Era la razón que explicaba el por qué muchas personas que no tenían ni siquiera estudios primarios terminados se convertían en exitosos empresarios. Inclusive mientras hacía mi Maestría de Negocios realicé una investigación al respecto y encontré un estudio espectacular del profesor Livingston que demostró a través de más de 5.000 entrevistas a egresados de un grupo importante de facultades de administración de los Estados Unidos que no existía ningún tipo de correlación directa entre los buenos resultados académicos y el éxito profesional.

Realmente quedé preocupado al conocer este estudio. Definitivamente tenía que atreverme, mis calificaciones y mis conocimientos académicos ya no podían garantizarme automáticamente mi futuro. Había otras nuevas habilidades que debía descubrir y dominar si quería llegar a ser un emprendedor exitoso. Y eso era lo que realmente deseaba, era lo que respondía mi corazón cuando estando solo me preguntaba por mi futuro y fue lo que respondí cuando en un entrenamiento de liderazgo personal, un entrenador puertorriqueño me preguntó insistentemente: ¿Qué tú quieres en la vida? ¿Qué tú quieres? Y lo que surgió instantáneamente de mis labios y que por lo tanto, era lo que expresaba mi real sentimiento y deseo fue: "Quiero ser empresario".

En todo este proceso mis padres habían jugado un papel protagónico, mi padre me había convertido en un excelente estudiante a imagen y semejanza suya y mi madre, había sembrado en mí la constancia para alcanzar resultados y el buen hábito de la lectura, que yo a diferencia de otros niños de la época, destinaba muy poco a historietas sobre héroes míticos y fantasiosos porque me seducían las buenas historias de hombres y mujeres que habían hecho cosas extraordinarias y habían cambiado el mundo con su dedicación y talento. Por aquellos años mi madre me compró un libro que se llamaba precisamente "Hombres que Cambiaron el Mundo", era fascinante pasar de una biografía a otra y siempre quedaba antojado de más, porque las historias eran demasiado cortas y no saciaban mi curiosidad sobre el personaje. Claro recordemos que en esa época no había Google y yo sólo podía terminar de saciar mi deseo de aprender más sobre la vida de estos personajes en la Sala de Lectura de la Biblioteca Pública. Cuánto le agradezco a mi madre el regalo de ese libro y cuánto han significado para mí estas buenas lecturas años más tarde.

En todo ese proceso, mi madre seguía trabajando mi mente y me había regalado y hecho leer otro gran libro a los 10 años: "Piense y hágase rico" de Napoleón Hill, debo confesar hoy que realmente a esa edad no logré entender este *best-seller* y sólo después de releerlo varias veces años después, llegué a comprender algunos de sus alcances. Todo me invitaba a la acción, el mundo de los negocios se aprendía haciendo, arriesgando, emprendiendo, haciendo equipo, usando el principio de mente maestra y por supuesto, focalizando nuestros esfuerzos en una única dirección como un gran rayo láser que se proyecta lejos con una pequeña batería porque concentra toda su energía en un punto, mientras que una luz tradicional se dispersa a unos pocos metros, en realidad algunos centímetros, aunque su consumo de energía sea mucho más alto. Si quería llegar lejos, debía focalizar todo mi esfuerzo en una sola dirección y tomar acción, atreverme.
Pero había algo que ni el ser uno de los mejores estudiantes del colegio, ni la lectura de las mejores biografías podía solucionarme: mi timidez. De eso no se hablaba en el colegio, no había un curso sobre el tema porque si lo hubiera habido, como buen estudiante que era, habría resuelto mi problema fácilmente. Mi timidez era superior al promedio de un niño

de mi edad y con ella, también tenía un gran miedo a vender. Era algo, arraigado en mi personalidad que años más tarde me exigió un gran esfuerzo de inteligencia emocional y de autoconocimiento de mí mismo para lograr superarlo. Yo era realmente tímido, ensimismado y por la diferencia de edades con mis compañeros de clase hasta un poco asocial. Sin embargo, había algo muy curioso, como leía muy bien desde muy chico, participaba en todos los actos y presentaciones del colegio, de tal forma, que desde los 4 años me acostumbré a tener un público enfrente, y como lo hacía bien, y la gente me felicitaba, eso me daba la confianza para regresar a ese lugar.

Aún hoy creo sinceramente que una gran parte de la seguridad en mí mismo que tengo al hablar en público, y por mi profesión, es una actividad que realizo todas las semanas, surgió de esas primeras presentaciones en el colegio. Si la venta era a un público grande, todo era perfecto para mí, pero si la venta era uno a uno, mi seguridad se esfumaba y mi confianza desaparecía, no me sentía cómodo haciendo esa labor. Creo que por eso uno de mis primeros blogs lo llamé Adiós al Miedo de Vender, porque como en tantas recomendaciones que damos en la vida a otros, el primer destinatario de todas esas recomendaciones era yo mismo. Era muy fácil para mí hablar de un miedo que realmente sentí por muchos años y describir algunos detalles de cómo había logrado superarlo hasta transformarme en un vendedor apasionado.

Este miedo inicial a vender curiosamente no limitaba mis fuertes deseos internos de ser un emprendedor. Debo confesar que por aquella época, mi padre alimentaba en mí de manera muy fuerte el deseo de ganar algo de dinero, con un método que seguramente varios de sus padres también aplicaron con ustedes: Mi padre era tacaño con nosotros. Nos limitaba a mis hermanos y a mí el dinero que nos daba, de una manera, a nuestro modo de ver, exagerada. Hoy veo las cosas en retrospectiva un poco diferente y aunque dudo que mi padre hubiese hecho esto como parte de una estrategia premeditada para hacernos más emprendedores, en realidad, sí nos formaba para crearnos la necesidad de independizarnos y hacernos sentir generadores de nuestros propios recursos y eso es algo que hoy le agradezco muchísimo a mi padre, porque desarrolló en mi la confianza de sentirme como un generador de riqueza, esa acción depende de mí, si sintonizo mi mente y mis acciones en la dirección correcta puedo conseguir mis propios recursos.

Mi madre por su parte, nos enseñó a mis hermanos y a mí, a ser constantes, a no rendirnos nunca. Aún recuerdo las muchas veces que al enviarme a la tienda me advertía, *"Si no consigue en la tienda más cercana, va hasta donde sea necesario pero aquí no llegue con las manos vacías"*. Gracias madre por esas lecciones de vida, ahora cada vez que estoy lanzando un nuevo producto o que los resultados no aparecen con rapidez en un nuevo negocio, sólo puedo recordar sus lecciones y vuelvo a tomar impulso para intentar un nuevo camino, pero tengo claro en mi mente que no puedo llegar de regreso con las manos vacías. Quizás por eso, como lo escribí en mi libro PYMES más Competitivas, al final la gran diferencia entre un empresario exitoso y uno que no lo es, parece ser simplemente que el exitoso hizo un intento más. Traigo todo esto a mi mente, en especial cuando las cosas van mal y es imposible llegar a pensar de manera negativa.

La acción en nuestras vidas surge de un sentimiento que nace en nuestra mente de una guerra entre amores y odios. Yo odiaba tener que pedirle plata a mi padre y eso llevaba a mi mente a crear nuevas opciones para conseguir ese dinero de otra forma. Yo odiaba los regaños de mi madre si regresaba de un mandado con las manos vacías, sabía para empezar, que me haría devolverme a buscar otra opción, mejor la buscaba de una vez y me ahorraba el regaño. No era realmente una opción muy brillante, era simplemente instinto de conservación. Este tipo de lecciones, que seguramente no fueron tan planeadas en nuestra educación, al final se convirtieron en lecciones de vida realmente valiosas para mis hermanos y para mí. Si quieres algo, vas a tener que ir por ello con tus propios medios. Espero tener ahora las agallas de aplicar un poco de este método con mis hijos porque me consta en carne propia que funciona.

Ver oportunidades en la crisis

Mi primera idea de negocios surgió como tantas ideas emprendedoras, de la escasez, de una crisis económica personal. Por eso amo el significado de la palabra crisis para los chinos, y años más tarde estando en una Misión Empresarial en China tuve la ocasión de pedirle a un artesano tradicional chino que me escribiera esta palabra en cantonés. El significado es muy hermoso, la palabra crisis en este idioma, se compone de dos grafos, el grafo superior significa peligro y el grafo inferior oportunidad.

Detrás de toda aparente crisis hay grandes oportunidades que tenemos la misión de encontrar y aprovechar, aunque al principio veamos sólo la adversidad y por eso mismo, no logremos verlas. Por eso cada vez que me encuentro en una situación de crisis en cualquier área, busco este grafo, recuerdo su significado y me inspiro en tantas personas que han dado giros espectaculares a sus vidas a partir de situaciones de crisis. Luego me calmo y empiezo a buscar las oportunidades que esa situación puede estar generándome y que me estaba negando a ver inicialmente.
En mi etapa escolar por supuesto, no era tan reflexivo al respecto pero como les comenté, mi padre nos daba lecciones de vida con acciones sencillas muy enriquecedoras que generaban en

un pre-adolescente algunas pequeñas crisis. Recuerdo que en alguna ocasión yo quería comprar una camisa de moda que por supuesto, era más cara que una camisa estándar, mi padre astutamente me dijo: *"Yo le doy para la camisa estándar que es mi obligación como padre, si usted quiere algo más... debe pagarlo con su propio dinero"*. Estaba en mis primeros años de bachillerato y había que crear una solución a mi escasez de dinero, era muy claro que a partir de mis ahorros personales de mi mesada no iba a conseguir esa camisa ni en promoción cuando ya estuviera pasada de moda. Y por lo tanto, tendría que pensar en algo para conseguir ese dinero adicional, así que como todo emprendimiento interesante, el mío surgió de la observación del mercado y de la identificación de las necesidades e intereses de los clientes.

Un día mi madre me pide que la acompañe al supermercado y nos compra a mi hermano mayor Álvaro Iván y a mí, un paquete de chokis, unos pasabocas de *Jack´s Snacks* que son bolitas de maíz con un recubrimiento de chocolate. Eran deliciosos, y cuando los llevo al colegio, mis amigos se antojan y nos piden que les compartamos. Los paquetes eran relativamente pequeños y se acabaron muy rápido, claro regalados y deliciosos, entre unos muchachos en edad de crecimiento esto no podía ser diferente, los acabaron en segundos. Y ahí surgió la idea brillante, yo pensé, aquí puede estar la solución a todos mis males, esto no es para regalar, esto es para vender y si los paquetes son pequeños y quedan antojados, mejor aún, porque no van a querer comprar un solo paquete, sino que van a querer comprar más, ya veía mi estrategia de fidelización y venta cruzada, y si compran más de un paquete puedo hacerles algún descuento por volumen, y si no tienen con qué pagarme podría cobrarles al final de cada semana o quincena y darles algo de crédito, así comprarían más.

Mi mente volaba aquel día en nuevas ideas para hacer crecer el negocio. Pero había algo de lo que aún no era consciente, si quería que mi idea emprendedora funcionara iba a necesitar dos cosas: la primera capital de trabajo inicial, obviamente la candidata a financiar este interesante proyecto emprendedor, no podía ser otra que mi madre. Y eso estuvo fácil de lograr, mi madre no tuvo ningún reparo de adicionarle al mercado un par de paquetes más de chokis, el producto estaba listo. Pero faltaba algo fundamental que yo había esquivado y a lo que realmente le tenía pánico: tenía que vender. Esto si era un verdadero problema para un niño tímido como yo.

El problema era tan real que el primer día, los llevé y no los ofrecí, cuando mi madre me preguntó cómo me había ido con las ventas, yo le inventé cualquier excusa y le dije que había vendido poco, sólo 2 paquetes, en realidad no los había vendido me los había comido y yo sabía que ese día no me pedirían cuentas aún. Pero había que regresar al día siguiente y vender… esa frase sonaba complicada y yo sólo pensaba en inventarme un dispensador automático en el que el cliente tomara el producto y dejara la plata, hubiese sido una gran idea para la época en un país como el mío, pero lo cierto es que no existían en nuestro mercado este tipo de dispensadores y el único dispensador posible era yo. O ponía la cara o iba a tener problemas porque seguía comiéndome el producto y las cuentas no iban a cuadrar, y lo más importante no iba a tener la camisa a rayas que quería.

Hoy veo en retrospectiva esta situación y me asombro cómo funcionan en mi incipiente emprendimiento estudiantil todos los elementos de una estrategia comercial corporativa: El mercado, la oportunidad, el producto adecuado, la promoción, los incentivos, el desarrollo de habilidades, la necesidad de producir un flujo de caja positivo y generar utilidades, en fin, todos los elementos de una gran estrategia estaban allí presentes. Y mientras tanto, yo seguía enfrentado al dilema de confrontarme con mis propios resultados o como muchos años más tarde me enseñaría un gran *coach*: Resultados o Excusas ¿qué me traes? Ya me veía inventándole otra excusa a mi madre sino solucionaba el problema. El drama fue fuerte y la pena que me daba era muy grande, es muy singular ver esta situación hoy y poder reírme un poco de mí mismo, pero yo sé la dificultad que eso tenía para mí en aquella época, era todo una pesadilla, yo sólo pensaba ¿Quién se habría inventado las ventas? Tenía que haber sido una persona que quería castigar a alguien.

Toda esa seguridad de buen estudiante se perdía cuando se trataba de vender, ¿qué podía hacer para empezar? Analicé mis limitaciones y pensé no me queda sino trabajar primero mi mercado natural, como me lo diría alguna vez un jefe de ventas, ese es el primer paso que cualquier vendedor primerizo debe dar para ir ganando confianza y experiencia. Así que de manera muy callada y reservada, sólo le ofrecí mis chokis a mis amigos, luego gracias a Dios ellos me compraron porque el producto se vendía casi solo, Pero había un problema más: Yo no tenía tantos amigos y sus compras no eran suficientes, así que ya se acababa la semana y yo tenía un exceso de inventario preocupante. Ahí aprendí una nueva estrategia de ventas para mí, que me ha significado grandes beneficios por años: Los amigos de mis amigos también son mis amigos, así que en medio de mi timidez, le dije a mis amigos que le contaran a los suyos, a cambio de un buen descuento para ellos, y antes de terminar la semana, yo había acabado con el 100 por ciento de mis inventarios, jajaja era hermoso funcionaba, cada vez tenía que atender a más clientes y al final hasta me parecía divertido.

Y aquí empieza una de mis lecciones propias más valiosas,

emprender es solucionar un problema para un grupo específico de clientes y que nosotros les agreguemos más valor a ellos que el pago que nos están dando por nuestros productos o servicios, por eso hace sentido para ellos, comprarnos. Emprender es y debe ser una relación de mutuo beneficio, no hay otra opción de obtener un éxito sostenible en los negocios, no montes por nada del mundo una empresa que se base en engañar a los clientes, hacer venta bajo presión u ofrecer productos que no cumplan con lo prometido. Eso no es sólo un acto irresponsable y riesgoso sino también la mejor forma de perder tu dinero porque no tendrás una empresa sostenible en el tiempo si tu visión es solamente ser un comerciante oportunista. Se necesita mucha ética para triunfar en los negocios y tu éxito llegará hasta donde tus valores te lo permitan.

Ahora tenía que pedirle a mi madre que me acompañase al supermercado porque iba a duplicar la inversión para la semana siguiente y aunque solía comerme parte de las ganancias mis ventas alcanzaban para eso, para la camisa y más. En aquel tiempo yo seguía siendo una persona muy tímida y temerosa al rechazo de la gente, así que creo que el producto se vendía más por su calidad intrínseca que por mi habilidad para ofrecerlo. Pero al igual que en el mundo real, un cambio en el entorno legal modificó dramáticamente el negocio, desafortunadamente, los colegios tienen reglas que los estudiantes no podemos violar aunque atenten contra el libre emprendimiento, *"aquí está prohibido vender nos lo recordó el vicerrector de disciplina"*, así que pronto tuve que dejar de vender para no ser sancionado, pues mi actividad empresarial era ilegal, yo era hijo de un profesor y no podía dar mal ejemplo. Creo que algún día debo crear un colegio en el que esté permitido vender, habrá que fijar otras reglas si queremos desarrollar otras habilidades en nuestros jóvenes del futuro, y en vez de restringir las ventas, la clase para que los niños aprendan a vender debería ser obligatoria y haber vendido algo en el colegio, debería ser una exigencia para poderse graduar. El aprendizaje vivencial que se desprende de una actividad como esta, le puede llegar a dar más herramientas y desarrollar habilidades más valiosas a los niños, que muchos de los conocimientos que reciben y que luego olvidarán.

Luego en el colegio vendí trabajos a los amigos perezosos, eso era aún más lucrativo pero también más clandestino, y por eso mismo, era sólo una actividad esporádica. Definitivamente siempre sentí que el colegio no había sido un gran apoyo para mi capacidad emprendedora y ahora escribiendo estas líneas lo ratifico.

Pero antes de graduarme recibí una lección muy fuerte por parte de uno de los alumnos más malos de la clase. Estábamos en décimo grado y era un año exigente, veíamos química, física, trigonometría, francés, había muchas materias nuevas, así que debíamos esforzarnos bastante para pasar porque el nivel académico de nuestro colegio era alto y el ritmo de estudio exigente. Al finalizar uno de los bimestres Ambrosio Galindo perdió creo que casi todas las materias que veíamos y me dijo que se retiraría de estudiar para empezar a trabajar, él también tenía un hermano en la clase Wilson y en varias ocasiones nos juntábamos las dos parejas de hermanos para hacer trabajos o para divertirnos. Yo traté de decirle que por qué no estudiaba más, que hiciera un esfuerzo para pasar el año, ¿Qué va a hacer usted sin siquiera ser bachiller? Para un hijo de profesores eso era peor que una maldición, yo hubiera podido decirles a mis padres que me cambiaba de religión pero no que me saldría del colegio.

Ambrosio estaba decidido y así lo hizo, se salió y se fue a trabajar como conductor en la empresa de su padre que tenía una tractomula. En mi cabeza esta opción no tenía ningún sentido, ¿qué sería de la vida de este pobre muchacho que no había terminado ni siquiera sus estudios de educación secundaria? ¿Qué futuro tendría? Pero como la vida está llena de lecciones, debo decirles para hacerles la historia corta, que hoy por hoy, Ambrosio es un exitoso empresario del sector de transportes que hizo crecer exponencialmente la empresa de su padre y que debe tener muchas veces más los activos que yo tengo, y no puedo negarles que algunas veces me pregunto si él no debió invitarme a salirme del colegio en vez de que yo le insistiera tanto que se quedara estudiando.

Bueno en realidad es una exageración, pero es basada en una situación absolutamente real y detrás tiene una seria lección sobre la relación entre el estudio formal y los negocios. La lección es simple: no existe ninguna relación entre estos dos factores. Así que si eres buen estudiante tienes mucho por aprender y si eres mal estudiante, aunque no hayas tenido mucho éxito académico, tienes esperanzas de triunfar en los negocios.

Buenos o malos, todos somos vendedores…
De todas formas yo confiaba en que en la universidad las cosas podrían cambiar a mi favor. Entré a los 15 años a estudiar Ingeniería Industrial y mis padres me exigían toda la concentración como estudiante, a los 17 decidí empezar una segunda carrera: Diseño Industrial y veía en dos universidades diferentes 14 materias, 55 horas a la semana de clases, más de 10 de ellas cruzadas, era una locura y un exceso de academia. Luego dejé el diseño porque me pareció demasiado artístico para mi gusto, en la universidad en la que estudiaba estaba adscrito a la facultad de Bellas Artes, así que cancelé y empecé a estudiar simultáneamente 2 ingenierías; industrial la de siempre e ingeniería agrícola. Pero el resultado era muchas

clases, un gran esfuerzo a cambio de nada interesante. En esa época no era como ahora que te facilitan la doble titulación en la misma universidad, una vez más con mi hermano mayor éramos precursores de esas modalidades pero correr entre clases no resultó sostenible, ni rentable para nadie.

Así que preferí conseguir un puesto mientras estudiaba, algo que se acomodara a mis vacaciones y fines de semana. Tomé el periódico y encontré un aviso que iba a cambiar radicalmente mi vida sin saberlo: Se necesitan jóvenes universitarios para trabajar como recreadores en clubes sociales, centros vacacionales, excursiones y fiestas infantiles. Esto era perfecto para mí y sin saberlo estaba tomando una de las mejores terapias para aprender a vender. Me seleccionaron y me enviaron el fin de semana siguiente al Club Militar de Oficiales, aún recuerdo a mi coordinador que me pidió que organizara un partido de *waterpolo* en la piscina, yo con mi timidez encima, hice un par de intentos por invitar a algunos a participar en la actividad y ante las primeras negativas como respuesta, desistí.

Me acerqué a mi coordinador y le dije que tal vez ese día no habría campeonato porque la gente no quería participar, que quizás ese no era un buen día para esa actividad. Se giró vio el área de la piscina bastante llena, no me dijo nada y se fue hacia donde estaba la gente. Sólo pasó de grupo en grupo los invitó con una sonrisa amable y al final organizó un campeonato de más de 30 personas. Al terminar me dijo, tienes mucho que aprender de este negocio, no te puedes dar por vencido por el no de un par de personas. Tienes madera pero guardada, y así no sirve para nada. Lánzate con decisión, consigue los primeros y luego los demás se irán decidiendo a tu favor.

Esa noche mi cabeza daba vueltas y me dormí tarde pensando que mi actitud podía traerme un costo muy alto en mi vida, ser bueno pero no tener la oportunidad de hacérselo saber a los demás me hacía sentir impotente e inútil, un sentimiento que odiaba y que no estaba dispuesto a repetir. Eran increíbles las oportunidades que otros si podían materializar y que yo estaba dejando pasar por no saberme comunicar adecuadamente con la gente, por no saber vender. Al día siguiente me relajé y solo dejé fluir lo que soy, siendo muy auténtico y con unas ganas muy grandes de servir a los demás, organicé varias actividades y empecé a vivir en carne propia que la constancia es el arma más poderosa del emprendedor y que algunos no como respuesta te enseñan y te curten en tu crecimiento personal.

Tres meses más tarde era premiado como el recreador júnior de la temporada. Y dos años después renuncié para crear mi propia empresa de eventos, recreación y turismo. Esta actividad juvenil es extraordinaria para desarrollar tus habilidades de venta social y para quitarte el miedo de hablar con gente nueva cada día, aún hoy de verdad la recomiendo para algún joven tímido que tenga necesidad de mejorar sus habilidades comunicativas personales.

Al poco tiempo, como parte de los proyectos de la empresa que había creado, ya habíamos hecho más de una decena de excursiones a la Costa, decenas de eventos, fiestas infantiles, teníamos un contrato de un Club Social y de un Restaurante Campestre. El negocio avanzaba, no producía mucho pero era suficiente para no tener que pedir plata en casa y nos divertíamos muchísimo. Sin embargo, no todo fue felicidad y estaba cerca de mi primera gran lección en los negocios: Mi primera quiebra.

Había conocido a uno de los mejores animadores de la televisión colombiana Jota Mario Valencia en una fiesta infantil de su sobrino en el club donde teníamos el contrato, él es mago por *hobbie* y compartimos el escenario, como le caí muy bien me invitó a un programa de concurso que se llamaba "No me Vuelvan a Invitar", en el que había que cumplir con diferentes tipos de pruebas físicas y de conocimiento, me fue muy bien e hice un récord histórico de premios que nadie alcanzó nunca en cerca de 2 años de programa al aire. Y si me fue tan bien, ¿en dónde estuvo la quiebra? El dinero que me gané en ese concurso equivaldría a unos US$2.500 de hoy, excelente para un estudiante universitario ilíquido pero mis lecciones hasta ahora empezaban.

La primera fue el pago del 30 por ciento de impuestos por ganancia ocasional, ahí aprendí que en los negocios siempre tienes por lo menos un socio, el gobierno, te ayude o no pedirá su parte en forma de impuestos. Luego sin dejar un solo peso para mí, de la manera más estúpida, decidí invertir todo lo que tenía en la organización de una Fiesta de Integración Universitaria, era un negocio nuevo para mí y aunque habíamos ganado algo de dinero en una fiesta anterior en una sociedad con ocho amigos, esta vez yo quería ir solo en el negocio y duplicar mi inversión.

Todo lo que podía salir mal, salió mal. Mi soberbia terminó con unas pérdidas superiores a mi inversión, mi padre debió cubrir mis últimas deudas, ese día aprendí que debes conocer bien a la competencia antes de lanzarte a emprender, pues mi evento se cruzó con un concierto de un grupo de moda y la final del fútbol profesional de nuestro país, qué mal escogida mi fecha, estaba haciendo negocios mirándome el ombligo, desconociendo totalmente a los demás actores del mercado. Y por último, aprendí que no debes poner todos los huevos en la misma canasta, cuando se produjo la quiebra, no tenía ni una mínima reserva, no falto a la verdad cuando les digo que no me compré ni una camisa con lo que me había ganado en el concurso de televisión, no guardé nada. Lo invertí todo como un ingenuo que se acerca a la ruleta de un casino después de haber ganado un poco y pierde todo en la siguiente jugada.

Había sido demasiado ambicioso esperando duplicar mis ganancias en un día y perdí de vista la dimensión del riesgo. Además de mi soberbia de querer hacer todo solo, mi desconocimiento de ese negocio que era una diversificación temprana de mi verdadera actividad empresarial y una autosuficiencia de joven exitoso me pasaron una cuenta de cobro realmente alta para un emprendedor de 19 años. Hermosa lección detrás de cada lágrima que derramé, después de ver cómo perdí todo mi dinero y mi padre tuvo que pagar mis últimas deudas, que a propósito aún no le he devuelto.

Pero toda crisis tiene algo bueno. Lo que más me gustaba de esta experiencia, era que me había quebrado muy temprano en mi vida, luego tenía tiempo para recuperarme y por mi mente sólo pasaban ideas de cómo iba a hacer para que mi siguiente proyecto fuera un éxito. Ese había sido sólo mi primer intento pero no el último.

Los fracasos sólo se compensan con más trabajo, así que debíamos cubrir deudas y producir más en nuestra empresa de Recreación y Turismo. Recuerdo que nos fue muy bien llevando excursiones a las ciudades de Cartagena y Santa Marta. Debo mencionarles a mis lectores que Bogotá, mi ciudad, está a 700 kms de la costa y el sueño de mucha gente es ir a la playa y conocer el mar, gracias a nuestra empresa varios cientos de personas hicieron realidad ese sueño, allí aprendí que si quieres hacer realidad tu sueño emprendedor, debes primero hacer realidad los sueños de otros. Vi gente de 50 y 60 años de edad, llorar al tener el mar en frente por primera vez en sus vidas, y me emocionaba haber sido parte del equipo que había hecho realidad su sueño. Piensa en qué sueños vas a ayudarles a conseguir a tus clientes y habrás dado el primer paso para diseñar tu portafolio de productos y servicios en tu nueva compañía.

Ser empleado puede ser parte del camino para llegar a ser emprendedor

Muy pronto me gradué como ingeniero y estas actividades ya no se veían tan divertidas como antes, dejé de divertirme y cerré la empresa de recreación. Era hora de iniciar mi vida profesional y me dediqué a trabajar para otros. Eso sí, no sin antes pasar por algunas experiencias enriquecedoras para mi formación como vendedor y emprendedor que me ayudarían muchísimo años más tarde. Mi primera experiencia de búsqueda de trabajo profesional fue realmente impactante. Sin muchos conocidos y con ganas de trabajar, pues mi padre nos presionaba a producir pronto, tomé el periódico y ubiqué una oportunidad en una empresa importante. Hice todo el proceso de selección, pasé y quedé de primeras en las pruebas, al regresar a casa, mi madre me preguntó: *"¿Mijo cómo le fue?"*, bien madre me dieron el puesto, *"¡Qué bueno mijo y de qué es el puesto!"*, me preguntó emocionada. Pues de vendedor, le respondí ingenuo y bajando un poco el tono de la voz. Ah caramba, ni que le hubiera yo faltado al respeto a mi madre, *"¡tanto esfuerzo que hemos hecho con su papá para sacarlo ingeniero y usted ahora me va a terminar de vendedor! Pues no me acepta ese puesto"*.

Ahora lo recuerdo y me produce risa pero en aquel momento era un dilema muy grande, regresar a firmar mi contrato como vendedor o hacerle caso a mi madre y por ello, seguir sin puesto otro buen tiempo. Pues bien, pudo más el poder influenciador de mi madre y sus malas creencias sobre los vendedores y no acepté el puesto, nunca trabajé en aquella empresa. Meses más tarde entré a trabajar al área de mercadeo de una gran compañía editorial, eso era un puesto más digno para mi madre pero aún recuerdo que ganaba tan poco que tenía problemas hasta para comprar las corbatas para ir a trabajar.

Muchos años más tarde mi madre tomó alguno de mis cursos de ventas y decía con orgullo: *"Ese es mi hijo, el vendedor, es que todos debemos aprender a vender"* y quería dar testimonial porque había conseguido novio después de los 60, demostrando que la habilidad de vender se puede desarrollar a cualquier edad y en cualquier circunstancia. Excelente testimonial el que hubiera hecho ahora que lo pienso, para demostrar que todos podemos aprender a vender, si tenemos el motivador adecuado.

Esta importante lección de vida con mi madre me enseñó, que la visión, las creencias que tengamos de nuestra profesión son determinantes en el éxito de nuestra labor. Hay mucha gente que ocupando el puesto de vendedor en su empresa, le da pena decirlo en su casa. Así es imposible ser exitoso en el campo de las ventas, no se pueden obtener buenos resultados como vendedor viviendo esta dualidad interna en la mente. Descubrirse y auto-reconocerse como vendedor es un proceso muy importante para triunfar como emprendedor. Por eso nuestros cursos de ventas siempre inician con unos interesantes talleres de sensibilización sobre nuestras creencias sobre ser vendedores. Cambiar las malas concepciones y corregir esa mala percepción sobre la profesión de ser vendedor es un requisito indispensable antes de aprender cualquier técnica de ventas.

Emplearme en grandes compañías durante los siguientes 7 años fue la mejor forma de reafirmar que no sería empleado toda mi vida, cumplir horarios, soportar a jefes que no se merecían su puesto y que te robaban tus ideas, luchar contra el no se puede de las organizaciones, porque sencillamente la gente no deseaba intentar cosas nuevas, todo eso me reafirmaba que mi mundo estaba allá afuera en el emprendimiento aunque me tomara tiempo y esfuerzo. Tenía claro que para ser un buen empleado se necesitaba seguir dos reglas básicas: 1. Hacer caso y 2. Hacer ver al jefe más inteligente de lo que realmente es. Yo no cumplía ninguna de las dos y era preferible que encontrara pronto en dónde meter la cabeza, antes de que me frustrara desde un rol de empleado que no quería tener.

Créele sólo a quien haya hecho las cosas
Este principio es contundente y años más tarde lo iba reforzar aún más cuando tuve la oportunidad de comprar una de las franquicias de Padre Rico, entrenándome personalmente en Phoenix-Arizona con Blair Singer y Robert Kiyosaki: *"Créele sólo a aquellos que hayan hecho las cosas"*, me decían. Me acordaba a algunos de mis profesores que hablaban sobre cosas que nunca habían hecho, limitándose a leer y a estudiar los resultados de otros. En la universidad tuve por ejemplo un profesor de creación de empresas a quien le cancelé su materia al verlo todos los días subiéndose a un bus y escucharlo quejarse de su situación financiera personal, eso no tenía lógica. Afirmaba en clase saber muchísimo de negocios y no podía ni mantenerse dignamente, eso era incoherente. Allí tomé la firme determinación de intentar hablar siempre desde la coherencia, *"Nada más revolucionario que la coherencia, entre lo que se piensa, se dice y se habla"*, afirmó Gandhi, otra gran lección que también había obtenido de mi hábito de leer biografías.

Por eso cuando quieran compartir sus ideas de negocios deben ser muy cuidadosos de hacerlo con las personas adecuadas, ojalá con otros emprendedores, gente con visión y actitud emprendedora que te retroalimente para ayudarte a crecer y no para matar tus ideas. Conozco demasiados emprendedores que comentan sus ideas a sus amigos y familiares, en algunos casos a sus propias parejas, y reciben una retroalimentación negativa: *"Eso no se puede hacer, ¿tú qué vas a poder hacer eso?, no te arriesgues, podrías perderlo todo, no dejes tu puesto, si yo fuera tú no lo haría"*, etc. etc. Si esas palabras vienen de un empleado de toda la vida, de un pensionado o de alguien que nunca en su vida ha hecho negocios no valen nada para mí sus comentarios y tampoco deberían valer para ti si en realidad quieres emprender. Son una simple opinión que respeto por educación pero a la que le doy muy baja credibilidad y nivel de influencia sobre mis acciones. Piensa que lo importante no es sólo qué te dicen, sino quién te lo dice. Acércate a los mejores emprendedores en sus respectivos campos entre tus familiares, amigos y conocidos, gente que haya hecho negocios, sólo ellos pueden ayudarte.

Escuchar emprendedores exitosos y hacerlo de primera mano, en el rol de entrevistador me dio una oportunidad única e inigualable de tener maestros de los negocios enfrente mío gratis, sólo necesitaba ser de nuevo un buen estudiante para sacar el mejor provecho posible aprendiendo con los mejores maestros. Unos hablaban más bonito que otros, pero todos eran auténticos, hablaban desde su experiencia y yo sólo debía descifrar las lecciones de vida que estaban detrás de sus palabras.

Los exitosos siempre están vendiendo algo
Mis conclusiones al hablar con este amplio grupo de emprendedores exitosos eran contundentes. Todos absolutamente todos eran unos visionarios que le vendían con pasión sus proyectos al mundo. Hoy me atrevo a decir que esta es realmente mi definición de un emprendedor, un Emprendedor es un Visionario que vende con pasión

sus proyectos a los demás. Sin importar si eran tímidos o extrovertidos, sin importar a qué actividad pertenecieran o en qué sector estuviesen sus negocios, era sorprendente como uno a uno se iban emocionando al contarnos sus historias empresariales, contándonos sus éxitos y derrotas con el mismo nivel de pasión y sin perder el entusiasmo a pesar de las adversidades que debieron superar.

Estas mismas conclusiones me llevaban a recordar amigos y conocidos que nunca habían echado a rodar sus proyectos siempre con una excusa más grande que la anterior para no comenzar o para procastinar con sus sueños. Esta palabra que parece pecaminosa procastinar, y en realidad lo es, para quienes no la conozcan pues no es tan común, significa: el arte de dejar las cosas para después, un hábito contra el que debemos luchar continuamente los emprendedores.

Los dueños de las empresas, y esto me lo enseñó un cliente nuestro dueño de un banco en Centroamérica, tenemos la misión de crear sentido de urgencia para que se hagan las cosas. Los jefes debemos velar por el ritmo de los resultados y para ello, debemos fijar los plazos límite en los que deben ejecutarse los proyectos. Las empresas se parecen mucho a sus dueños, y si los líderes procrastinan y aplazan permanentemente los tiempos límite de los compromisos, así mismo los resultados no se verán en los plazos que se planearon. Ser un emprendedor procrastinador es un riesgo muy alto porque al principio de cualquier empresa el listado de cosas por hacer es muy grande y la necesidad de obtener resultados rápidamente es apremiante para generar un flujo de caja positivo y alcanzar el punto de equilibrio del negocio. Por eso debes recordar el mandamiento de los emprendedores: **No procrastinarás, sobre todo si quieres ver resultados pronto.**

Un líder es alguien que hace que las cosas sucedan
Un emprendedor además de ser un visionario que vende soluciones debe ser también un líder que hace que las cosas que deben hacerse se hagan. Liderar es una labor necesaria para un empresario en formación porque emprender es un trabajo de equipo y ese equipo debe sentirse motivado a trabajar en la dirección en la que el nuevo proyecto emprendedor lo necesita. De las habilidades más difíciles que debe desarrollar un nuevo emprendedor es la de ser capaz de conseguir resultados a través de otros.

En general, los emprendedores somos personas que hemos sido exitosas en nuestra área de trabajo por nuestros resultados individuales y el saber liderar no siempre está dentro de nuestras habilidades básicas. Pero la única manera de hacer crecer tu negocio será el contar con un buen equipo de trabajo que siga un sistema estandarizado de hacer las cosas y para ello, debemos mejorar nuestras habilidades personales de liderazgo.

Liderar es una actividad que surge de tener claro el norte estratégico, de dar ejemplo, motivar y exigir resultados. Hacer que todos en el equipo quieran dar su mejor esfuerzo es el resultado de un líder que está haciendo las cosas bien. Porque al final, liderar es un arte más que una ciencia y requiere de mucha práctica fundamentalmente porque no a todo el mundo lo motiva lo mismo y eso reta permanentemente al líder a encontrar nuevas formas de mantener al equipo productivo y en armonía. Por todo esto, trabaja mucho en desarrollar tus habilidades personales de liderazgo si quieres que tu empresa realmente crezca algún día.

¿Cómo sé yo que el emprendimiento es un camino para mí?
Ser emprendedor es una decisión de vida. Y permítanme

comenzar haciendo referencia a la palabra decisión antes que a la palabra emprendedor. Decidir es una hermosa palabra que viene del griego *decidere* que significa sacrificar, amputar. Cuando decidimos algo, en realidad estamos sacrificando otras opciones para nosotros. Si tomamos la decisión de ser emprendedores, debemos pagar algunos precios por nuestra decisión. El primero y más grande es asumir una responsabilidad total y no parcial por nuestras finanzas personales. Cuando eres empresario y llega el fin de mes, descubres que el día de nómina, no es el día feliz en que pasas por el banco a reclamar tu sueldo como cuando eras empleado, sino que es el día que tú debes pagar el sueldo a tus empleados. Eso en algunas ocasiones, en que el flujo de caja es negativo, es fuente de algunos dolores de cabeza que son inevitables cuando te decides a ser independiente.

Además cuando eres el dueño de tu propia empresa, tu responsabilidad sobre los resultados es total, no parcial como cuando se es empleado y sólo se responde por una parte de la tarea en la organización para la que laboramos, mientras que cuando se es emprendedor somos 100 por ciento responsables de todas las actividades críticas de nuestra compañía, y aun delegando algunas acciones nuestro nivel de responsabilidad no disminuye pues se trata de nuestro propio negocio y de nuestro propio dinero.

Debes ser consciente de un principio que aprendemos los emprendedores con un poco de resignación. *"Un emprendedor exitoso, hace lo que tiene que hacer y no simplemente lo que le gusta hacer"*. Esta gran lección la aprendí en carne propia, equivocándome en repetidas ocasiones porque pensaba que al ser independiente y no empleado, en mi carácter personal de ser una persona rebelde, yo iba a poder hacer todo lo que me gustaba dentro de mi empresa. La noticia realista al respecto es que aunque seguramente podrás dedicar una parte importante de tu tiempo a la actividad central de tu empresa que te apasiona, también vas a tener que aprender a realizar actividades que posiblemente no son las que más te gusten. Si quieres ser exitoso como empresario debes estar dispuesto a pagar los costos que tu decisión conlleva. Máximo cuando la mayoría de nosotros emprendemos sin recursos importantes nuestros proyectos y tenemos poco o ningún equipo de trabajo en las etapas iniciales.

Eso implica que si quieres de verdad ser emprendedor deberás estar dispuesto mentalmente a aprender muchas cosas nuevas que tu negocio necesita: contabilidad, administración, sistemas y por supuesto, *marketing*, ventas, negociación, elaboración de contratos, impuestos, entre otros. Es como cuando estudias una carrera, la escoges porque hay ciertas materias y temas que te apasionan, pero debes cumplir con diferentes cursos de temas que realmente no te interesan, pero como son requisitos de otros, si no los apruebas, no podrás graduarte en lo que quieres. Aquí es algo muy similar, sino estás dispuesto a aprender de muchos campos que no son los tuyos, es muy difícil que puedas empezar un proyecto con pocos recursos.

No pienses que por tratarse de tu negocio, todas las actividades serán divertidas o sólo harás lo que realmente te gusten. Recuerda que tendrás que hacer simplemente lo que debe hacerse pero la motivación de que sea para alcanzar tu propio sueño, será suficiente para darte la fuerza necesaria para hacer también lo que no te guste tanto.

Aprendiendo de los errores…
Cuando hacíamos nuestros eventos para emprendedores y empresarios PYME, hubo una pregunta que empecé a hacerle al público que realmente se convirtió en una gran enseñanza

para mí. Yo contaba dentro de mis presentaciones mis propias lecciones de negocios y les comentaba a los asistentes que había tenido varias quiebras importantes como todo emprendedor, para a partir de ellas, compartir unas cuantas lecciones sobre lo que no debe hacerse en los negocios, con el único fin de advertirlos un poco para que no repitieran esos mismos errores y ojalá cometiesen otros diferentes, porque al fin y al cabo es inevitable no cometer algún tipo de error cuando se emprende un negocio, lo que debemos tratar todo el tiempo es que dichos errores no sean fatales.

Cuando yo tocaba estos temas delicados, ellos asentían con sus cabezas como diciéndome: "A mí también me pasó, te entiendo". Al hacer esa lectura de su lenguaje no verbal, decidí preguntarles explícitamente si también se habían quebrado. Yo había adquirido en Estados Unidos unos controles interactivos inalámbricos como los que se usan en programas de concurso para que el público participe como Quién Quiere Ser Millonario, primero los compré para mis eventos, luego los clientes los conocieron y me los pidieron alquilados y luego inclusive algunos me pidieron que se los vendiera, hoy es una de las líneas de negocio de mi empresa, pero en fin, así surgen las oportunidades, como decía mi abuelo: *"Mijo, uno nunca sabe en dónde va a saltar la liebre en los negocios"*. Y por eso usando estos aparatos, pude preguntarles, al principio como juego y luego lo incorporé a todas mis presentaciones: ¿Cuántos de ustedes se han quebrado en algún negocio por lo menos una vez en la vida? Vaya sorpresa que me llevé cuando ese número superaba la mayoría de las veces un 80 por ciento y las minorías eran quienes no habían enfrentado esta situación.

Pero al querer conocer más, se me ocurrió una pregunta que luego también estandaricé en mis siguientes presentaciones: ¿Cuántos de ustedes se han quebrado 2 veces? El número de personas aunque se disminuía seguía siendo importante casi la mitad de los empresarios asistentes habían repetido quiebra. Y luego me descaré preguntando, y ¿cuántos se han quebrado 3 veces, 4 veces, 5 veces, 6 veces? Y debo confesarles que en más de una ocasión durante nuestros eventos llegué en este conteo con el público a 7 quiebras y aún había alguien que levantaba la mano y lo mejor de ello, lo hacía con orgullo, no con pena, yo pedía para esa persona, el más fuerte de los aplausos porque demostraba su compromiso con su sueño de ser empresario. Al final escribí algo en uno de los capítulos de mi libro PYMES más Competitivas y, tenlo siempre en tu mente en los momentos realmente difíciles, *la diferencia entre el éxito y el fracaso empresarial parece ser simplemente: un intento más. Sólo eso: un intento más.*

Ser empleado siempre será una oferta tentadora
Mi negocio de consultoría marchaba por buen camino y yo recibí el llamado de un cazatalentos de ejecutivos, para ofrecerme ser Vicepresidente de Apoyo Empresarial de la Cámara de Comercio de Bogotá, un cargo sin lugar a dudas importante en una organización que representa a los empresarios de la región, con un presupuesto de más de US$100 millones anuales y un excelente salario, era tonto de mi parte, no aceptar el cargo que más bien parecía un premio mayor de la lotería y yo, debo confesarlo, no lo había buscado en absoluto, cuando me llamaron, ni siquiera tenían mi hoja de vida y mucho menos conocía a algún directivo de esa entidad. Aunque me tomé unos días para analizar la opción, pues significaba dejar mi empresa, tuve claro que sería sólo por un tiempo corto, así que decidí aceptar, empoderé a mi hermano menor Mauricio y lo dejé a cargo de mi empresa.

La experiencia fue espectacular por el nivel de compromiso y lo que podía hacer por los empresarios de la región. Creé

18 programas de apoyo empresarial desde Soluciones Financieras para MIPYMES, Internet y Comercio Electrónico, un Programa de Interregionalización, un Diplomado para Consultores PYME, el rediseño del Programa de Creación de Empresas, entre otros. Y tuve una experiencia única en mi formación personal. Eurocámaras la organización que congrega a todas las Cámaras de Comercio de Europa, cursó una invitación a 10 ejecutivos latinoamericanos dentro de un Programa para compartir las mejores prácticas entre Europa y Latinoamérica. Yo tuve el gusto de representar a Colombia dentro de ese Programa. Era el postgrado más interesante que alguien pudiese soñar, ir a países más desarrollados a trabajar y compartir con ejecutivos de una organización muy similar a la tuya para ver cómo hacían ellos su trabajo, de paso aprendías, conocías y traías nuevas ideas para ayudar a más empresarios de tu país. Así tuve la oportunidad de trabajar y compartir con directivos de las Cámaras de Comercio de Madrid, Barcelona, Milán, París, Versalles, Bruselas, Estocolmo y Helsinki.

Por supuesto que fue una experiencia fascinante y enriquecedora. Recuerdo que preguntaba de una manera exagerada por cada detalle de sus programas y aprendía con pasión todo lo que me compartían, siempre pensando en cómo implementaré esto con los empresarios de mi país. Mientras estaba en Europa recibía viáticos y sueldo por aprender y hasta pude coordinar tomar unas vacaciones en París con mi esposa. Si esto no es algo parecido al empleo ideal, díganme ustedes qué más podía pedir. Pero el programa tenía un final y yo tenía que presentar un Proyecto a Eurocámaras inspirado en lo que había aprendido.

Aún recuerdo cómo me daban vueltas las ideas en mi cabeza en ese avión de regreso, tratando de crear un programa que tuviera un alto impacto entre nuestra comunidad empresarial pero que pudiese ejecutarse con las limitaciones propias de recursos que realmente no tenían las organizaciones europeas que había tenido la oportunidad de conocer. No es lo mismo ser buen cocinero con poca plata que serlo con muchos recursos, como lo dijo Moliere en su libro de El Avaro. Así que de este ejercicio profesional terminé creando un Programa denominado el TUTOR PYME, un interesante programa que mezclaba capacitación y consultoría a la medida para ayudarles inicialmente a los emprendedores y a los empresarios PYME a hacer mejor su Planeación Estratégica.

Mi objetivo era llevar a los mejores consultores a las empresas más pequeñas, un reto financiero muy alto. Para alcanzarlo diseñé un programa que mezclaba una capacitación en grupos grandes, con un componente de "hágalo usted mismo", a través de guías y plantillas, con entregables de modelos muy bien hechos de cómo hacerlo correctamente, y luego, tenían sesiones individualizadas de tutoría en donde se realizaba el seguimiento a su implementación para compartir sus dudas puntuales.

Yo hice que la Cámara invirtiera unos US$50.000 en el desarrollo de ese programa y tuve todos los ojos de la contraloría y de todos los entes de vigilancia por embarcarme en ese proyecto, al principio el programa producía pérdidas y la incredulidad era total, gracias a Dios, el tiempo me dio la razón y hoy son varios miles los empresarios de la Región que se han favorecido de este programa no sólo en el campo de la Planeación Estratégica sino que luego se extendió también para ayudarlos a hacer sus planes de mercadeo, de financiación, etc.

Haber sido el Padre del Tutor PYME, aunque no hubiera recibido un solo peso por los derechos de autor que le cedí a la Cámara, me ha ayudado muchísimo en los años siguientes para diseñar mis Programas presenciales y de *Video-Training* utilizando metodologías interactivas y sesiones estratégicas de *coaching*. Si quieres conocer más puedes visitarnos en nuestra página Web: www.estrategasdeventas.com para que veas una muestra del tipo de entrenamientos que realizamos. La amplia receptividad que hemos tenido es una clara demostración de la efectividad de nuestros Programas de Entrenamiento tanto para Gerentes como para Vendedores, haber entrenado a más de 19.500 personas, más de 2.500 de ellos gerentes y ayudarlos a mejorar sus ventas de manera real entre un 15 y 45 por ciento en los siguientes tres meses a sus entrenamientos es un sello de garantía de la calidad que ofrecemos.

Zapatero a tus zapatos
Este es el título de uno de los capítulos de un excelente libro de Tom Peters y Robert Waterman que se llama En busca de la excelencia y también es la mejor manera de introducir uno de los últimos aprendizajes que quiero compartirles.

Mientras las cosas marchaban relativamente bien en mi labor como empleado de la Cámara de Comercio, dentro de una de las consultorías que desarrollaba mi firma para una compañía de confección de ropa femenina, les habíamos dado la recomendación de montar una línea de exportación y un nuevo canal de distribución y surgió una idea de mi consultor que sería mi perdición. ¿Y por qué no montamos una empresa nosotros y nos quedamos con ese negocio? Me vendió la idea y me emocioné con la idea de montar algo bien hecho. La empresa empezó muy bien y debo confesarles que las ventas en términos generales nunca fueron su problema.

Eso suena como algo perfecto, una empresa con una buena estrategia y un buen equipo comercial que producía un flujo de ventas relativamente constante, lo cierto es que después de un par de años me produjo la mayor quiebra de toda mi vida, afectando mi patrimonio familiar y heredándome deudas por varios años después de cerrar el negocio. Voy a mencionarte mis grandes lecciones de este desafortunado emprendimiento empresarial y a través de ellas, les transmito toda mi experiencia al respecto.

Grandes pérdidas, grandes lecciones
En primer lugar aprendí que no debes meterte en negocios que no conoces, mi actividad principal es la consultoría y el entrenamiento en ventas y no ser empresario de la moda. Desconocer detalles técnicos, de rotación de productos y de manejo de inventarios, que tenían implicaciones financieras en el flujo de caja típicos de ese sector, fueron mi perdición.

Hay una hermosa frase de David Packard, uno de los fundadores de Hewlett-Packard, el primer cliente de mi firma de consultoría y en realidad, gracias al cual nació mi empresa, que me encanta y resume muy bien la lección que viví en carne propia: *"Más empresas en el mundo han muerto de indigestión que de hambre"*. Es una frase que nos obliga a digerirla despacio. Se traduce en buscar equilibrio para crecer en nuestras empresas. Nuestra compañía comercializadora era tan exitosa en sus inicios que los números sólo nos invitaban a seguir creciendo, a abrir nuevos puntos de venta y a conseguir más y más vendedores. La realidad es que administrativamente éramos incipientes y no teníamos la capacidad de respuesta para lo que estábamos creando y lo peor, financieramente nuestro déficit por dar crédito a nuestros clientes, crecía a un ritmo vertiginoso y altamente peligroso. Un buen día la iliquidez estalló y desencadenó uno a uno tal nivel de problemas que nos llevó a la quiebra.

Puedes tener socios idóneos pero nunca les autorices la firma de los gastos con tu chequera sin ningún tipo de control.

De todos mis errores este fue uno de los más costosos. Mi socio en este proyecto era un gran vendedor pero un pésimo administrador y claro, gastando el dinero que no era suyo, todo le resultaba mucho más fácil. Luego me enteré de movimientos de dinero no autorizados y me cuestionaba ¿por qué no lo había controlado? Yo estaba dedicado a otras actividades confiando en que el negocio iba maravillosamente cuando la tormenta estaba cerca y yo ni sospechaba.

Nunca firmes un pagaré en blanco respaldando con tus activos personales tus negocios. Muchos dirán que estoy diciendo una locura, yo les garantizo después de afectar seriamente con las pérdidas de este negocio mi patrimonio personal por años y sabiendo que es algo que prometo no volver hacer, que es una recomendación importante y valiosa que nunca debes olvidar. Una cosa son los negocios y por eso, debes respaldar tus decisiones con los activos del mismo negocio, y otra cosa muy diferente, son tus activos personales y familiares, los cuales por ningún motivo debes permitir que ante una situación de pérdida extrema respalden tus deudas. Ahora ya debes imaginar el tamaño del error que cometí.

El gran empresario colombiano Luis Carlos Sarmiento Angulo dueño del Grupo AVAL, del Banco de América Central BAC-Credomatic y quien con cerca de 14 bancos es el hombre más rico de nuestro país y uno de los más ricos del mundo según Forbes afirma: *"Haz inversiones iniciales lo más bajas posibles y debes estar dispuesto a reinvertir a medida que el negocio vaya creciendo"*. Nosotros habíamos exagerado en las inversiones iniciales apoyados en el crecimiento de las ventas y no de las utilidades. Esto es algo que no puedo dejar de compartir con alguien que desea ser un emprendedor exitoso, lo más importante en un negocio no son las ventas, son las utilidades, pero ten en cuenta que ambas son la consecuencia, el premio de hacer muchas cosas bien y hacerlas en el momento adecuado.

Y finalmente aprendí, un concepto que se lo escuché alguna vez al actor Tom Cruise y que ahora aplico sabiamente, es una verdad de Perogrullo pero es muy útil saberla y lo más importante, aplicarla: *"Es mejor aprender ganando, que aprender perdiendo"*. Ahora tengo muy claro que los negocios deben estar muy bien cimentados en sus etapas iniciales para que produzcan resultados más adelante y que bien manejados pueden enseñarte muchas cosas mientras van generando resultados positivos.

Emprender es sinónimo de vender
Cuando de manera casi impuesta tuve que aprender a vender, como les he confesado esta no era mi actividad predilecta y en su momento le rehuía esperando que fuesen los clientes los que me buscaran a mí y no yo a ellos. Muchos de ellos nos buscaron y me facilitaron la vida, pero como en todo negocio llegó el momento en que tuve que salir a buscarlos. Todavía tenía muchas cosas que aprender sobre cómo perder ese miedo a vender y es lo que quiero compartirte a continuación.

Por eso, sobre este tema de descubrirte a ti mismo como emprendedor, para saber si tienes o no el Factor N del emprendimiento dentro de tu ADN personal, es muy importante que tengas un alto espíritu de servicio hacia los demás. He visto personas muy valiosas, con grandes ideas, con capacidades extraordinarias, pero con un bajo nivel de resultados en sus proyectos empresariales por su incapacidad para servir a otros de manera auténtica y real. Debes tragarte orgullos, ser paciente, saber tratar a clientes difíciles y déjame insistir, esto sólo puede lograrse si tienes un profundo sentido de servicio hacia los demás, desprendiéndote un poco de tus intereses personales y colocando el bienestar de tus clientes por encima de todo.

El emprendedor, en especial el que inicia con pocos recursos, debe ser consciente de que se convertirá en un todero, al principio realizará actividades estratégicas e importantes, pero también actividades básicas y simples que no todos están dispuestos a hacer. Eres el dueño de la empresa que diseña los productos y servicios, pero también eres el mensajero que hace fila en un banco para pagar los impuestos, eres el gran negociador frente a tus clientes, pero también debes tomar una escoba y barrer el frente de tu negocio, eso es realmente hermoso, yo lo llamo el gerente Zoila, zoila que vende, zoila que cobra, zoila que produce, zoila que hace fila.

Yo tuve una experiencia muy personal que me ayudó a "tallar" mucho mi forma de ser a este respecto. Estaba haciendo mi maestría en negocios, mi MBA en la Universidad de los Andes, es la universidad privada más costosa de mi país, no vayan a creer que era porque tenía recursos propios importantes. Lo pude hacer gracias a mis ahorros de 5 años de trabajo y a un excelente préstamo del ICETEX, una entidad pública que presta para estudiar, que me dio luego 2 años de gracia después de obtener mi título y el doble del tiempo que duró mi postgrado para poderlo pagar en cómodas cuotas mensuales.

En esta excelente universidad aprendí muchas cosas de mis maestros y colegas, pero aprendí dos cosas que realmente marcarían mi futuro en forma significativa. Este postgrado era tiempo completo y dedicación exclusiva, estaba prohibido que uno trabajara y yo tenía serios problemas para sobrevivir a pesar del préstamo educativo que tenía, con el cual cubría la matrícula, pero aún tenía que mantenerme. Así que dictaba clases de Matemáticas y Excel, les hacía trabajos a otros estudiantes y me rebuscaba algún ingreso a pesar de la prohibición.

Aún recuerdo que tenía un carro viejo cuando entré, que representaba gran parte de mi ahorro y todos los meses decía, ahora sí me tocó venderlo. Iba a la universidad en transporte público la mayoría de veces porque no tenía para la gasolina y el parqueadero. Recuerdo que una de las veces que lo llevé, se me dañó el motor de arranque, así que para poderlo prender tocaba empujarlo, lo grave es que 2 meses después seguía con el mismo daño, así que lo parqueaba en la calle, para ahorrarme el parqueadero en una calle en bajada, para no tener que empujarlo cuando me fuera a ir, era muy chistoso dejar rodar el carro y lo encendía a mitad de cuadra cuando ya se había impulsado.

Fue muy hermoso y significativo cuando me gradué y aún tenía ese carro, era un gran logro personal que mis compañeros de clase nunca conocieron. Mis compañeros eran en general hijos de profesionales de clase media y alta, sin grandes problemas económicos que podían estudiar sin estas preocupaciones. La manera como había logrado sortear esta situación era, y debo ser justo y agradecido en reconocerlo, porque mis padres me daban la comida y la dormida en mi casa paterna, y porque había montado una pizzería en un barrio popular con los últimos ahorros y el apoyo de mi madre, este negocio me dejaba lecciones muy valiosas y prácticas que no se aprenden en un MBA y gracias a Dios, me permitían mantenerme estudiando y sin vender mi carrito.

En el día estudiaba en una prestigiosa universidad y en las noches y fines de semana, corría a comprar los ingredientes en las plazas de mercado más populares, luego cargaba bultos de harina, atendía la caja y servía cerveza a obreros y operarios de fábricas que eran mis mejores clientes. Era una lección maravillosa de lo que significa servir y eso no lo podía aprender en un salón de clase de una Maestría de Negocios, eso se aprende atendiendo mesas y sirviendo cerveza. Es una oportunidad única de formarte y tallar tu personalidad, es la mejor educación vivencial, personal y de negocios, que pude haber recibido. Creo sinceramente, que debería ser una materia obligatoria en una Maestría de Negocios, que te obliguen a montar tu propio negocio y a atenderlo, y más aún, algo como un restaurante en donde puedes realmente vivir la experiencia de primera mano de qué significa servir a otros.

Pero la historia no termina ahí, muy cerca de finalizar el postgrado, fui nominado a la beca Vegalara a la excelencia académica. Esta es una beca espectacular en la que te regresan el 100 por ciento del valor de las matrículas de todo tu postgrado, un sueño perfecto para mí. Es una beca privada otorgada por un empresario exitoso y altruista que decidió apoyar de esa forma a nuevos profesionales que cursaran esta maestría. Los requisitos eran 3: Buen rendimiento académico, en lo cual no tenía problema, liderazgo, y también era un punto a mi favor porque había sido elegido por mis compañeros de clase como delegado de los estudiantes ante la junta directiva del MBA, lo cual me había dado visibilidad frente a la universidad aunque algunas veces mis solicitudes no eran de su agrado. Y el tercer requisito, era necesitar la beca, es decir, tener una situación económica que ameritara el apoyo, bueno con lo que les he contado, era evidente que yo realmente la necesitaba.

Eso significa que todo estaba a mi favor. Participé del proceso y quedamos 3 finalistas para ir a entrevistas. En la entrevista me concentré en mostrar mis cualidades como estudiante y líder, porque me parecía que de esta forma tendría los méritos para ganar por mi esfuerzo y mis resultados. Y llegó el momento del fallo final: Perdí la beca. La razón, consideraron que una de mis compañeras de clase, lo necesitaba más. Wow fue un golpe bajo, yo sabía que no era cierto. Y fue aún más duro cuando el día de mi grado, ella se me acercó para decirme que yo me merecía más la beca que ella.

¡Ay Dios, qué lección! Por no haber mencionado mi realidad económica, había perdido una de las oportunidades más interesantes de mi vida. Yo no mencioné ni uno solo de los esfuerzos económicos en mi entrevista, porque consideraba que era mi capacidad personal la que debía darme la beca y no la lástima de no tener los recursos. Ese pensamiento erróneo me había costado muchísimo, sólo ahora 20 años después, tengo claro que ser auténtico, ser tú mismo, es la única carta de presentación válida y que venir de más abajo hace más meritorio llegar a la cima. Nunca había compartido en detalle esta historia de manera tan abierta y ahora sólo espero que pueda ayudarle a otros a tomar mejor sus decisiones de vida, porque siempre debemos estar orgullosos de nuestro origen y de nuestro pasado, sea cual sea, si hemos actuado con honestidad.

En resumen ¿Puedo ser un emprendedor sin ser un gran vendedor?
Mi respuesta es no. No deberías hacerlo, corres un riesgo muy alto si lo haces de esa forma. Definitivamente nadie debería empezar un negocio si no tiene claro cómo va a mejorar su habilidad de vender. Podrías crear una solución única en las redes sociales, el nuevo Facebook o Twitter del futuro pero si no tienes la habilidad de conseguir inversionistas o socios, vender un plan de negocios, conseguir los primeros clientes por ti mismo, tu negocio difícilmente arrancará. Estudia la vida de los más exitosos como: Steve Jobs, Bill Gates, Richard Branson, Mark Zuckerberg o los creadores de Google, Sergey Brin y Larry Page. Te asombrará la determinación por alcanzar

sus sueños y la tremenda habilidad para venderles sus sueños a otros.

El haber trabajado en el área de Apoyo Empresarial de la Cámara de Comercio de Bogotá, una entidad en la que se registran todas las empresas de la región y se apoya el emprendimiento, me dio la oportunidad de conocer de primera mano una estadística contundente: El 70 por ciento de los nuevos emprendimientos quiebran antes de terminar los dos primeros años de vida de la empresa y este porcentaje aumenta casi al 85 por ciento al llegar al quinto año. Estos números muestran una realidad que es, no sólo dura sino hasta cruel. Pero permíteme mostrarte otra cara de la moneda en esta cifra, recuerda que detrás de toda crisis siempre hay una oportunidad. La gran mayoría de personas se concentra en esta cifra alta del 70 por ciento de los que tienen que cerrar sus negocios, mi experiencia como emprendedor me enseñó a verle el lado positivo a las cosas: preguntémonos qué hizo ese otro 30 por ciento que sí logró mantener sus negocios a flote con una buena proyección de sostenibilidad para el largo plazo.

Investigué un poco más y encontré un dato adicional realmente valioso, del 30 por ciento que sí logra triunfar 2 de cada 3, es decir, el 66 por ciento de los que triunfan fueron antes vendedores exitosos para otras empresas o proyectos. ¡Qué interesante dato! Eso significa que la mayoría de los emprendedores sobrevivientes tienen una habilidad para vender más alta que el promedio y que esa habilidad comercial les ha elevado la probabilidad de tener éxito en sus negocios. Esa, no otra, ha sido la habilidad determinante. Quiero destacar esto porque cuando somos emprendedores nos concentramos demasiado en nuestros productos y servicios, y creemos que por el hecho de hacer un excelente producto tenemos un derecho ganado de tener éxito en ese negocio. Como consultor he visto muchos fracasos de emprendedores con excelentes productos y servicios que no logran vender, lo cual es un hecho verdaderamente lamentable y que en tu caso, debes evitar a toda costa.

Por eso si quieres formarte como emprendedor, lo ideal sería que primero fueras vendedor para otros, eso puede ayudarte muchísimo a desarrollar las habilidades comerciales necesarias que luego van a resultarte muy útiles en tu carrera como empresario. Mi hijo Juan Sebastián ahora es un pre-adolescente y tiene mucho interés en llegar a ser un empresario exitoso, no les quepa la menor duda, que apenas pueda hacerlo su primer puesto será vendedor, porque es ahí en donde empezará a labrarse su carrera empresarial, y entre más pronto la inicie, es muchísimo mejor.

Es claro que el primer requisito de un gran emprendedor es tener una gran visión para identificar oportunidades que otros no han visto, pero el requisito siguiente es tener una gran habilidad para venderle tu visión a la mayor cantidad de personas en el mundo. Conocemos emprendedores no tan visionarios pero que gracias a sus habilidades comerciales logran sacar adelante grandes proyectos exitosos. Pero un visionario sin capacidad de vender, puede quedarse sólo al nivel de un iluso con una gran idea que nunca llega a materializarse.

¿Cómo puedo entonces quitarme este miedo a vender?
Partamos de un hecho, el miedo es uno de los sentimientos humanos más profundos, naturales, paralizantes o motivadores que puedan existir. Y el sentirlo nos hace ser más humanos, el miedo es algo que hemos sentido todos. Aún recuerdo las muchísimas veces en que mi cuerpo ha producido más saliva, mis manos me han sudado o el tono de mi voz se me ha entrecortado antes de hacer algo que me produce miedo. Y eso

es normal y natural, creo que aún hoy después de 20 años en el mundo de las ventas, no dejo de sentir en los minutos previos a una reunión importante algo de nervios. Te voy a contar algunas técnicas sencillas que me han ayudado personalmente y han ayudado a cientos de mis estudiantes a dominar estos miedos.

"El valor no es la ausencia del miedo, es la conquista de este". Frank Bettger

Eso significa que no debemos concentrarnos en quitarnos los miedos, sino en llegar a dominarlos a nuestro favor. Recordemos que sentir miedo es algo natural para todos y debemos darnos el permiso de que nos suceda en algún momento, el miedo nos recuerda que somos humanos. Pero debemos también reconocer que el origen de la mayoría de los miedos surge a partir de nuestras experiencias y de la información que hemos recibido en el pasado. Eso significa, que nuestros miedos son adquiridos, no nacieron con nosotros, y por lo tanto, si pudimos adquirirlos, también es posible que podamos llegar a dominarlos.

La pregunta que nos surge es ¿y cómo podemos llegar a dominarlos y disminuir nuestro miedo a vender? No es una respuesta fácil ni única. El que veremos aquí es un camino basado en la experiencia y la observación directa, no en teorías, ni en profundos conocimientos psicológicos. Pero lo más importante, es que contiene elementos que funcionan y ejercicios que puedes realizar fácilmente.

El primer paso que debemos dar, es aceptar que sentimos ese miedo, darnos el permiso de sentirlo y que es algo que le pasa inclusive a expertos que llevan muchos años en su campo. El segundo paso es tomar la decisión de superarlo porque reconoces los beneficios de hacerlo, las cosas buenas que traerá a tu vida, sabes que son mucho más altos que los costos que pagas por no tener estas habilidades. El tercer paso es reconocer que existen caminos posibles ya probados por otros que funcionan para lograrlo. Si ellos pudieron, yo también puedo hacerlo. Estos tres puntos, te llenarán de optimismo frente a la posibilidad real que tienes de superar esta situación con éxito.

Démosle un poco más de información a nuestra mente. Debemos comprender de manera diferente el miedo. El miedo en realidad no siempre es algo malo, su razón de ser original es positiva. Es un sentimiento protector y está allí alojado en nuestra voz interior para alejarnos de los posibles peligros, sentir miedo en su justa medida, es muy positivo porque gracias a él evitamos correr riesgos innecesarios. Los miedos naturales nos impiden hacer actos riesgosos que podrían llegar a traer consecuencias negativas a nuestra vida. Debemos darnos la libertad de sentir miedo y entenderlo como algo que está presente en nuestras vidas, como la suave voz de mamá que nos previene para que no nos suceda nada malo. Lo importante es que recordemos que no hubiéramos podido caminar solos si no nos hubiéramos olvidado también de esas mismas palabras. Aquí la situación es exactamente la misma, al principio el miedo nos protege pero luego debemos ser conscientes de que, si queremos llegar a un nivel de resultados más alto en nuestra vida, debemos alejarnos de él.

Sigamos entendiendo el miedo de una manera diferente, Blair Singer en su libro La Vocecita, nos plantea: ¿El miedo te motiva o te paraliza? Esta es una pregunta profunda e interesante que debemos hacernos. Les contaba en un pasaje anterior sobre mi afición a entrevistar empresarios, emprendedores y vendedores exitosos, ese es quizá uno de mis activos más valiosos como especialista en ventas, y me sorprendía cómo todos reconocían sus miedos a emprender, a vender, a lanzarse a conquistar sus sueños. Pero también debo reconocer la pasión con la que me describían cómo los habían logrado superar, a punta de determinación, constancia y disciplina. Al final, ellos me enseñaron que el miedo puede llegar a ser un gran maestro por su naturaleza retadora hacia nosotros más que un mensaje paralizante en nuestro cerebro. El miedo te motiva o te paraliza, a mí después de trabajar mi mente un buen tiempo me motiva y me reta a avanzar. ¿Y a ti?

Creo que de todos los factores que ya he mencionado, el más poderoso tiene que ver con algo que pudiese parecer un poco teórico pero que es absolutamente práctico y es nuestra definición de qué significa vender. Como entrenador en ventas he trabajado mucho y aún sigo haciéndolo para tener una buena definición de vender, la cual amplio en mis talleres tanto presenciales como por *video-training*, a tal punto que será uno de los temas centrales de mi próximo libro, pero quiero compartir un concepto tan simple como revelador: **Vender es Servir**.

Cuando pones en tú mente esta nueva asociación tu actitud cambia instantáneamente. Yo lo he usado conmigo mismo y cientos de mis estudiantes. No pienses que estás vendiendo, concéntrate en pensar que estás sirviéndole a tus clientes. Al hacerlo, mira el efecto maravilloso que entra ahora en tu mente, servir es ayudar y a uno no le da pena ayudar a otros. Vendemos no para beneficiarnos, vendemos para ayudar. Hay un tuit que escribí hace algunas semanas en mi twitter @innventas que tuvo una gran acogida entre mis seguidores y que resume muy bien este pensamiento: *"Concéntrate en servir y muy posiblemente vendas, concéntrate en vender y muy posiblemente no sirvas"*.

Y por último, para manejar el miedo a no ser lo suficientemente capaz en esta exigente actividad, debemos considerar que los seres humanos somos seres sociales y es natural que queramos evitar la crítica o la burla frente a otros. Para enfrentar esto, lo mejor es desarrollar tu habilidad de vender, con técnicas probadas y dentro de un entrenamiento exigente en un ambiente seguro, manejado por *coaches experimentados*, que sepan ayudarte a sacar lo mejor de ti, eso te dará una gran confianza, elevará tu autoestima y te retará a demostrarle a otros que si eres capaz de hacerlo bien.

Conociendo todo lo anterior, pregúntate si tu sentimiento de miedo te está motivando a ser mejor vendedor o te está paralizando. Si el miedo te está impidiendo avanzar hacia tus sueños o es tu gran maestro para obtenerlos. La decisión es tuya, de nadie más. Debe ser entonces nuestro reto, conquistar nuestros propios miedos. *"La experiencia de superar un miedo es increíblemente deliciosa"*, afirmó Bertrand William, eso nos invita a tomar acción. Porque a lo que sí le deberíamos temer, es a vivir en el miedo, y dejar de alcanzar en la vida lo que queremos sólo por miedo, a eso es a lo único que realmente deberíamos temerle.

Dónde aprender a vender
Hace algún tiempo me reuní con el decano de una importante universidad quien quería conversar conmigo sobre la posibilidad de asociarnos para ofrecer un Programa conjunto entre CLEVER, nuestro Centro Latinoamericano de Entrenamiento en Ventas y su prestigiosa universidad. Al conversar con ellos, nos planteábamos la pregunta de ¿Por qué no existen en el mercado más lugares para aprender a vender profesionalmente? Este es un cuestionamiento muy válido, considerando que es relativamente fácil encontrar una amplia

oferta de programas educativos en casi todas las demás áreas del *management*: Finanzas, Producción, Operaciones, Calidad, Gestión Humana, Tecnología Informática, Mercadeo, etc. Mi planteamiento inicial es que vender es una habilidad y no un conocimiento, y que las habilidades no se enseñan sino que se desarrollan. Y por lo tanto es claro, que vender es una habilidad que debe desarrollarse bajo un ambiente de aprendizaje particular, que no existe en las universidades. Sin embargo, hoy existen escuelas especializadas para actividades como aprender a nadar, a cocinar, a conducir un auto o a dominar un deporte como el golf, el tenis o el fútbol. De allí surgió nuestro planteamiento de que en realidad no debe haber universidades de las ventas, porque esto no es un conocimiento que se puede aprender cursando un vasto programa académico con una infinidad de materias.

Aprender a vender es algo mucho más práctico que eso e implica recorrer un camino diferente. Lo que se necesita para desarrollar la habilidad de vender son más Centros de Entrenamiento, con programas especializados tanto para líderes de ventas, es decir, los gerentes, coordinadores y jefes de equipos de ventas. Como para vendedores de todos los niveles, a través de programas de entrenamiento que vayan desde niveles básicos hasta los niveles más avanzados.

Vender no es una actividad genérica que todas las empresas realicen de la misma forma. Por ello, antes de hacer cualquier tipo de entrenamiento específico, lo más importante es que se diseñe un Modelo de Atención Comercial, es lo que nosotros denominamos MAC, en donde utilizando las técnicas más adecuadas se estandariza la forma de vender de una empresa sin importar su tamaño, su sector o su antigüedad. Las técnicas de ventas dan las herramientas necesarias, son como una gran barra de ingredientes de la que debe extraerse una receta particular para cada empresa, a esa receta que define tu forma estandarizada de vender, es a lo que denominamos el modelo de atención comercial - MAC.

Entrenarse en ventas, por lo tanto, no puede ser una actividad genérica todo el tiempo, sino que es el dominio de algunas técnicas aplicadas a unos escenarios de negocio muy específicos de un sector, un portafolio de productos y servicios, una estrategia comercial, una estructura organizacional y unas necesidades puntuales de cada mercado. Es la implementación de un Modelo de Atención Comercial específico a un escenario comercial específico.

Al igual que en una clase de conducción, es muy posible que los estudiantes necesiten aprender a conducir vehículos diferentes, unos querrán aprender a conducir vehículos automáticos otros mecánicos, unos vehículos grandes otros chicos, unos vehículos particulares y otros vehículos públicos. Aquí es igual, hay unos fundamentos genéricos básicos que son comunes y otros elementos que son particulares a los diferentes escenarios comerciales de cada empresa y que exigen el desarrollo de unas habilidades específicas diferentes de ventas. No necesitan las mismas habilidades un vendedor de ciclo de venta largo que uno de ciclo de venta corto, un responsable de una venta proactiva que uno de venta reactiva, uno de venta transaccional que uno de venta relacional, uno de venta presencial que uno de venta telefónica.

Los diferentes escenarios comerciales exigen diferentes tipos de habilidades y lo más importante necesitan de metodologías y técnicas diferentes basadas en la educación para adultos – la andragogía y en el *edutaintment*– una mezcla justa entre el entretenimiento y el aprendizaje que garantiza el desarrollo de nuevas habilidades. Si han visto un programa de Discovery o de History Channel, ese es el mejor ejemplo en el mundo de un emprendedor, profesor de sociales que quería enseñar historia y geografía con un método diferente, eso es *edutaintment* y miren el éxito que ha tenido.

Es por todo esto, que la capacitación en ventas ha sufrido una gran transformación y por eso, una simple charla motivacional de efecto alka-seltzer que emociona a los vendedores por unas pocas horas produce muy pocos efectos en sus resultados de negocio y en cambio, la implementación por parte de todo tu equipo de ventas de un modelo de atención comercial altamente efectivo que muestre sus factores diferenciadores, practique la enseñanza comercial y provoque al cliente invitándolo a tomar acción, traerá un impacto positivo y sostenido sobre sus resultados comerciales logrando que tu empresa llegue a vender más y más.

Te invito a que conozcas más acerca de nuestros entrenamientos en nuestra página Web: www.vendedoresclever.com para que descubras cómo ahora todas estas posibilidades también están a tu alcance tanto en forma presencial como a través del *video-training*. Lo que antes era sólo una posibilidad para las grandes empresas ahora gracias a la Internet, puede disfrutarse desde cualquier tipo de dispositivo, en el lugar y hora de nuestra mayor conveniencia.

Debo confesarles que me tomó tiempo creer que podríamos impartir entrenamientos a través de la Web, y por eso para comprobar la efectividad o no de formatos como el *video-training*, los *webinars* o los *hangouts* primero decidí tomar varios cursos desde mi rol de estudiante. Quedé maravillado de estos nuevos formatos y convencido de que son en realidad la nueva forma de aprender en el mundo. Hoy si alguien necesita aprender cualquier cosa, más allá de saber su definición, desde algo muy complejo hasta aprender a enhebrar una aguja, primero busca un video en YouTube antes que cualquier otra opción.

El *video-training* es un formato único e impresionante que le permite a un estudiante ver las veces que quiera cada sesión. Siempre que asistía a un evento importante, a un foro o a una clase interesante, pensaba en la posibilidad de verlo de nuevo y no me era posible, es más, grabar la clase, estaba mal visto. Aquí nuestros estudiantes avanzan a su ritmo, en los horarios más convenientes para ellos y desde el lugar que necesiten hacerlo, mientras conducen, esperan la salida de un avión o la llegada de un cliente, desde sus celulares, sus tablets o sus computadoras pueden aprender y hacer los ejercicios para desarrollar las habilidades que luego deben demostrar en pruebas orales de alta exigencia.

El resultado es espectacular, hoy nuestros estudiantes por Internet alcanzan niveles más altos de desarrollo de sus habilidades y aún los estudiantes presenciales piden acceso a nuestras plataformas de *video-training* como complemento a su formación. A través de *webinars* realizamos verdaderas sesiones de *coaching grupales*, las cuales pueden ver en tiempo real o en diferido en la plataforma para responder una a una, todas sus dudas sobre la manera adecuada de aplicar lo aprendido a sus escenarios empresariales reales, aprendiendo tanto de sus entrenadores como de sus colegas. Y los *hangouts* permiten que esos conversatorios con expertos empresarios, gerentes y vendedores ahora se lleven a cabo desde los lugares más remotos, igualmente en línea o en diferido, con posibilidad de hacerles valiosas preguntas específicas aplicadas a tu negocio a los más versados especialistas y expertos quienes comparten toda su experiencia y sus mejores prácticas, con las cuales alcanzaron sus resultados extraordinarios.

Todo lo anterior más un excelente *kit* de herramientas y plantillas, que muestran el paso a paso para lograrlo, con modelos bien hechos de cada uno de los temas, generan unos niveles significativamente mejores que cualquier otro formato. Además para garantizar que todo quedó bien hecho, se deben presentar y aprobar unas pruebas finales orales con exigentes entrenadores en donde se demuestra el desarrollo real de las habilidades. Y finalmente, para aquellos que quieren un mayor acompañamiento en sus soluciones, los estudiantes cuentan con sesiones de consultoría estratégica y *coaching*, que programan de acuerdo a sus horarios y presupuestos.

Así es como creemos que serán muchas universidades y centros educativos en el futuro si es que quieren agregar valor y ofrecer soluciones ciertas a emprendedores, empresarios PYMES y ejecutivos de grandes compañías en el mundo del *management*.

Por ahora, estamos seguros de contar con una de las mejores alternativas para aprender a vender del mundo hispano en nuestro Centro de Entrenamiento CLEVER, así que si tu reto es mejorar tu habilidad personal de vender o la de tu equipo, ya cuentas con una opción efectiva para apoyarte.

Juan Carlos Ramírez Guzmán
E-mail: juancr@estrategiaydesarrollo.com
Twitter: @innventas
Consultoría Estratégica Comercial y
Entrenamientos Corporativos en:
www.estrategiaydesarrollo.com
Entrenamientos abiertos presenciales y en
video-training para Gerentes y Vendedores
en: www.vendedoresclever.com

"La Magia Del Confort Sobre Sus Patines Profesionales De Velocidad"

Por Juan Felipe Cardona

Permítame le hago una pregunta:
¿Cree que es posible tener perfecto confort y calidad sobre sus patines profesionales de velocidad en línea?
Sí, esto es posible, sólo que nadie le está brindando la posibilidad de que este sueño se cumpla.

Hola, soy Juan Felipe Cardona y le voy a mostrar:
Cómo y por qué BEWIND, le brinda 35 soluciones definitivas y personalizadas a sus problemas de calidad y confort sobre sus patines.

Para efectos de este capítulo, usaré la palabra patines, refiriéndome a patines profesionales de velocidad en línea.

Pero antes, déjeme decirle algo que usted ya sabe:
"La experiencia no se improvisa".

Hay muchas personas que le aseguran venderle el mejor patín del mercado y eso está bien.
Lo que ellos no pueden hacer por usted es transmitirle todos los años de experiencia que yo poseo sobre este tema.

Muchos me conocen como CANARIO en el mundo del patinaje de velocidad colombiano. Si no me conoce, llevo fabricando botas para este tipo de patines desde 1997. He sido patinador de velocidad desde hace 30 años.

Soy ingeniero mecánico, graduado en la Universidad Pontificia Bolivariana (Medellín – Colombia), especialista en materiales compuestos de fibra de carbono y fibra de vidrio.

Trabajé durante un año en una empresa del sector de los materiales compuestos y otros 8 años, como socio, en una importante empresa de fabricación de botas y comercialización de productos para patinaje de velocidad.

Hace 5 años fundé BEWIND y se ha consolidado como una de las empresas más representativas en el segmento de los patines profesionales de velocidad.

No en vano, gran cantidad de patinadores de alto rendimiento, dan testimonio de ello y se han beneficiado inmensamente de mi experiencia y profesionalismo.

De hecho, yo empecé a fabricar botas para este tipo de patines, cuando era verdaderamente difícil, cuando los costos eran bastante altos para la época, ya que todos los productos que se comercializaban, eran importados y no existían fabricantes en toda Latinoamérica de este tipo de botas.

Hoy en día las cosas son bastante diferentes y existimos varios importadores de piezas y accesorios para patines de velocidad en línea, que por lo general son fabricadas en países orientales…y esto es algo que prácticamente cualquiera puede hacer.

Lo que ellos no pueden hacer, y que en BEWIND sí hacemos, es prestar el soporte técnico para esos productos y garantizar verdadero confort y calidad sobre sus patines…Y eso es lo que yo tengo para usted el día de hoy.

¿Confort?
SÍ, confort.

Es probable que nunca haya escuchado este término y no lo culpo. Para la gran mayoría de personas está relacionado con comodidad, pero le aseguro que no ha captado la verdadera dimensión de este término.

Así que en primera instancia, me enfocaré en que usted se sienta realmente cómodo sobre sus patines, pero sin olvidarme de la calidad, para que sumados, logre obtener lo que quiere y necesita al patinar.

¿Por qué? Porque el confort es sencillamente la forma más rápida de generar un buen rendimiento sobre sus patines. Recuerde, es muy importante que experimente verdadero confort, antes que cualquier otra cosa.

Piénselo por un momento… si mejorara un 50 – 70 – 90 por ciento el confort o la comodidad sobre sus patines, podría mejorar fácilmente su nivel deportivo un 10 – 20 – 30 por ciento este mismo mes.
¿Se imagina lo que podría lograr en un año?

En eso no lo puedo ayudar, eso tiene que decidirlo usted mismo, pero apuesto que ya tiene 1 – 2 o 3 ideas en mente, ¿no es cierto?

La pregunta que quizá se le esté cruzando por la mente sea: ¿Será realmente posible?
La respuesta es… por supuesto que sí es posible.
Aprenderá entre otras cosas, cómo puede lograr sentir sus patines, como los sienten los mejores patinadores de velocidad del mundo. Y, note que le estoy hablando de "los mejores patinadores" y no únicamente patinadores.

Eso quiere decir que experimentará cómo al mejorar el confort y calidad de sus patines, mejorará su rendimiento, en su deporte favorito. Y lo mejor de todo, experimentará cómo esta mejoría en sus patines, no solo la notará usted, sino también la notarán los demás.

¿Podría pedir algo más en cuestión de mejorar el confort y la calidad de sus patines?
Por favor, continúe leyendo, pues tengo algo importante que usted necesita saber sobre este tema.

No es novedad para usted que para ganar más confort en las botas de sus patines, una de las cosas que puede hacer es calentar la bota y moldearla a su pie.
La verdad es que este punto, resulta ser muy complicado para la gran mayoría de personas y terminan por no conseguir los resultados que esperaban al aplicar este procedimiento sobre sus patines, déjeme explicarle:
El proceso de moldeado de sus botas termina siendo más una de tantas soluciones a problemas de confort, pero no la solución definitiva a muchos otros problemas que pueden también presentarse en sus patines.

Esto pasa a ser una herramienta más de *marketing* para venderle, pero no una solución definitiva a todos sus problemas de confort y calidad, ¿NO ES CIERTO?
Bien, dentro del mundo real eso se resume en dos términos: incomodidad e insatisfacción.

Pero usted tiene razón, si los patines que compró son tan costosos, ¿por qué no le dieron el servicio y la asesoría correctos, que usted se merece por haberlos comprado?
AHÍ ES DONDE ESTÁ EL PROBLEMA...

La mayoría de marcas de patines profesionales que se venden

"allá afuera" lo que ofrecen son "ilusiones" que sí, llaman la atención, pero no funcionan todo el tiempo, ni garantizan perfecto confort y calidad.

• ¿Ha sentido alguna vez que está perdiendo su tiempo en la tienda donde compró sus patines, porque realmente no le han solucionado su problema de calidad o confort?
• O, a lo mejor… ¿ha intentado arreglarlos usted mismo o le tocó contratar algún tercero para que se los arregle, pero sigue realmente insatisfecho con sus patines?
• ¿Cambió de marca de patines y sus problemas continuaron?
• ¿No se ha podido acomodar con ninguna bota estándar?
• Sus patines son de alguna marca importada y se le han demorado 3, 6 meses o hasta 1 año en responderle por la garantía y cuando se los entregan de nuevo, ¿sigue con el mismo u otro problema?
• ¿Ha tenido algún tipo de problema con sus patines cuando va a ir a un campeonato y no puede dejar de entrenar para no perder nivel antes del torneo?

Así mismo, la mayoría de los patines que se comercializan hoy en día, son muy atractivos porque prometen llegar al paraíso sin esfuerzo, pero en la práctica, usted y yo sabemos que no es cierto.

No es de extrañarse que tan pocas personas, no obtengan los resultados que buscan con sus PATINES…muy pocos patines le ofrecen eso.

Algunos obstáculos que impiden que las personas disfruten de los patines son:
• Falta de tiempo para practicar y aprender a dominar sus patines profesionales de velocidad.
• Falta de dinero para comprarlos y piensan que este tipo de

patines es demasiado costoso.
· Falta de resultados: Algunos ya tienen este tipo de patines pero no se han podido acomodar a ellos y terminan por dejarlos archivados.
· Tienen muchas ganas de mejorar su rendimiento y al no poder hacerlo, terminan con múltiples productos y soluciones a medias.

Tener bajos resultados en las competencias, no solo afecta su bolsillo sino las esperanzas de pertenecer a ese selecto grupo de buenos patinadores que finalmente también, sin ellos querer, le ayudarán a mejorar su rendimiento.

Ni qué decir de lo complicado que es solucionar problemas de confort y calidad por ellos mismos.

HOY QUIERO CAMBIAR ESTO PARA USTED…
Y por eso le quiero presentar, realmente el truco que hay detrás de:
"La magia del confort sobre sus patines profesionales de velocidad".

Durante todos mis viajes a campeonatos, nacionales e internacionales, se me acercaban tres tipos de clientes, que enmarcaban muy claramente sus inquietudes y necesidades, así:
· Los primeros se enfocaban en cómo seleccionar correctamente los patines que necesitaban.
· Los segundos ya tenían este tipo de patines pero les había surgido algún problema de calidad y confort, que necesitaban solucionar.
· Los terceros, más experimentados, ya les había tocado pasar por las dos anteriores pero realmente querían algo que los hiciera catapultar en su rendimiento y les ayudara a llegar al

máximo desempeño en las pistas.

¿Cuántas personas están aquí porque quieren tener los mejores resultados sobre sus patines?

Si usted está aquí, seguramente piensa practicar patinaje de velocidad porque quiere:
• Divertirse
• Hacer ejercicio
• Experimentar más velocidad sobre sus patines
• Utilizar sus patines como medio de transporte.
• Lograr resultados a largo plazo y ser patinadores destacados.

Independiente de la razón por la que usted se interese en tener este tipo de patines, usted debe tener en cuenta los siguientes 7 puntos fundamentales, que seguramente marcarán la pauta en el rendimiento que tenga sobre ellos:

1.- Los 3 elementos claves antes de decidir comprar sus patines.
2.- Los 5 factores importantes a tener en cuenta para la selección de sus patines.
3.- Los 10 factores que hacen que usted sienta verdadero confort sobre sus patines.
4.- Los 6 problemas más comunes de calidad en la (s) fibra de las botas.
5.- Los 10 problemas más comunes de calidad en la capellada de las botas.
6.- Los 5 problemas más comunes de calidad en los accesorios de las botas.
7.- Los 4 problemas más comunes de calidad en los chasis.

El hecho de que esté aquí y ahora, le da ventajas competitivas sobre otros patinadores, así:
• Sería parte de un grupo selecto que sabe cuáles patines usar y

cómo utilizarlos a su favor.
• Conocer claramente cuáles son los secretos más guardados de los mejores patinadores de velocidad del mundo, acerca de sus patines.

Está en el lugar correcto, en el momento indicado, para que tome acción y gane esas ventajas, y no pertenezca a ese 95 por ciento de personas que no conocen esta información y pasan por alto detalles que marcan realmente la diferencia en el patinaje de velocidad.

1.- Los tres elementos claves antes de decidir comprar sus patines:

· ¿Para qué los va a utilizar?
Diversión, trasporte, hacer ejercicio, entrenar o competir.

· ¿Dónde los va a utilizar?
Pista, ruta, ciclo vías, etc.

· ¿Cuáles son sus propósitos en este deporte?
Pasarla bien con sus amigos, bajar de peso o estar en forma, entrenar para ser el mejor patinador (a).

2.- Los 5 factores importantes a tener en cuenta para la selección de sus patines
Edad del patinador
Diámetro de ruedas: de acuerdo a la edad de la persona, se escoge el diámetro de las ruedas que debe utilizar, ya que la Federación Colombiana de patinaje, tiene reglamentado este punto de la siguiente manera:

Edad	**Diámetro**
8	80 (mm)
9 – 10	84
11-12	90

13-14   100
15 en adelante 110

Largo del chasis: de acuerdo al diámetro de rueda, se recomienda el largo máximo del chasis que debe usar, de tal forma que le brinde la posibilidad de montar más adelante una rueda de mayor diámetro, de modo que no quede tan limitado al diámetro que necesita para su edad.

Diámetro Rueda (mm)	Largo máximo del chasis (pulgadas)
80	10,5
84	11,5
90	12,5
100	12,9
110	13,3

También de acuerdo a la necesidad de la persona o su presupuesto:

Tipo de bota: de acuerdo al nivel de experiencia se le recomienda una bota de acuerdo a la combinación de fibra de vidrio con fibra de carbono que tenga la bota y el tipo de resina, ya que esto influye directamente en el peso de la bota y la rigidez de la misma, así:

Nivel Resina	% Fibra vidrio	Fibra carbono
Básico poliéster	100	0
Intermedio epóxica	50	50
Avanzado epóxica	0	100

Entre más porcentaje de fibra de carbono tenga la bota, más liviana y resistente, puede llegar a ser.

La resina epóxica ofrece mejores propiedades en la bota, como más rigidez, menor peso y con una apariencia más bonita.

La resina de poliéster es más económica, y ofrece buenas ventajas mecánicas para los principiantes.

Los tipos de cuellos de la bota, también juegan un papel importante en la estabilidad y seguridad del patinador al momento de la acción. En este punto, de acuerdo al nivel de experiencia, se recomienda la altura del cuello que debe utilizar, así:

Nivel	Altura de cuello
Básico	Alto
Intermedio	Medio
Avanzado	Bajo

Cabe notar que entre más bajo sea el cuello, mayor será la libertad de movimiento que se tenga sobre los patines. Por eso es recomendable primero, dar un buen fortalecimiento a la zona de los tobillos del patinador.

Calidades de chasis, ruedas y rodamientos: Igual que en el anterior punto, de acuerdo al nivel de experiencia, se recomiendan las calidades de este tipo de componentes del patín, de acuerdo al material de los mismos, así

Nivel	Combinación chasis	Ruedas	Rodamientos
Básico	6061 T6	TDI	ABEC 1
Intermedio	6061 T6	MDI	ABEC 7
Avanzado	7000	MDI	MINI CERÁMICA

La aleación 6061 T6 es una aleación un poco más dúctil que la aleación 7000 de calidad aeroespacial, esto significa que tiende a flectarse (arquearse) un poco más con el mismo espesor del perfil.

Las ruedas con tecnología TDI son ruedas que no rebotan tanto como las MDI y por lo tanto se adhieren más al pavimento y se siente que no desplazan tanto como las otras, aunque las dos son fabricadas con monocomponentes del poliuretano.

Una forma fácil de darse cuenta con qué tipo de tecnología está fabricada la rueda es dejar caer la rueda desde una altura de un metro, y si rebota más del 80 por ciento, lo más seguro es que sea fabricada con la mejor tecnología para fabricas ruedas para patines en línea que es MDI.

Las mejores ruedas con las que corren hoy en día los patinadores profesionales son fabricadas en MDI y con un inserto interior de butadieno, que es el material que tienen también en la parte de adentro, las bolas de golf, para un mejor rebote y darle más eficiencia en el empuje, al patinador.

Casi todos los rodamientos son fabricados en acero inoxidable. Lo que cambia el peso, la resistencia al desgaste y las revoluciones por minuto máximas que puede desarrollar, son las tolerancias entre cada componente y los materiales en los que están fabricados las canastillas, los balines y los sellos.

Tenga en cuenta que las mejores balineras o rodamientos que se fabrican hoy en día, se fabrican con canastillas, sellos de teflón y balines de cerámica negra o blanca.

Nota: Se debe tener en cuenta, que parte de lo que garantiza el confort del patín, son las dimensiones que tengan sus componentes (chasis, ruedas).

Los materiales de fabricación, como se dijo anteriormente, influyen en el peso y la rigidez de la bota, pero recuerde que este como en otros deportes, entre más liviano sea el patín, más costoso es.

Esto es comparable con los carros de Fórmula Uno, donde cada gramo que le puedan eliminar al carro sin sacrificar seguridad, rendimiento y confort del piloto, vale millones de dólares en estudios y pruebas.

3.- Los 10 factores que hacen que usted sienta verdadero confort sobre sus patines
Agarre trasero en la parte del talón de Aquiles.
Agarre delantero en la zona del empeine.
Ajuste de la bota en la zona del cuello.
Altura y ajuste de la fibra en la zona de los tobillos y talón.
Ajuste en la zona del puente.
Ancho de la bota.
Largo de la bota.
Ajuste de la bota en la zona de los dedos.
Apoyo del pie en la zona de la plantilla.
Chasis desalineado o desviado que cause que el patín tire hacia algún lado o chasis tirado hacia adelante o hacia atrás que descompense la estabilidad del cuerpo sobre los patines.

En BEWIND, usted podrá escoger entre dos tipos de hormas

estándar que tenemos para fabricar sus botas y que usted se sienta lo más cercano posible a tener una bota a molde, teniendo en cuenta que si usted quiere tener el máximo confort en sus patines, lo recomendable sería esta última.

Todas nuestras botas son termo-moldeables, esto significa que aplicando calor y presión en la zona donde le genere incomodidad la bota, usted podrá moldearla a la forma de su pie, para conseguir una mejor adaptación del pie a la bota del patín.
Esto le permitirá enfocarse tan solo en aquellas actividades de su deporte que contribuyan directamente a mejorar su nivel deportivo.

No tendrá que seguir adivinando qué es lo que tiene que hacer, ni por qué lo tiene que hacer.

Una vez usted solucione su problema de confort sobre sus patines, le garantizo que por mínimo seis meses, no volverá a pensar en ello.

Ahora seguimos con la CALIDAD. En algunas ocasiones va ligada a problemas de CONFORT, la gran mayoría de veces, los proveedores de patines, suelen pasarlos por alto y no dar el servicio que merecen sus clientes.

4.- Los 6 problemas más comunes de CALIDAD EN LAS FIBRA de las botas

Fibra quebrada o que se flecta en la zona media del pie y que causan que la segunda rueda del patín golpee con la fibra.
Nota: Este problema, no solo puede ser de diseño en la bota, sino también en algunas ocasiones, de chasis.
Bases reventadas.
Roscas rodadas.

Falta de rigidez en los tobillos.
Bota caída hacia algún lado, sea interno o externo.
Tornillos de anclaje de chasis muy cortos o muy largos, de acuerdo al chasis que esté utilizando.

5.- Los 10 problemas más comunes de CALIDAD EN LA CAPELLADA de las botas
Capellada despegada de la fibra.
Cordonera reventada en la zona de los ojaletes.
Correas sin velcro, reventadas o descosidas.
Tapas reventadas o descosidas.
Cuellos reventados o descosidos.
Lenguas reventadas o poco acolchonadas.
Partes de la capellada internas o externas reventadas por la fibra.
Punteras desgastadas o desgaste lateral de la bota en la zona metatarsiana del pie, que es donde más se desgasta la bota al patinar.
Cambio de corte exterior.
Cambio total de capellada (interior y exterior).

6.- Los 5 problemas más comunes de CALIDAD EN LOS ACCESORIOS de las botas
Orejas de bucle reventadas.
Correas de bucle con dientes desgastados.
Bucles deteriorados o malos.
Hebillas de correas reventadas o descosidas.
Ojaletes mal remachados.

7.- Los 4 problemas más comunes de CALIDAD EN LOS CHASIS
Roscas rodadas del chasis.
Se frena alguna o todas las ruedas al momento de patinar.
Se ruedan los tornillos que aprietan las ruedas o la rosca del

chasis.
Golpea el tornillo de la bota con la segunda rueda del patín.

Todos nuestros patines, pasan por un sistema de control de calidad que garantiza todos y cada uno de estos ítems, para que nuestros clientes cuenten con la seguridad de comprar productos confiables y con la calidad que se merecen.

Como ve, en BEWIND tenemos presente tanto las necesidades del patinador de hoy en día, como las oportunidades de corregir aquellos problemas que afectan su rendimiento.
¿Por qué? Porque usted necesita lo mejor. Por mucho tiempo estuvieron ofreciéndole "soluciones instantáneas" de patines y seamos sinceros, suenan convincentes pero, ¿acaso funcionan?

Eso pensé, usted también lo ha notado.

Esa es la principal razón por la que me decidí a que usted conociera todos estos secretos que hacen que usted sienta la magia y el placer de patinar.
Si recuerda al inicio de este capítulo, le comente que yo comencé a fabricar botas para patines profesionales de velocidad, cuando era verdaderamente difícil y no existían fabricantes en toda Latinoamérica de estos artículos, y los costos eran bastante altos para la época.

Hoy en día, las cosas son distintas, y el mercado de los patines está bastante competido, y los precios han bajado, debido a la gran oferta que existe. Pero hay una ventaja que yo tengo y que no tienen mis competidores. Yo domino las técnicas y materiales de fabricación de botas para patines de velocidad. Eso me ha permitido ser un líder indiscutible en esta industria durante tantos años.

Es más si me hicieran escoger entre todas las opciones de patines estándar o a molde que hay en el mercado, y comprarme unos con toda la garantía de confort y calidad que yo le ofrezco, escogería la segunda opción sin pensarlo dos veces.

BEWIND, puede alargar mucho más la vida útil a sus patines, pero no le devolverá todo el tiempo que ha perdido tratando de solucionar sus problemas de confort o calidad.

Por otro lado…Si usted no sabe cómo soluciona este tipo de problemas, poco será lo que pueda hacer para transformar su nivel deportivo.

Quien posee estas dos cualidades (confort y calidad) en sus patines, tiene la capacidad de pasar de ser un "buen patinador" a ser uno de los mejores patinadores de velocidad, y con el tiempo incluso el mejor de todos.

¿QUÉ ES EXACTAMENTE "BEWIND"?

Somos una empresa que vende los mejores componentes para patines profesionales de velocidad en línea y presta servicios en la solución definitiva y personalizada a 35 problemas de "CONFORT y CALIDAD" sobre sus patines de velocidad.

Ayudamos a agilizar su proceso de formación como uno de los mejores patinadores de velocidad.

Finalmente, somos personas que por medio de nuestros productos y servicios, basados en la experiencia de muchos años de trabajo, hemos solucionado todo este tipo de problemas, no sólo a patinadores que están arrancando en este fascinante deporte, sino también a decenas de patinadores de alto rendimiento que han necesitado soluciones definitivas y personalizadas para mejorar su nivel deportivo.

Además de todos estos beneficios a nivel de confort y calidad, y sobre todo de la mejoría en su nivel deportivo, estoy seguro que una de las cosas que más le gustará es el precio para acceder a nuestras soluciones…

De tal manera, que si decide comprarse para usted o para sus hijos, patines para practicar el patinaje de velocidad en línea de una manera confortable y segura, o ya está teniendo algún tipo de problema con sus patines, no dude en contactar a BEWIND en www.bewindracing.com como su mejor opción, para brindarle la asesoría desinteresada, los productos y el servicio que usted se merece, por decidir practicar "SU DEPORTE PREFERIDO".

Consejos para incrementar tu productividad personal

Por Juan Hernández

La mayoría de las personas tienen la idea de que el tiempo se puede administrar pero la verdad es que sólo nosotros nos podemos administrar para aprovechar el tiempo.

La productividad es el resultado de aprovechar el tiempo al máximo en relación a lo que deseamos lograr, en otras palabras vivir para hacer nuestros sueños realidad, la idea principal es hacer lo correcto correctamente.

Otra forma de ver la productividad es cuando hacemos lo correcto en el momento adecuado con el propósito de lograr nuestras metas y objetivos más importantes, en pocas palabras cumplir con nuestra misión en la vida.

A continuación te presento cuarenta consejos esenciales que te ayudarán a lograr todo lo que te propongas en la vida sin descuidar lo más importante, estos consejos están organizados en 8 áreas fundamentales de la productividad y aplican tanto para tu vida personal, como tu vida profesional.

Al seguir estos consejos no solo incrementarás productividad sino también reducirás considerablemente el estrés ocasionado por la falta de tiempo para realizar todas tus actividades.

Este capítulo pretende dar respuestas específicas a las siguientes preguntas:
¿Cómo identificar nuestra misión en la vida?
¿Cómo establecer metas alcanzables?

¿Cómo priorizar las actividades más importantes?
¿Cómo planear la semana con el fin de hacer primero lo primero?
¿Cómo organizarnos para hacer el día más productivo?
¿Cómo delegar actividades de manera efectiva?
¿Cómo hacer reuniones productivas en menos tiempo?
¿Cómo eliminar a los ladrones del tiempo?

¿Cómo identificar nuestra misión en la vida?
Estoy convencido que cada uno de nosotros tenemos una misión en la vida, un propósito que cumplir, el problema es que la mayoría no la ha descubierto por eso te pregunto ¿Sabes cuál es tu misión en la vida?

Antes de pensar en definir una misión creo que debemos tomarnos el tiempo para descubrirla, estoy convencido que se encuentra en nuestro interior y tenemos que buscarla en lugar de inventarla.

Identifica el propósito de tu vida
La mayoría de las personas viven extraviadas, no saben hacia dónde van, en otras palabras, no saben cuál es su misión en la vida.

Encontrar una misión para nuestra vida no es una tarea fácil, hay que pasar por un proceso de búsqueda interna, de identificar nuestros verdaderos valores, sin embargo, hay una forma rápida de identificarlos y es a través de visualizar el final de nuestra vida, imagínate por un momento tu funeral, y hazte las siguientes preguntas: ¿Quién te gustaría que asistiera? ¿Cómo te gustaría ser recordado? ¿Qué es lo que te gustaría que dijeran de ti?; tu pareja, tus hijos, tus amigos. etc.

Analiza toda la información y después pregúntate: ¿Por qué?, tal vez en tus propias respuestas puedas encontrar tu verdadera misión en la vida.

Identifica lo que te apasiona
Te voy a hacer algunas preguntas claves que te ayudarán a recopilar información que podrás utilizar para que identifiques cuál es tu pasión en la vida, tal vez piensas que ya sabes que es lo que te a apasiona pero la verdad es que muchas veces nos confundimos sobre esto.

Imagínate por un momento que te encuentras encerrado en una librería ¿qué temas de libros te gustaría leer?, escribe tus respuestas.

Su tuvieras que cruzar un río grande y peligroso ¿qué es lo que te haría cruzarlo nadando?

Hay momentos claves en la vida que definen lo que vamos a ser el resto de nuestras vidas ¿Cuál ha sido el momento en el cual te has sentido profundamente inspirado?
Si hicieras una lista de las actividades que más te gusta hacer ¿cuáles serían?
Si pudieras entrevistar a la persona que más admiras sin importar que estuviera muerto ¿Quién sería? ¿Y qué le preguntarías?
Todos tenemos uno o más talentos ¿En cuál crees tú que eres bueno?

Una vez que obtengas toda esta información podrás determinar qué es lo que te apasiona en la vida y con esto podrás identificar el propósito de tu vida y tu misión personal.

Identifica cuáles son tus roles actuales y futuros
Todo lo que hacemos tanto en la vida personal como en la

profesional tiene que ver con nuestros roles, todos somos diferentes y tenemos diferentes roles que cumplir en las diferentes áreas de nuestra vida, roles como el de esposo(a), padres, hijos, hermanos, jefes, supervisores, socios, escritores, maestros, miembros, etc.

Es muy importante que definas tus roles o papeles que tienes actualmente en tu vida con el fin de que puedas distribuir tu tiempo y tu energía en cada uno de estos roles logrando un equilibrio en tu vida.

Muchas personas piensan que saben qué es lo más importante en sus vidas, sin embargo, cuando examinamos sus agendas, nos damos cuenta de que la realidad es otra, le dedican más tiempo a actividades que no se encuentran dentro de la lista de lo que ellos consideran importante.

Identifica tus valores
Los valores son los elementos de juicio sobre cómo nos vamos a comportar en una determinada circunstancia de nuestra vida.

Una forma rápida para identificar nuestros valores es describirnos a nosotros mismos, describe cómo eres, cómo te comportas y cómo te gustaría que se comportaran contigo las personas en diferentes circunstancias.

Por ejemplo; Si tú eres honesto y te gustaría que los demás fueran honestos contigo, significaría que valoras la honestidad, entonces podrías definir como uno de tus valores el Valor de la Honestidad, podrías seguir con este ejercicio hasta completar por lo menos siete valores que serían los más importantes para ti.

Escribe un enunciado de misión
Una vez que sepas qué es lo quieres de la vida, cuáles son tus

sueños y ambiciones es muy importante que los escribas, ya que ahí encontrarás la inspiración y la motivación necesaria para seguir hacia delante aun cuando tengas dificultades o problemas.

Escribe un enunciado de misión que refleje en un párrafo ¿cuál es el propósito de tu vida?
Estoy convencido que todavía hay algo pendiente que tienes por hacer, tienes una misión que cumplir, de otra manera no estarías leyendo este libro.

Te puedo asegurar que muchas personas murieron el día de ayer sin saber cuál fue su propósito de vida, No esperes más, sabes lo que tienes que hacer, simplemente hazlo y hazlo bien, escribe cuál es tu misión en la vida.

¿Cómo establecer metas alcanzables?
Las metas son esenciales para triunfar en cualquier área de la vida, si no sabes hacia dónde vas, entonces cualquier destino al que llegues será igual, la única forma de saber si vamos avanzando hacia la realización de nuestros sueños es a través del logro de nuestras metas en sus diferentes niveles.

Muchas personas me preguntan si las metas y los sueños significan lo mismo y la respuesta es que el sueño es el resultado que deseas a largo plazo y la meta es una etapa cuando logras obtener ciertos recursos que necesitas para hacer tus sueños realidad.

Tus metas deben estar alineadas a tu misión
Si estableces metas por inspiración o motivación del momento, lo único que va a pasar es que cuando tengas dificultades o problemas no vas a tener los argumentos necesarios para persistir en ellas y cambiarás la meta por otra sin ningún

remordimiento de no haberla completado.

Tus metas deben estar alineadas con tu misión, esto significa, que cada una de tus metas debe contribuir en algo para hacer tus sueños realidad.

Si deseas llegar algún lugar específico solo asegúrate de que cada paso que des vaya en esa dirección.

Tus metas deben ser realistas
Te sugiero que antes de establecer la dimensión de tus metas consideres el promedio que las personas que en similares circunstancias que tú han establecido y si lo deseas incrementa un 12 por ciento más de esfuerzo.

La mayoría de las personas establecen metas muy ambiciosas y lo único que provocan es que tengan muchas metas inconclusas y como consecuencia mucha frustración por no haberlas logrado nunca.

Ponte metas realistas, metas que tú sabes que sí podrás cumplir con un poco esfuerzo, tampoco algo muy fácil de lograr que no te exija ningún esfuerzo, ni muy ambiciosas que nunca las logres.

La ventaja de establecer metas realistas es que cada vez que logras una meta, tu confianza aumenta y podrás establecer metas más grandes la próxima vez.

Tus metas deben ser específicas
Tus metas deben ser muy específicas cuando las definas, debes tener muy claro los detalles del resultado final que deseas lograr, he aprendido que entre más detalles puedas visualizar sobre ti logrando tus metas, será más fácil alcanzarlas.

Muchas personas cuando se les pregunta sobre sus metas, no conocen los detalles, solo ideas genéricas de lo que desean, por ejemplo; contestan mi meta para este años es "ganar mucho dinero" se escucha bien, se escucha como si supieran lo que desean, pero no es suficientemente claro ¿Cuánto es mucho dinero?, para algunos pueden ser $100 pesos, para otras personas pueden ser mil dólares, define exactamente lo que significa "ganar mucho dinero" tienes que ser muy especifico.

Tus metas deben estar equilibradas
Una vez que has identificado tus roles sería muy conveniente establecer una meta en cada uno de tus roles, esto te permitirá equilibrar tu vida y distribuir mejor tu tiempo en las diferentes áreas de tu vida.

Sé que habrá momentos en que tengas que dedicarle la mayor parte de tiempo a alguna meta de un rol en particular, pero después tendrás que compensar el equilibrio dedicándoles más tiempo a las demás áreas de tu vida que descuidaste.

He aprendido que la vida está llena de momentos, pero tienes que buscar siempre el equilibrio entre tu vida personal, familiar, profesional y social.

Recuerda que vivir es como andar en bicicleta si pierdes el equilibro te caerás.

Establece metas a corto, mediano y largo plazo
Uno de los problemas con las metas es que una vez que logramos una nos distraemos y nos podemos estancar.

Tienes que establecer metas a corto, mediano y largo plazo con el fin de que cuando logres tu meta a corto plazo, tu meta de mediano plazo se convierta en una meta a corto plazo y tu meta que tenías a largo plazo se convierta en una meta a mediano plazo.

De esta manera nunca te detendrás y seguirás avanzando hacia el logro tus sueños, porque tendrás una continuidad en tus metas, siempre tendrás una meta más grande que cumplir.

¿Cómo priorizar las actividades más importantes?
Existen muchas personas que se la pasan todo el día muy ocupadas y activas, sin embargo, al final del día se quedan con la sensación de no haber logrado nada importante.

La razón de esto, es que no han identificado cuáles son las actividades verdaderamente importantes, para ser productivos debemos enfocarnos en las actividades que producen más y mejores resultados.

Define qué es lo importante
El secreto del éxito en cualquier área de la vida, es saber cuáles son las actividades más importantes y dedicarles el tiempo suficiente para realizarlas con eficiencia.

¿Qué es lo importante? Todo aquello que te permitirá lograr las metas que te hayas propuesto y que eventualmente te llevarán al logro de tus sueños y finalmente a cumplir con tu misión en la vida.

También lo importante son todas aquellas actividades que están relacionas con las personas que tú consideras importantes para ti, aquellas personas que te hacen sentir bien, que te dan seguridad, que te dan paz, etc., sé que hay más de una persona por lo que deberás buscar un equilibrio entre todas ellas.

Haz una lista de actividades pendientes
Existen muchas actividades que debemos hacer durante el día, algunas de estas actividades las tenemos que hacer y otras las queremos hacer, por lo que debemos empezar a hacer una lista de todo: tareas, citas, reuniones, llamadas, etc.

Existen muchas actividades que tú sabes que son importantes, sin embargo, por no tener conciencia de todas ellas no podemos priorizarlas y terminamos haciendo cosas que no tienen ningún valor significativo.

Escribe una lista de todas las actividades que tienes pendientes por hacer a la que llamarás tu lista inicial de actividades, escribe todo lo que te venga a la mente, no importa si es algo que tienes que hacer para esta semana o para dentro de 3 años.

Es muy importante que registres en tu calendario las citas que ya tengas programadas, esto te dará una visibilidad de todo lo que tienes que hacer cuando revises tu calendario.

Enfócate solo en el 20 % de tus actividades
Lo que descubrió Pareto fue que solo el 20 por ciento de nuestras actividades producen el 80 por ciento de nuestros resultados, analiza tus actividades y concéntrate en realizar primero las actividades más importantes.

Pregúntate ¿Cuáles son las actividades que me producen más y mejores resultados? Y después enfócate en realizarlas.
Recuerda que tienen que ser actividades verdaderamente importantes y que para realizarlas con éxito solo dependan de ti.

Clasifica tus actividades para darles prioridad
Existe muchos métodos para determinar la prioridad de tus

actividades, uno de ellos es clasificar cada actividad en alguna de las siguientes categorías:

• Cuadrante rojo: Son actividades que son urgentes e importantes, estas actividades requieren atención inmediata.

• Cuadrante verde: Son actividades que no son urgentes pero sí importantes, esto significa que pueden esperar, pero si les dedicamos tiempo a hacerlas harán un cambio significado en nuestras vidas, de lo contrario crearán actividades urgentes del cuadrante rojo.

• Cuadrante amarillo: Son actividades urgentes pero no necesariamente son importantes, generalmente son importantes para los demás, limita el tiempo que dedicas a estas actividades, lo mejor que puedes hacer con estas actividades es delegarlas.

Prioriza los problemas a resolver
Si tienes dentro de tus actividades problemas a resolver, analiza la probabilidad y el impacto que tiene cada uno de tus problemas con el fin de que puedas darle algún tipo de prioridad.

Probabilidad significa la posibilidad de que el problema vuelva a ocurrir en otro momento y el impacto significa el valor cuantificable de las áreas que se verían afectadas si el problema ocurre, pueden ser en términos financieros, materiales, tiempo, humanos, etc.

Califica cada problema con un valor para la probabilidad y otro valor para el impacto, puedes manejar una escala del 1 al 5, después multiplica estos dos valores y obtendrás una prioridad.

Los problemas con el mayor puntaje serán a los que deberás darles prioridad para resolverlos.

¿Cómo planear la semana con el fin de hacer primero lo primero?
Una vez que tengas tu lista de prioridades terminada, lo que tienes que hacer es determinar cuál es el mejor momento para realizarlas.

Muchas personas creen que tienen claras sus prioridades pero la verdad es que cuando revisamos sus calendarios nos damos cuenta que han gastado su valioso tiempo en actividades de menor importancia en lugar de invertirlo en lo que ellos consideran sus prioridades.

Reserva un espacio de tiempo para tus actividades
La mayoría de las veces tu sabes cuánto tiempo te llevará realizar alguna actividad, sin embargo, hay algunas actividades que nunca has hecho y por lo tanto no sabes cuánto tiempo te puede llevar realizarlas.
Lo que puedes hacer es investigar en Internet o preguntar a alguien que ya las haya realizado con el fin de que puedas establecer un tiempo estimado de cuánto tiempo te llevará realizar determina actividad.

Una vez que conozcas el tiempo estimado le puedes reducir un 10 por ciento menos ya que hemos aprendido que cuanto más tiempo reservemos para realizar una actividad la tendencia es acabarnos el tiempo que se programó.

Reserva tiempo para cubrir imprevistos
Los imprevistos siempre llegan y tenemos que estar preparados para enfrentarlos eficientemente.

Depende mucho de cuál sea tu actividad profesional y/o tu estilo de vida para determinar cuánto tiempo deberás reservar en tu calendario para los imprevistos, de tal manera que puedas tener tiempo suficiente por si algún imprevisto ocurre lo puedas resolver sin que te retrase o afecte tus otras actividades que ya tienes programadas.

Las fechas importantes
Algo que nos resta mucha energía son los problemas que nos puede ocasionar el no recordar alguna fecha importante.

Registra en tu calendario antes que nada todas las fechas importantes para ti, como son los cumpleaños, aniversarios, graduaciones, bodas, etc.

En la actualidad contamos con tecnología móvil y redes sociales que nos permiten enterarnos muy rápido de muchos de los acontecimientos importantes, que de otra manera pasarían desapercibidos para nosotros.

He aprendido que más vale un lápiz pequeño que una buena memoria

Registra una alerta de todo lo que tiene una fecha de vencimiento
Todos tenemos documentos y pagos que tienen una fecha de vencimiento y que debemos realizar antes de que lleguen las fechas límites.

También es importante que registres en tu calendario las fechas en las que tienes que renovar algún documento importante, como puede ser la credencial de elector, la credencial de seguridad de social, licencia de conducir, etc.

También tienes que registrar todo los pagos que tengan una fecha de vencimiento, como pueden ser los pagos de servicios, tarjetas de crédito, colegiaturas, etc.

Si tu herramienta de calendario te lo permite puedes configurar un recordatorio un par de días antes o en una fecha específica para que te recuerde realizar el pago o el trámite que tienes pendiente antes de que llegue la fecha límite.

Te puedo asegurar que este consejo te aliviará de una de las principales causas de estrés.

Registra las actividades que has delegado
Cuando solicites ayuda a otra persona para que se haga cargo de alguna actividad es muy importante que programes una alerta de seguimiento en tu calendario con el fin de que te recuerde que tienes que verificar si la actividad delegada se ha realizado con éxito o está pendiente de realizarse.

La actividad de seguimiento puede ser tan simple como hacer una llamada, enviar un correo electrónico, o tal vez programar una cita para revisar el progreso, he aprendido que el líder nunca asume nada, siempre verifica que las cosas se hayan hecho.

¿Cómo organizarnos para hacer el día más productivo?
Si lo que tienes que hacer lo registras en diferentes lugares, lo más probable es que cuando necesites alguna información relevante para completar alguna tarea, no la puedas obtener fácilmente y pierdas tiempo valioso buscándola.

La mejor estrategia de productividad que te puedo dar, es que tengas todo registrado en un solo lugar, puede ser desde un bloc de notas hasta un planificado electrónico, pero asegúrate que todo esté en un solo sitio.

El horario más productivo

Hay muchas personas que se encuentran muy ocupadas haciendo muchas actividades a la vez, sin embargo, al final del día se quedan con la sensación de no haber logrado nada significativo.

Para que no te pase esto identifica la tarea más importante y trabaja en ella durante las primeras horas del día, Recuerda lo que descubrió Pareto solo 20 por ciento de las actividades producen el 80 por ciento de los resultados.

Por otro lado, existen actividades o tareas que debes hacer durante el día, sin embargo, te cuesta mucho trabajo completarlas y las vas posponiendo para el final del día o bien para el día siguiente.

Existen diferentes razones del por qué las vas posponiendo, una de las principales es porque no sabes con exactitud por dónde empezar, lo que puedes hacer para solucionar este problema es que empieces por definir ¿cuál sería la próxima tarea necesaria para iniciar con esa actividad? Y una vez que la identifiques tienes que tomar acción.

Trabaja en una sola actividad a la vez

Muchas personas piensan que trabajar con varias actividades a la vez, las harán más productivas pero la verdad es que sucede todo lo contrario, te puedo asegurar que lograrás completar menos.

La experiencia nos ha enseñado que lo mejor es enfocarnos en una sola actividad a la vez, utiliza bloques de tiempos cortos, por ejemplo; puedes establecer dedicarle a una sola actividad un bloque de 50 minutos ininterrumpidos, después 5 minutos de descanso y después otros 50 minutos ininterrumpidos hasta completar la actividad y entonces podrás tomarte unos 30 minutos de descanso para realizar otras actividades.

Sin duda, esto sería más productivo, he aprendido que sólo cuando enfocamos nuestros esfuerzos y energía lograremos avanzar en nuestros proyectos.

Aprovecha los tiempos muertos
Los tiempos muertos son cuando por ejemplo te encuentras esperando que algún evento suceda, cuando te encuentras esperado a una persona, cuando te estás trasladando, ya sea caminado, en el autobús o incluso en tu automóvil.

Aprende a aprovechar estos espacios de tiempo menos productivos, te recomiendo que siempre lleves contigo algún libro de bolsillo, algún reproductor de MP3, algún teléfono inteligente en donde puedas gestionar tu correo electrónico, o bien una cámara fotográfica, etc.

Tienes que ser muy creativo para hacer que cada minuto cuente.

Administra tu correo electrónico
En la actualidad, uno de los principales medios de comunicación es el correo electrónico, todos los días llegan a nuestras bandejas de entrada una cantidad ilimitada de mensajes, el problema es que a simple vista no podríamos saber cuáles son verdaderamente importantes y cuáles no.

Te recomiendo que cada vez que estés revisando tus mensajes decidas una de las siguientes acciones con cada mensaje que estés viendo:

- Eliminarlo: Una vez que lo hayas leído puedes decidir si lo eliminas o no.
- Archivarlo: Si tú crees que la información del mensaje te podría servir para otra ocasión entonces podrás archivarlo en una carpeta especial.
- Delegarlo: Si te están pidiendo hacer algo que puedes delegar, entonces delégalo y programa en tu calendario una fecha para darle seguimiento.
- Programarlo: Si lo que te están pidiendo es algo que tienes que hacer en otro momento regístralo en tu calendario para que no se te olvide.
- Hacerlo ahora: Si lo que te están pidiendo es algo que puedes hacer en el momento, lo mejor es que lo hagas inmediatamente.

Tómate un respiro
Muchas personas piensan que si trabajan más tiempo podrán incrementar su productividad, pero la verdad es que no es así, esto es conveniente si tienes la certeza de que podrás completar tu actividad, si no es así, no tiene caso que trabajes más tiempo si al día siguiente seguirás con la misma actividad, lo único que pasará es que no podrás dormir bien por la preocupación de dejar un trabajo inconcluso y llegarás al día siguiente desvelado y sin energías suficientes, por lo tanto serás menos productivo.

La mayoría de las personas creen que sólo trabajar es sinónimo de éxito, pero estoy convencido que el descasar es una parte fundamental de todo logro significativo, la energía y la atención disminuyen con el cansancio y el estrés del trabajo diario.

Establece dos momentos de descanso durante el día con el fin de recargarte de energía y te liberes de algo de estrés, un día a la semana es fundamental para encontrar la motivación necesaria para toda la semana y por lo menos una vez al año vete de vacaciones para que te reconectes con aquello que le da sentido a tu vida.

Es muy importante que establezcas un espacio de tiempo antes de finalizar tu jornada de trabajo con el propósito de analizar las actividades que quedaron pendientes para reprogramarlas para el día siguiente y no dejar nada rezagado.

¿Cómo delegar actividades de manera efectiva?
Existen dos tipos de delegación, la primera es cuando necesitas delegar alguna actividad para que se realice en otro momento y la segunda cuando tienes que delegar una actividad a otras personas.

Tienes que considerar que no todo lo que tienes planeado hacer para cierto tiempo se va a logar completar a 100 por ciento, tienes que desarrollar la habilidad de mover las actividades que tú sabes que no podrás completar para otro momento siempre y cuando estés trabajando en tareas más importantes.

Uno de los secretos de la productividad consiste en desarrollar la habilidad de delegar ciertas actividades a otras personas, esto sin duda te permitirá concentrarte en lo verdaderamente importante.

Define los objetivos claramente
He aprendido que cuando uno se comunica, una cosa es lo que piensa, otra es la que dice y otra es la que los demás entienden, por esta razón, tienes que aprender a comunicarte correctamente cuando estás delegando una actividad o tarea a otra persona.

Tienes que ser muy preciso en tu comunicación, sé que no eres responsable de lo que los demás entiendan pero sí debes asegurarte de que entiendan sea lo que sea que estés tratando de comunicar.

Cuando delegues una actividad tienes que ser muy preciso en cuanto al objetivo de tu solicitud, tienes que describir con precisión cómo se verá el resultado final que esperas que te entreguen.

Establece políticas y lineamientos
Una vez que sabes exactamente lo que estás delegado, tienes que establecer las políticas y lineamientos relacionados con los resultados que esperas obtener.

De esta manera disminuirás o eliminarás los malos entendidos y obtendrás resultados más satisfactorios cuando delegas.

Si lo puedes poner por escrito el impacto será mucho mayor.

Proporciona todos los recursos necesarios
Asegúrate de que la persona a la que le estés delegado una actividad tenga todos los recursos necesarios para poder realizar la actividad sin ningún contratiempo.

En la mayoría de los casos existen solo tres tipos de recursos; los financieros, los materiales y los humanos.

En algunas ocasiones tú no sabrás qué recursos necesita la persona para completar su trabajo, por esta razón es muy importante que preguntes qué es lo que necesitan para completar su trabajo al 100 por ciento.

Establece fechas de revisión y seguimiento
Es muy importante que establezcas metas y fechas de revisión con el propósito de darle seguimiento a la actividad que has delegado.

Recuerda que el líder no asume nada, siempre verifica que las cosas se estén haciendo por si algo se está atrasando poder tener tiempo para corregir el rumbo y completar la actividad.

Una vez que establezcas una fecha de revisión es muy importante cumplirla de otra manera perderá su efectividad la rendición de cuentas.

Establece consecuencias de cumplimiento
La efectividad se logra cuando buscamos siempre el beneficio mutuo, por lo tanto, se deben aclarar cuáles serían las consecuencias de no cumplir con las actividades delegadas, estas pueden ser positivas y/o negativas.

Pero lo más importante es cumplir con lo prometido, siempre debemos reconocer el compromiso de las personas y la razón fundamental es que al hacerlo podemos convertir la productividad de las personas en hábitos.

He aprendido que hacer lo correcto siempre traerá mejores recompensas para todos.

¿Cómo hacer reuniones productivas en menos tiempo?
Uno de los principales ladrones de tu tiempo son sin duda, las reuniones, la mayoría de las veces no se tiene claro cuál es el objetivo de la reunión y en otros casos ni siquiera deberías asistir a la reunión.

Sin embargo, estoy convencido de que las reuniones son una herramienta fundamental para incrementar nuestra productividad tanto a nivel personal como organizacional. Por esta razón te daré algunos consejos esenciales que te ayudarán a celebrar reuniones productivas y exitosas en menos tiempo.

Cita solo a las personas necesarias
Para poder llegar a conclusiones satisfactorias debemos

siempre considerar a todas las personas que estén involucradas con el tema a tratar, por lo tanto no convoques a personas que no sean necesarias.

En una reunión asegúrate de que se encuentren por lo menos estas cuatro figuras; el dueño de la situación a tratar, los que pueden aportar ideas o soluciones, el moderador y el que tenga la autoridad para aprobar las conclusiones de la reunión.

El objetivo de la reunión
Antes de convocar a una reunión tienes que haber definido el propósito general de la reunión, así como los objetivos específicos de los temas a tratar, también es importante que notifiques a los asistentes si deben llevar algún material para apoyar la reunión.

Si eres invitado a una reunión siempre pregunta cuál es el objetivo principal de la reunión y la razón del por qué te están convocando, también es importante preguntar si necesitas llevar algún material o conocer algún dato específico.

Si tienes alguna duda sobre el objetivo, del por qué te están convocando o del material que necesitas llevar siempre acláralo con la persona que está convocando la reunión.

No trates temas que no estén programados
Durante la reunión enfócate primero a los temas que se establecieron cuando convocaste a la reunión, procura no salirte de estos temas, si hay algún tema relacionado o adicional puedes tratarlo al final de la reunión si es que hay tiempo para hacerlo.

El secreto para incrementar la productividad en las reuniones es llegar a conclusiones relevantes sobre los temas que se están tratando. Al final de cada tema tratado deberías tener una conclusión satisfactoria que podría ser, un plan de acción, una solución, una consecuencia o simplemente una aclaración.

Llegando a acuerdos y compromisos
Es muy importante asignar a una persona que sea la responsable de registrar los acuerdos y los compromisos a los que se han llegado durante la reunión, con el fin de poder hacer seguimiento en reuniones posteriores.

Estos acuerdos y/o compromisos tienen que ser muy específicos para la persona que los están asumiendo, deben incluir una línea base, esto significa en una referencia de dónde se está partiendo, también debe incluir una meta específica, que sería a dónde se quiere llegar y finalmente una fecha límite para completarlo.

Crea una cultura de puntualidad
Tienes que crear una cultura de puntualidad en todas tus reuniones, cuando estés convocando a una reunión tienes que decirles a las personas que es muy importante que lleguen puntualmente.

La mayoría de las personas saben que las reuniones nunca comienzan a tiempo, por esta razón, te recomiendo que en tu próxima reunión inicies a la hora establecida, no importa si sólo ha llegado una persona, inicia a tiempo.

Otro aspecto de la puntualidad, tiene que ver con terminar la reunión a la hora que se estableció desde el principio, si quedaron temas pendientes es mejor que se establezca otra reunión para tratarlos.

Es muy importante respetar el tiempo de los demás, iniciado y finalizando tus reuniones en tiempo y forma.

¿Cómo eliminar a los ladrones del tiempo?
No tienes idea de cuánto tiempo se pierde buscado cosas, todo se desequilibra cuando pierdes algo que necesitas para realizar o completar alguna actividad.

Es muy importante que ordenes tu lugar de trabajo y establezcas un lugar específico para cada una de tus herramientas, desde unas llaves hasta archivos específicos de tu computadora.

Evita las interrupciones eliminando todas las cosas que sabes que te pueden distraer de hacer tu trabajo diario, desde poner un letrero en la puerta de tu oficina para indicar que estás ocupado, hasta desinstalar o cerrar los programas de tu computadora que te pueden distraer como Skype, Facebook, Twitter, Lync, etc.

El celular
El teléfono celular ya no se utiliza solo para recibir llamadas telefónicas, ahora sirve para recibir correos electrónicos, mensajes instantáneos, sirve también para entretener, entre otras cosas.

El celular sigue siendo uno de los principales ladrones de tu tiempo, por esta razón, te invito a que no contestes todas las llamadas que llegan a tu celular.

Lo mejor que puedes hacer con tu teléfono es crear una grabación para indicarle a la persona que te está llamando que te deje un mensaje y que posteriormente tú le regresarás la llamada.

Por su puesto, sé que puede haber llamas muy importantes y

urgentes por lo que te sugiero configures tu teléfono con tonos especiales para que identifiques las llamadas de las personas que son importantes para ti.

El correo electrónico
Cuando abrimos el correo electrónico nos encontramos con una interminable lista de mensajes, el problema es, que no sabemos cuáles de estos mensajes puede ser importante.

Revisar el correo electrónico por la mañana nos pone en un modo reactivo y podemos perder demasiado tiempo revisando todos los mensajes que han llegado a nuestra bandeja de entrada en busca de algo importante.

Te sugiero que tengas solo dos horarios fijos para leer correos electrónicos, estoy convencido que las cosas urgentes no llegan por este medio y si hay algo verdaderamente urgente alguien te avisará, no te preocupes.

Las redes sociales
En la actualidad la persona promedio pasa más tiempo viendo videos en YouTube y Facebook que en la televisión, sin duda, las redes sociales se han convertido en un verdadero enemigo de la productividad y no solo eso también en un problema de relaciones humanas.

Sé que la forma de comunicarnos ha evolucionado, sin embargo, las interacciones personales seguirán siendo muy importantes para nuestro desarrollo ya que no solo nos comunicamos con palabras.

Tienes que establecer un horario y un bloque de tiempo máximo para el uso de estas tecnologías, de preferencia en el horario que tú consideres menos productivo.

El perfeccionismo

Este ladrón es uno de los más difíciles de detectar porque parece más una virtud que un defecto, hay personas que por querer hacer algo perfecto o nunca lo terminan o ni siquiera lo empiezan, el paradigma de estas personas es "si voy hacer algo, lo voy hacer bien, si no, mejor ni lo empiezo".

Y ya saben lo que sucede, nunca hacen nada, he aprendido que si hay algo que vale la pena hacerlo, vale la pena hacerlo mal al principio para después hacerlo bien, no permitas que el perfeccionismo te detenga y frene tu productividad.

Decir SÍ a todo

Tienes que aprender a decir NO, muchas personas se la pasan diciéndole SÍ a todo y a todos, como consecuencia hacen muchas cosas durante el día pero ninguna importante, tal vez, son actividades importantes para los demás, pero no necesariamente para ti, tienes que aprender a decir NO de una manera amable pero precisa, NO.

Analiza siempre tus prioridades y si tienes un espacio disponible podrías decir SÍ, por supuesto, si la solicitud viene de alguien que es muy importante para ti, entonces podrás dar alguna prioridad diferente, pero no decidas por quedar bien, o por ser popular, decide con responsabilidad.

Acerca del autor

Con más de 20 años experiencia trabajando en el área sistemas de información, se ha desempeñado eficientemente en la administración y configuración de *servers*, tecnologías de alta disponibilidad y de alto desempeño, así como en la administración de centros de cómputo.

Ha sido pionero en el desarrollo de aplicaciones para Internet, así como en la implementación y administración de servicios de redes y comunicaciones.

Ha participado en diferentes instituciones académicas impartiendo cursos, conferencias y seminarios sobre temas relacionados con las computadoras, los sistemas de información, la informática y la Internet.

Ha trabajado como consultor independiente en diferentes empresas e instituciones entre las que destacan TELMEX, PEMEX, BAXTER, ZENTRIX, ALCIONE, UAEM, GOBIERNO, etc.

Su pasión por los temas de Desarrollo personal, Relaciones humanas y Liderazgo le ha permitido incursionar como conferencista internacional.

Algunas de sus conferencias:
• Incrementa tu productividad sin descuidar lo más importante.
• Cómo establecer metas alcanzables.
• Cómo planear con el fin de hacer primero lo primero.
• Cómo delegar de manera efectiva.
• Cómo tomar decisiones rápidas y asertivas.
• Cómo eliminar a los ladrones de tu tiempo.
• Cómo controlar eficientemente los imprevistos.
• Cómo recargar tus energías y eliminar el estrés.

Más información:
http://facebook.com/juandeoden
http://twitter.com/juandeoden
http://youtube.com/juandeoden
http://ww.comolograrlo.com

Atención de Excelencia al Cliente

Una diferenciación competitiva en tu empresa

Por Marco Jiménez

Son las 10:00 de la mañana y hay un cliente esperando que abran el negocio para que le entreguen su prenda de vestir que mandó al servicio en la tintorería, dan las 10:10 a.m. y llega la encargada a abrir la tintorería, el cliente aunque está molesto no reclama; inhala profundamente para controlarse y a pesar de que ya se encontraba parte del personal esperando a que abrieran la tintorería ninguno saludó al cliente y al abrir las puertas tampoco lo hicieron, tal parecía que el cliente no existiera, todo el personal fue a sus respectivas áreas para iniciar sus actividades, algunos platicando de los programas televisivos del día anterior, el cliente al ver que nadie lo atendía, tuvo que solicitar la atención del personal, "disculpen, quién me puede dar mi prenda de vestir, ¡me pueden ayudar, abren tarde el negocio y aún me tienen esperando!"

La encargada con mal genio respondió: "Nos permite, estamos prendiendo los equipos para poder trabajar". Voltea y con voz baja le comenta a su compañera: ¡qué desesperado!

Por fin después de la espera el cliente es atendido y le entregan su prenda, pero al revisar su pantalón descubre que lo han planchado mal, tiene doble raya. A lo que el cliente molesto y con justa razón reclama:

"¡Esto es el colmo, abren tarde el negocio, me hacen esperar y me entregan mal planchada mi prenda!"

– La encargada un poco apenada– le dice:
Señor no se enoje con nosotros, fue la culpa del área de planchado, que no se fijaron, pero ahorita la regreso para que la compongan, pase mañana por la tarde o pasado mañana por la mañana y ya se la tendremos lista.

– El cliente desesperado le reclamó: Oye me vas hacer que regrese, para mí es pérdida de tiempo estar dando vueltas y además hoy en la tarde iba a ocupar mi prenda.

Pues si gusta regresar en la tarde pero no le prometo nada, mejor para que no le falle venga mañana por la tarde, –le dijo la encargada para no comprometerse–.

El cliente al no tener más opciones se va con una experiencia de molestia y frustración por el pésimo servicio recibido.

Más tarde en la oficina administrativa, Alicia, la dueña de la tintorería, se siente angustiada por ver cómo están disminuyendo sus ingresos, ¿por qué las ventas se están yendo a pique?, se pregunta Alicia, esto aunado a que tiene el pago de la renta del local y otras cuentas que liquidar que no sabe de dónde va a sacar el dinero, porque su negocio va de mal en peor.

Desesperada acude a su prima para pedirle un préstamo, la cual tiene un pequeño restaurante y curiosamente estaba en similar circunstancia, pero por lo que había escuchado su negocio ha mejorado notablemente. Así que considera que puede apoyarla en esta ocasión.

Hola prima, te llamo para molestarte, ¿sabes?, con la

competencia que existe en mi giro me está yendo muy mal en ventas y quería saber si me puedes realizar un pequeño préstamo, yo te lo líquido la próxima semana.

¿Tan mal te va Alicia? ¿No te funcionó la estrategia que me platicaste la última vez de bajar tus precios para aumentar tus ventas? Mira, en estos tiempo de alta competencia una pequeña empresa que quiere diferenciarse únicamente por precios bajos, es el suicidio para el microempresario, bueno eso es lo que me ha dicho mi *coach empresarial*.

Anímate a consultarlo, ahora sus servicio son por Internet, la inversión que vas a realizar es mínima y lo mejor es que recuperarás con creces lo invertido en tu capacitación y la de tu personal.

En cuanto al préstamo no te preocupes pasa por el dinero en la tarde y de paso te doy los datos de mi *coach* por si te animas a consultarlo.

Gracias prima te lo agradezco, te veo en la tarde.

Al colgar, Alicia se quedó pensando, ¿capacitarme? Pero… ¿A qué hora? No tengo tiempo ni dinero para estar en cursitos. Lo que yo quiero es ganar más y mejorar el manejo de mi personal que en vez de ayudarme me crea dolores de cabeza y problemas.

En la tarde al pasar por el dinero, su prima le entregó un folleto con la información del *coach de negocios*, Alicia lo agarró por cortesía, pero realmente no tenía interés alguno en esa opción, sin embargo, alcanzó a leer la siguiente frase:

"Los resultados que tienes son un reflejo de los conocimientos que posees, si deseas mejores resultados, necesitas adquirir mejores conocimientos".

A lo que pensó, ¡sí como no!, como si me sobrara el tiempo y el dinero para estar gastándolo en capacitarme.

Pero más adelante venía la siguiente frase que la dejó un poco pensativa e incómoda.

"Si crees que la educación es cara, prueba la ignorancia".

Tal vez sería bueno probar ¿qué tanto me puede ayudar un *coach empresarial*? ¿De verdad mejorará los resultados de mi negocio? Se quedó pensando para sí misma.

Al día siguiente con dinero en mano fue a pagar la renta de su local comercial, y ahí recibió una noticia que le cayó como chubasco de agua fría ya que le subirían la renta el siguiente mes, porque en este mes terminaba su contrato anual. Pero la racha de aumento en los gastos no paraba ahí, al medio día al pasar por su hijo en la escuela le informaron que en los próximos meses subiría la colegiatura mensual, Alicia sentía que todo se le estaba complicando y si no hacía mejoras en sus ingresos su situación empeoraría aún más.

Decidida, se dio la oportunidad de apoyarse del *coach empresarial* que le había recomendado su prima, tomó el teléfono y marcó al número que venía en el folleto, un poco nerviosa ya que no sabía con exactitud qué decir, al contestarle recibió un saludo cordial y amable que la tranquilizó: Calidad y Productividad Empresarial, estamos a sus órdenes, ¿en qué podemos servirle?

Hola, me interesan los servicios que proporcionan ya que tengo un negocio y quiero que me ayuden a mejorar los resultados en mi empresa.

Gracias por llamar, permítame tomar su nombre y teléfono para comunicarla con un consultor.

Una vez transferida con un *coach* pudo exponer sus preocupaciones y sus deseos a lograr con su negocio, el *coach* la escucho atentamente.

Mi negocio tiene varios problemas que no sé por dónde empezar, para pagar la renta del local de este mes tuve que pedir prestado a mi prima que fue quien me recomendó con ustedes, porque las utilidades de mi negocio son mínimas y tal parece que cada vez empeora. Si no estoy presente mi personal no hace bien lo que les pido, me desperdician mucho la materia prima, lo que me está generando muchos gastos, hay cada vez más competencia y los clientes cada vez son más delicaditos porque se quejan a cada rato.

Alicia continúo con el *coach* explicando todas las dificultades que tenía y lo estresada que se sentía al no ver cómo salir de sus dificultades económicas y empresariales.

Después de escucharla pacientemente el *coach* le explicó: Alicia, entiendo los retos y dificultades por los que estás atravesando, pero quiero darte una buena noticia, contamos con una metodología que te va ayudar a mejorar tu empresa, esta metodología se llama **RENTABILIDAD PYME** que si la aplicas te permitirá:
Aumentar las utilidades de tu empresa.
Aumentar la satisfacción de tus clientes.
Mejorar el desempeño de tu personal.
Disminuir costos.

Todo esto y más, a través de implementar estrategias probadas a nivel nacional e internacional en pequeñas empresas.

¿Te preguntarás será posible todo lo anterior?
Sí, sí es posible impulsar la rentabilidad y el crecimiento de tu empresa y lograr todos los beneficios anteriores.

Además Alicia, déjame mencionarte que la tecnología Web nos ofrece un sinnúmero de avances que pulverizan los costos de nuestros servicios, ya que podemos ayudar y llegar a más empresarios, por lo que estaremos utilizando mucho los medios digitales para apoyarte e impulsar la rentabilidad y crecimiento de tu negocio.

En nuestra primera cita empezaremos con un diagnóstico organizacional y así conoceremos mejor la situación de tu empresa en relación a los 7 pilares que toda empresa exitosa debe dominar y poderle sugerir adecuadamente las acciones a tomar para impulsar tu negocio. ¿Le parece bien el miércoles a las 18:00 hrs?
Pero antes de esta primera cita le voy a sugerir que vaya a la siguiente dirección para ver un video donde conocerás mi experiencia: www.cype-pyme.com/presentación

Una vez confirmada la cita, Alicia inmediatamente entró a Internet para ver la presentación de quien sería su *coach*.

Hola, mi nombre es MARCO ANTONIO director de Calidad y Productividad Empresarial, aquí te enseñamos y guiamos a "Implementar estrategias probadas para aumentar la rentabilidad y el crecimiento de tu empresa".

Pero antes déjame mencionarte mi experiencia, soy consultor certificado en distintas metodologías empresariales reconocidas tanto a nivel nacional como internacional, algunas de estas son el programa de "PYME JICA", es decir, que estoy certificado por La Agencia de Cooperación Internacional del Japón (JICA) para aplicar herramientas y metodologías japonesas en las empresas logrando mejoras inmediatas a bajos costos, otra metodología en que estoy certificado es MDIEs, la cual lleva a las empresas a una mejora cuantificable partiendo de su nivel de madurez administrativa, otro modelo de gestión en el que me he especializado es el programa MODERNIZA el cual ha tenido tanto éxito en México que se ha exportado a otros países, tan sólo en México se ha implementado en más de 12,000 empresas, también cuento con certificaciones en metodologías empresariales como son Lajaconet, Balanced Score Card para pymes (cuadro de mando integral en pequeñas empresas), PUNTO LIMPIO, entre otros. El implementar todas estas metodologías en cientos de empresas y en creación de empresas personales me ha dejado una gran riqueza en conocimiento y experiencia, lo que quiero es poner a tu servicio estos conocimientos y la experiencia para mejorar tu empresa.

Después de estar por más de 10 años en contacto como consultor y asesor en diferentes empresas de diversos giros, he observado tristemente que el desconocimiento de técnicas empresariales ha afectado de forma muy negativa el crecimiento y rentabilidad en las empresas, a tal grado que se puede enfrentar con serios problemas de sobrevivencia.

Pero… si estás completamente comprometida y decidida a tener un negocio competitivo y rentable, necesitas implementar estrategias y técnicas empresariales que fortalezcan la estabilidad e impulsar el crecimiento de tu negocio, eso es lo que yo tengo para ti el día de hoy.

Así que no dudes en solicitar nuestros servicios, pues a través de nuestro equipo de *coachs* implementaremos una metodología que incluye estrategias y técnicas probadas en cientos de empresas para lograr que tu empresa mejore notablemente.

Alicia quedó interesada por conocer nuevas herramientas para mejorar la rentabilidad de su negocio.

El miércoles en la plática con el *coach* que se extendió por más de dos horas, el *coach* le expresó que toda empresa rentable domina los 7 pilares del éxito empresarial:
Pilar de liderazgo.
Pilar Humano.
Pilar de mercadeo.
Pilar de equipos de alto desempeño.
Pilar Operacional.
Pilar Financiero.
Pilar Estratégico.

Con el diagnóstico que se le aplicó al negocio de Alicia, se evaluó en qué nivel se encontraba cada pilar de la empresa, se realizó un plan de trabajo para cada uno y así fortalecerlos, ya que cada pilar es interdependiente uno de otro, es decir, si uno se debilita, debilitará a la empresa y si uno mejora, mejorará a los demás y a la empresa. En base a este diagnóstico se descubrió que el punto clave que proporcionaría una solución de alto impacto a un bajo costo sería: **La mejora en la atención al cliente.**

El *coach* le comentó:
Sabes Alicia, aunque vamos a trabajar en cada pilar para mejorar notablemente la rentabilidad de tu negocio, iniciaremos con la mejora del servicio y la atención que proporcionas al cliente, ya que como me comentaste anteriormente, tu negocio te

dejaba excelentes utilidades, pero ahora ha bajado a niveles alarmantes debido a la competencia que ha empezado a surgir por tu zona, aunque tú has querido competir con precio, esa no es una buena estrategia, *realizaremos una encuesta para medir la satisfacción y escuchar la voz del cliente,* y a partir de los resultados obtenidos iniciaremos las mejoras en tu negocio.

A Alicia no le gustó mucho la idea de implementar una encuesta a los clientes ya que lo consideraba innecesario, según ella sabía lo que todo cliente quiere y es: precios bajos.

Después de aplicar las encuestas de satisfacción, pudieron apreciar con la información objetiva proporcionada por los clientes, el gran descuido que se tiene en el "Servicio y la atención que se proporciona al cliente".

Alicia se lamentó con el coach, ya que si antes pensaba que su empresa no tenía solución, los resultados de las encuestas la acababan de convencer aún más. El *coach* le dijo: Alicia, los resultados de esta encuesta se pueden tomar como problemas a cargar o como áreas de oportunidad para mejorar y crear una diferenciación competitiva.

Diferenciación Competitiva
Muy bien Alicia, para iniciar la mejora en tu empresa tienes que tener claro qué es una diferenciación competitiva.

Cuando hablamos de diferenciación, queremos saber qué te hace diferente a ti de la competencia, qué tiene tu negocio que no tenga tu competencia, en qué se distingue tu producto o servicio del resto de la competencia.

Y cuando hablamos de competitividad, queremos decir que ofreces algo que proporciona mayor satisfacción a los consumidores, es por lo que el cliente te prefiere a ti en lugar de la competencia, en otras palabras, ¿Por qué te van a comprar a ti y no a tu competencia?

Tener una diferenciación competitiva permitirá a tu empresa, generar una posición única y exclusiva en el mercado, para encontrar esta diferenciación competitiva necesitamos escuchar la voz de nuestro nicho de mercado, es decir, de los clientes a los cuales está dirigido el negocio, de acuerdo a lo que obtuvimos en nuestras encuestas de satisfacción nos están solicitando un horario más amplio por la mañana, tu abres a las 10:00 de la mañana, para muchos de tus clientes ya es tarde, tu cliente te está solicitando que abras más temprano, incluso muchos de tus clientes están pidiendo que abras desde las 8:00 de la mañana ya que por su horario laboral se les facilita ir a recoger sus prendas en un horario más amplio, también podemos ver que en las encuestas solicitan servicio a domicilio.

Observa que tu competencia no está ofreciendo ese servicio que tus clientes valoran y que cubriría una necesidad clave para ellos, si tú lo ofreces vas a empezar a distinguirte en el mercado. ¿Puedes ver cómo una diferenciación competitiva surge de las necesidades del cliente al que te estás dirigiendo?

Alicia empezó a comprender que competir o diferenciarse por tener el precio más bajo no era la mejor estrategia que podía tener, las estrategias surgen de conocer las necesidades de nuestros clientes, de ver qué es lo que requieren y valoran, que incluso estarían dispuestos a pagar un poco más a quien les cubra dichas necesidades. Para Alicia esto representaba un gran alivio, tener alguien que la guiará con estrategias sólidas y no únicamente con corazonadas como ella había estado manejando su negocio.

No solamente vamos a incluir esta diferenciación competitiva en tu empresa, también vamos a mejorar la atención que tu personal está proporcionando a los clientes en el negocio, me comentaste que cuando tú atendías directamente al cliente era aceptable la atención que se brindaba, pero ahora que tu personal operativo es el que atiende al cliente se ha demeritado en mucho. El responsable de ese deterioro no es el desempeño de tu personal, es principalmente tu liderazgo y no el no contar con pautas claras de cómo atender al cliente para tu personal; dejar a criterio de ellos cómo atenderán al cliente pensando que lo harán bien, es un error muy común en los empresarios.

La atención proporcionada al cliente debe estar respaldada con un estándar por escrito el cual se toma como base para capacitar al personal y se debe supervisar que se cumpla, y no solo que se cumpla sino también hay que buscar mejorarlo, la atención al cliente no es algo que se mantiene estático, es algo que debe mejorar constantemente.

Alicia, si yo te preguntará ¿Cuáles son los elementos importantes en tu empresa, qué me responderías?

Alicia lo pensó y empezó a contestar, bueno sería…
El tener ventas
Tener utilidades altas
Tener un personal competente
Que exista buena comunicación
Buenas relaciones laborales
Que atiendan bien al cliente
Que realicen bien sus actividades
Capacitar al personal.

Y ¿cuál sería el más importante o el número uno?

Alicia inmediatamente respondió, las utilidades, que tenga buenas utilidades.

Ese es un error muy común Alicia, ciertamente las utilidades en un negocio son muy importantes, de hecho como empresarios o inversionistas eso es lo que buscamos, pero al estar en la operación del negocio si deseamos utilidades altas y duraderas, lo más importante es la SATISFACCIÓN DEL CLIENTE, este enfoque llevará a una empresa a tener muy buenas utilidades duraderas, tener una visión miope de altas utilidades a corto plazo y no estar atentos a la satisfacción del cliente lo que provocaría es ir perdiendo utilidades e incluso puede llevar a que el negocio desaparezca.

En estos tiempos competitivos el cliente es el rey, todo tu equipo en la empresa debe tener muy claro que lo más importante en la empresa es la satisfacción del cliente.

Si le hacemos estas mismas preguntas al personal de tu empresa cada quien va a tener sus propias respuestas y lo que esto significa es que no es claro qué es lo más importante en la empresa, cada uno está jalando en diferente dirección.

Te voy a invitar a que veas este video y lo compartas con tu personal para fortalecer una cultura de servicio en tu empresa: www.rentabilidadpyme.com/culturadeservicio , para acceder al video únicamente deja tu nombre y correo, ya que te enviaré una contraseña para próximos videos que te compartiré y algo muy importante, también te compartiré guías que te faciliten la implementación de las técnicas.

Alicia después de ver el video y compartirlo con su personal quedó muy sensibilizada para implementar una cultura de servicio en su empresa.

Al siguiente miércoles en su cita con el *coach* tenía un sinfín de preguntas pero con un alto nivel de motivación.

Hola Alicia cómo te fue con el video, ¿lo lograste ver?

Alicia le respondió muy animada, sí, y me gustó mucho, lo compartí con mi personal porque transmite la importancia del cliente y de las consecuencias si no realizamos mejoras en la empresa. Mi personal está muy entusiasmado y listo para implementar una cultura de Atención Excepcional al Cliente.

Muy bien Alicia, me parece excelente tu entusiasmo y la de tu equipo, lo primero que debe quedar claro en tu personal es saber...

¿Cuáles son los factores claves para una buena atención al cliente?
Estos factores claves los dejaremos por escrito en un estándar que le llamaremos protocolos de atención.

Cuando nuestro personal no tiene claro las pautas que deben seguir para atender al cliente, el desempeño de la mayoría será muy deficiente, no tiene caso atraer nuevos clientes si salen decepcionados por el pésimo servicio y mala atención proporcionada por el personal. Es como querer llenar de agua una botella agujereada, nunca lo lograremos.

Por lo tanto los factores claves que debes cuidar en tu negocio son:

Momento de verdad
Es el preciso instante en que el cliente entra en contacto con la empresa y se forma una opinión positiva o negativa de la calidad que ofrecemos. Este contacto puede ser vía telefónica,

con un anuncio publicitario, con la fachada del negocio, con el personal que atiende al cliente, etc. Veamos algunas formas para mejorar los momentos de verdad proporcionados principalmente por el personal de tu empresa, que de acuerdo al diagnóstico realizado es donde debemos mejorar más.

Siempre causar una primera impresión positiva
Si no logramos que nuestro cliente tenga una primera impresión positiva, se irá decepcionado y frustrado, y no nos dará una segunda oportunidad, lo que significa que se estarán perdiendo clientes y la empresa quebrará, porque tendrá que gastar más para recuperar a los clientes perdidos. ¿Puedes ver la importancia que tiene la primera impresión?, es clave y decisiva.

Para que se pueda generar una primera impresión positiva es necesario estar preparados desde antes que llegue el cliente. ¿Cómo?

Excelente apariencia personal:
Con una excelente presentación de tus instalaciones, la fachada debe generar confianza y en este momento me voy a concentrar en el personal. Imagina si tu llegaras a un negocio que vende muebles y preguntas que te den informes sobre los diferentes escritorios y la persona que te atiende te da una amplia explicación, pero tiene mal aliento, está toda desaliñada, con su ropa arrugada, con una apariencia de que hace 3 días no se afeita, ni se baña; aunque fue amplía su explicación vas a desconfiar si la información que te dio es correcta o nada más está tratando de venderte, para que el personal genere confianza los aspectos a cuidar en su arreglo personal son: Que porten un uniforme, esto da la sensación de profesionalismo y confianza, uniforme planchado y limpio, cabello arreglado, dientes limpios y buen aliento, calzado bien lustrado y su gafete

que lo identifique, son los elementos mínimos que se requieren para recibir al cliente y generar un alto nivel de confianza. Ya que el 90 por ciento de nuestro cuerpo está vestido, es necesario dictar lineamientos de vestimenta en la empresa.

Para que esto se aterrice en tu empresa vas a tener por escrito y a la vista de todos, los lineamientos de vestimenta en tu empresa. Puedes ver un ejemplo y formato sugerido de esto en la siguiente página Web: www.rentabilidadpyme.com/lineamientosdevestimenta

El siguiente punto clave es la…

Sonrisa:
Imagina que llegas a un negocio y vas a solicitar información sobre el producto o servicio que ofrece este negocio y en el mostrador hay tres personas, la primera con una sonrisa de amabilidad y cortesía, otro con cara de aburrimiento indiferente a tu presencia y un último mal encarado con una cara de pocos amigos y el ceño fruncido, ¿A cuál de ellos preferirías preguntarle?, muy seguramente sería al primero. ¿Por qué? Porque con la sonrisa creamos confianza y demostramos una disposición de relacionarnos.

En el mundo de hoy altamente competitivo el cliente se da el lujo de hacer negocios con quien mejor se sienta, si queremos generar una experiencia positiva en nuestros clientes y ser competitivos en la atención que ofrecemos, la sonrisa es parte esencial, no es opcional si el personal quiere sonreír o no, es parte de su uniforme.

Y a todo mundo le conviene ejercitar este gesto de amabilidad y cordialidad, ya que al sonreír el cerebro libera ciertas endorfinas las cuales causan una sensación de bienestar, la sonrisa es un mecanismo antiestrés muy efectivo, con ella le dará una cordial bienvenida al cliente y a nosotros nos aportará salud emocional y mental.

A la sonrisa le añadiremos otro elemento importante al atender al cliente y este es...

Contacto visual:

Cuando atendemos al cliente es importante que tu mirada se dirija al rostro del cliente, a esto le llamamos contacto visual, cuando llegas a un negocio y la persona que te atiende está mirado su computadora, o está anotando o simplemente no voltea a verte cuando te atiende tal parece que su servicio es de indiferencia, da la sensación como si lo estuviéramos interrumpiendo, su mensaje es "tengo cosas más importantes que atenderte".

Es muy diferente si al llegar sonreímos y hacemos contacto visual con el rostro del cliente, el mensaje que transmitimos es "un gusto atenderte, a tus órdenes". Hacer contacto visual con el cliente nos va ayudar mucho a saber si estamos atendiendo bien sus necesidades, ya que podemos leer su lenguaje no verbal, saber si lo que le estamos ofreciendo es lo que busca o si hay cierto inconveniente, imagina que al estarle ofreciendo tu producto o servicio al cliente, él frunce el ceño, sabes que hay algo que aún no le convence del todo y tienes la oportunidad de investigar qué es lo que no le convence del todo y así mejorar tu propuesta, según sea el caso.

Cabe mencionar que por la mirada podemos transmitir emociones, podemos tener una mirada de enojo, una mirada de indiferencia o una mirada que demuestre interés por la otra persona, el contacto visual debe ser con una mirada de interés por las necesidades de nuestro cliente, es decir, hacer el contacto visual con la intención de comprender al cliente para servirle adecuadamente.

Si a la sonrisa y al contacto visual le agregamos un tono de voz adecuado, nuestra atención al cliente será aún más profesional.

Tono de voz adecuado:
Es sumamente importante dirigirse al cliente en un tono de voz adecuado, se puede decir que el tono de voz es tan importante como las palabras que usamos al dirigirnos al cliente, las mismas palabras en diferentes tonos de voz puede causar diferentes efectos.

Podemos decirle al cliente: ¿En qué puedo servirle?, con un tono de voz de indiferencia, son palabras correctas en un tono incorrecto, o bien decirlo en un tono de voz agresivo, fuerte como de general de guerra, con esto no causaremos el efecto que deseamos. Pero si utilizamos un tono de voz equilibrado, es decir, de forma amable y a un volumen adecuado generaremos en el cliente la sensación de confianza deseada.

Al igual que el tono de voz es necesario tener cuidado con nuestra…

Postura corporal:
Hay posturas corporales que debemos evitar al estar atendiendo a un cliente, como es masticar chicle al hablar con un cliente, cruzar los brazos, fumar, comer, hablar o estar contestando mensajes con nuestro celular al atender al cliente, estar recostado en el mostrador o jugar con los compañeros enfrente del cliente, etc…. Todo esto puede molestar al cliente y generar una percepción de falta de profesionalismo y desconfianza.

Es común que se presenten estas posturas incorrectas en los colaboradores que no están capacitados, así que aparte de capacitarlos es necesario reglamentar qué posturas no están permitidas en la empresa, tenerlo por escrito e informarlo al personal.

Ir al encuentro del cliente:
Esta es la postura que deseamos y es que en el momento en que entra un cliente dejamos de hacer lo que estamos haciendo y vamos a su encuentro, esto es un lenguaje no verbal que demuestra el interés por servir al cliente, es necesario cuidar no caer en el extremo que es "el estoy pegado", en donde el cliente se siente hostigado por el personal de contacto. Una forma de aplicar una postura corporal equilibrada y adecuada es seguir la regla de 3 metros del radio de acción.

Radio de acción:
Esta regla del radio de acción genera un ambiente de cordialidad y respeto al cliente, *ya que todo colaborador que esté a 3 metros de un cliente necesita interactuar con el cliente con una saludo, un cumplido, una sonrisa, la idea es hacerle saber al cliente que estamos interesados en ayudarle*. Incluso si el cliente ya está siendo atendido pero hace contacto visual con nosotros es importante interactuar con el cliente para que se sienta en una atmósfera de servicio.

Alicia le comentó al *coach*, ahora que lo dices estoy recordando mis últimas vacaciones, llegué a un hotel donde no sólo recepción me recibió con una buena bienvenida, al dirigirme a mi habitación cuando me encontraba con una camarista me dio una cordial sonrisa y un afectuoso saludo y al pasar por el jardín si me llegaba a topar con el jardinero me saludaba afectuosamente, eso me hacía sentir a gusto al saber que podía contar con la disponibilidad del personal del hotel para ayudarme en alguna situación que se me presentara.

El *coach* le respondió, bueno pues precisamente eso deseamos que sienta tu cliente cuando llegue a tu negocio y si todo el personal aplica la regla del radio de acción vas a lograr esa experiencia en el cliente.

Los puntos que hemos manejado anteriormente los vamos a documentar en unos estándares a los que les llamaremos protocolos de atención y son:
1. Protocolo de bienvenida
2. Protocolo de atención telefónica; y
3. Protocolo de despedida.

Si hacemos estos tres protocolos, es decir, estos tres estándares, van a permitir que toda nuestra clientela sea siempre bien atendida con un rostro amable, con un buen saludo, una buena atención. Esto siempre invita al cliente a volver al negocio; la cortesía, la amabilidad, el respeto y la rapidez son los elementos que deben contener estos protocolos de atención, empecemos con él…

Protocolo de Bienvenida
Los tres elementos claves a considerar en un buen protocolo de bienvenida son:

A).- **Sonreír:**
Los primeros 30 segundos cuentan, ¿cómo puedes impactar positivamente al cliente en menos de 30 segundos? Con una sonrisa, recuerda que la sonrisa es tanto para el cliente como para ti, al sonreír te preparas anímicamente para atenderle de forma positiva y además el cliente sentirá una cálida bienvenida.

B).- **Saludo:**

Dar el saludo adecuado a la situación, "Buen día", "Buenas tardes", etc.

C).- Complementar el saludo con un elogio oportuno:
La intención es hacerlo sentir cómodo e importante, puede ser a través de llamarlo por su nombre, a la gente les gusta escuchar su nombre y que sean recordados.
Buen día, es un gusto volverlo a ver señor López.

O bien darle la bienvenida:
Buen día, bienvenido.

También es buena idea presentarse:
Buen día, bienvenido, soy Marco Antonio a sus órdenes.

En fin, tú vas a poder adecuarlo a tu giro, utilizando tu creatividad y la de tu equipo van a definir su protocolo de bienvenida, una vez que lo definan debe quedar por escrito, para que sea utilizado por todo el personal, algunas veces se piensa que esto robotizará al personal, pero no es así, porque el protocolo de saludo es lo mínimo a utilizar al recibir a un cliente, le puedes aumentar y hacerlo mejor; pero no por debajo de lo establecido.

Protocolo de Despedida
Al igual que la bienvenida formalizaremos un protocolo de despedida, lo que queremos desarrollar en el personal con este protocolo de despedida es una *Actitud de Gratitud por la confianza y preferencia que nos otorga el cliente*, la palabra "Gracias" es mágica, ya que sube la autoestima del cliente y crea lazos de confianza.

Unos ejemplos del protocolo de despedida podrían ser:
"Gracias por su preferencia, lo esperamos pronto".
"Le agradecemos su visita, cuando se le ofrezca estamos para servirle".
"Gracias por su confianza, que tenga un excelente día".

Y por último en este momento veremos el…

Protocolo de Atención Telefónica
El objetivo de este protocolo es generar una buena imagen a través de un tono de voz cálido y que demuestre interés en atender bien a quien habla. ¡Nunca diga, hola! Atienda diciendo:
El nombre de la empresa…
Saludando al cliente y diciendo tu nombre.
Por ejemplo:
Calidad y Productividad Empresarial.
Buen día. Habla Marco Antonio Jiménez, ¿en qué puedo ayudarle?

Recuerda que el cliente no está viendo la empresa, en ese momento la empresa es tu voz, tenemos que dar una buena imagen con un tono de voz cortés y amable.

Unos puntos importantes a considerar y a manejar al momento de atender el teléfono son los siguientes:

Primer punto… sonreír, te vas a preguntar pero para qué si el cliente no me está viendo, no importa aunque no te esté viendo el cliente, si sonríes transmites un tono de calidez, de ser cordial.
En muchas empresas de *telemarketing* ponen un espejo frente a la telefonista para que constantemente vea que está sonriendo, porque saben que eso se va a reflejar en una voz más cálida, más agradable. Este es el primer punto, sonreír.

Segundo punto… contesta antes del tercer timbrazo, no dejes que esté sonando, sonando y sonando, contesta antes del tercer timbrazo.

***Tercer punto...** Block y pluma siempre a la mano*, esto es muy importante porque muchas veces contestamos y al querer anotar algo, empezamos a buscar la pluma, un papelito, corremos a ver dónde lo encontramos, mientras el cliente está esperando, no es necesario pasar por estos estragos y pérdida de tiempo, podemos tener *block* y pluma a la mano cada vez que contestamos o usamos el teléfono.

***Cuarto punto...** habla estrictamente lo necesario*, para atender las necesidades del cliente, hay una frase popular que dice "la utilidad del teléfono es acortar distancias, no alargar llamadas".

Quinto y último punto... importante a considerar es la ***despedida cálida***, "Le agradezco por llamar, que tenga un buen día".

Vamos a empezar con estos protocolos básicos de atención. El saludo, la despedida y la atención telefónica.

Al terminar su explicación el *coach* le comentó a Alicia, me interesa que refuerces esta explicación que te he dado visitando el siguiente video en: www.rentabilidadpyme.com/protocolodeatencionalcliente vas a necesitar la contraseña que te enviamos en el video anterior, al terminar de ver el video utiliza los formatos que te servirán como guía de implementación para aplicarlo en tu empresa.

Negocios que cambian vidas
Por último, Alicia te voy a explicar el secreto para que tu negocio mejore espléndidamente tu vida, cuando el empresario y todos los que trabajan en la empresa aplican este secreto se ven beneficiados por una mejor calidad de vida.

No aplicar este secreto te lleva a una vida de escasez económica, de poca realización personal y empresarial, y estoy seguro que a nadie le gusta una vida de frustración personal.

Este secreto va a requerir de un gran compromiso y esfuerzo constante para dominarlo y hacerlo parte de la cultura empresarial de tu negocio.

Este secreto lo vas a encontrar en la siguiente frase:
"El que no vive para servir, no sirve para vivir".

Es decir que la empresa es una oportunidad de servir a la comunidad, de contribuir con nuestro trabajo a la calidad de vida de otros, cuando no te gusta la calidad de vida que llevas, pregúntate ¿qué es lo que estoy dando?, porque esta es la regla de Oro:
"Lo que das es lo que recibes".

 Otra forma de decirlo es la Ley de Causa y Efecto.
"Toda Causa tiene su Efecto, todo Efecto tiene su Causa".

Cuando entendemos que la calidad de servicio que des al cliente no solo va a afectar la satisfacción del cliente sino que también afectará la satisfacción de tu vida, la calidad de vida laboral y personal que tengas estará relacionada con la calidad de servicio que prestas.

Si quieres que el negocio cambie tu calidad de vida y la de todos los que laboran en él, el camino es el **compromiso por la calidad total**, lo que esto significa es que todos los que laboran en la empresa están comprometidos con la satisfacción del cliente.

Estar comprometido con la calidad te va a llevar a estar constantemente buscando la mejora continua en tu empresa y en tu persona, y sabes, esto te va a volver indudablemente una persona y empresaria de éxito.

Pero este debe ser un compromiso individual, por estar convencidos que es un ganar-ganar para todos. Ganas tú, gana el cliente, gana tu empresa, gana la sociedad, todo el mundo gana. Al dar un servicio deficiente pierdes tú y todo el mundo.

Así que te resumo, el éxito de los negocios es...

"Su Compromiso con la Calidad Total"
Comprometerte con esto va a hacer que tu negocio cambie notablemente tu calidad de vida personal, familiar y definitivamente empresarial.

Hemos visto parte de un pilar, yo diría un 20 por ciento del pilar de mercadeo, imagina cuando veamos el 100 por ciento de este pilar, tendrás mejores ganancias y ni se diga cuando cubramos los otros pilares, es decir, que cuando domines los 7 pilares del éxito empresarial, tu empresa será otra, no la reconocerás por todas las mejoras que implementarán y el camino para manejar una calidad total en tu empresa estará más que manejado.

Alicia se sentía muy emocionada porque sabía que ahora que se había decidido a utilizar la metodología *rentabilidad pyme*, contaría con un gran y útil repertorio de herramientas para impulsar la rentabilidad y crecimiento de su empresa.

Amigo lector quiero agradecerte el tiempo que le has dedicado a este capítulo, espero que te sirvan lo visto en él, si tienes un negocio no dudes en aplicar lo que viste, te garantizo que te dará excelentes ganancias y al mismo tiempo invitarte a que conozcas más sobre los 7 pilares del éxito empresarial.

Si deseas recibir más información ve ahora a: www.rentabilidadpyme.com/7pilaresdeléxito

O si únicamente deseas saber más técnicas para mejorar la atención al cliente, para complementar lo visto en este capítulo ve a: www.comoatenderalcliente.com/atenciondeexcelencia , conocerás un arsenal de herramientas y guías que te apoyarán en mejorar notablemente la atención prestada al cliente.

Ser Emprendedora en Japón Beneficios De Contar Con Internet

Por Margarita Palavecino
Tokio, junio de 2014

Me gustaría contarte cómo me transformé en una emprendedora en un país tan distinto a mis raíces y cómo gracias a Internet pude lograr llegar a muchas personas, ofrecer mis servicios, trabajar en forma independiente y llevar adelante nuevos proyectos en una sociedad tan diferente, superdesarrollada y compleja como lo es la sociedad nipona.

Lo hago con la esperanza de motivarte a llevar adelante tus proyectos sea donde sea que te encuentres y tengas la seguridad de que si yo pude, tú también lo podrás hacer si es tu deseo ferviente y lo llevas a la acción.

Seguramente si alguien que leyera la suerte me hubiera dicho que mi futura vida sería en Japón, es probable que hubiera pensado que se estaba refiriendo a otra persona, o bien que estaba inventando alguna historia para salir del paso y dejarme con la intriga de querer saber más sobre lo que me depararía el destino, para volver a consultarla más adelante.

En realidad es así nomás. Mi nombre es Margarita Palavecino, soy argentina residente en Tokio, Japón desde hace más de veinte años por esas vueltas que da la vida. Actualmente trabajo en lo que me gusta, dando cursos de entrenamiento y clases especiales en mi propia academia.

No, en verdad nadie, absolutamente nadie me auguró tal cosa. Ni mis padres, ni mis parientes, ni mis amigos, ni ninguna persona que me haya conocido bien. No porque la idea de verme en lejanas tierras, instalada lejos de mi familia y comenzar un negocio propio fuera algo imposible sino que en mi caso era un poco difícil de imaginar...

Algo sobre mi historia
Soy la mayor de dos hermanas y la que les dio a mis padres mayor trabajo y esfuerzo en la crianza. Lo digo con pesar y al mismo tiempo con un profundo sentimiento de agradecimiento a mi familia.

Desde mi nacimiento cambió de manera radical la vida de mis padres. Nací con ambas piernas completamente luxadas, lo que significó una serie de inconvenientes ya que las periódicas visitas al médico, las largas esperas en el hospital y los tratamientos y operaciones a las que fui sometida para poder llegar a caminar, hicieron que mi familia enfocara todo su esfuerzo y voluntad para sacarme adelante.

Recién a los dos años de edad pude ponerme en pie aunque lamentablemente no fue por mucho tiempo. Mis caderas no resistían el peso del cuerpo y debía pasar largos períodos en cama con medio cuerpo enyesado de la cintura hacia abajo.
Iba creciendo así, con estos desafíos que me daba la vida desde tan corta edad. Siempre que permanecía hospitalizada venía luego un período de recuperación y podía asistir a la escuela primaria con los demás niños y compartir estudios, risas y juegos.

Al cumplir los siete años me hicieron una gran operación quirúrgica que me hizo permanecer durante un año en cama. Recuerdo que mi única salida era una vez al mes y para ir al hospital en ambulancia para el control médico mensual.

Como la inmovilidad no me permitía salir, mis padres hicieron todos lo trámites para lograr que recibiera clases en casa. Y fue gracias al Ministerio de Educación que me enviaron a una maestra domiciliaria y pude así ponerme a la par de mis compañeritos en el estudio. Me acuerdo de esa época con qué ansias esperaba a mi querida maestra para recibir sus clases hechas con tanta dedicación y cariño.
Desde ese entonces decidí que yo también sería educadora algún día.

Finalmente como todo en la vida va cambiando, se va transformando, llegó el día en que pude ponerme de pie nuevamente. Después de largos períodos de rehabilitación y fortalecimiento de los músculos de mis piernas logré volver a caminar.
¡Qué felicidad tan grande era poder dar un paso tras otro! ¡Qué sensación de libertad!
Claro que mi marcha no era balanceada ni siquiera se asemejaba a un paso normal.

Como resultado de las operaciones me quedaron unos centímetros de diferencia en el largo de las piernas, pero a mí eso no me importaba. ¡Podía caminar! Era mi primer logro importante en mi vida y en esto mucho tuvieron que ver mis padres. Ellos en todo momento se mantuvieron en un estado de fe y esperanza, haciéndome sentir que todo estaba bajo control, que todo absolutamente todo estaba bien y que el proceso seguía su curso.

Esa actitud tan positiva fue lo que marcó a fuego mi carácter, su constante apoyo enseñándome con el ejemplo que todo logro en esta vida es el resultado de la perseverancia, de mantener fija la mente en el resultado que se quiera obtener, y de dejar de lado, ignorar o empequeñecer al máximo las penurias por las que debemos pasar en pos de ese resultado que buscamos.

Y así fue en mi caso. Seguí adelante con mis estudios. Por esa época además de las clases de la escuela, comencé a estudiar música. Me encantaba tocar el piano y le dedicaba largas horas de estudio, ya que como mi movilidad era bastante reducida me sentía muy cómoda sentada al piano haciendo correr los dedos sobre el teclado.
Era un placer sentir que lo que no podía hacer con mis piernas sí lo podía experimentar con mis manos. Disfrutaba ejecutando piezas rápidas y de gran dificultad técnica.

Todo iba muy bien en esos días hasta que... a los quince años de edad volvieron a surgir retos en mi vida cuando ya creía haberlos dejado atrás. Me hicieron una operación tan delicada en mi pierna izquierda que tuve que suspender todos mis estudios. Pasé meses en cama, nuevamente inmovilizada con yeso y cuatro clavos de acero que me atravesaban la pierna de lado a lado. ¡Imagínate! Con sólo quince años ya tenía nueve operaciones para poder caminar.

Tal vez podrías pensar que con esta situación recurrente ya mi carácter habría ido cambiando, que me derrumbaría ante tal seguidilla de operaciones y períodos de recuperación. Pero no. Nunca se me pasó por la cabeza desanimarme, el desaliento no formaba parte de mis planes.

Sabía que era algo pasajero, ya lo había superado siendo aún más niña y ahora en mi mente crecía cada vez más la idea de recuperarme y continuar con mis estudios.
Esta situación continuó hasta mis dieciocho años. Pero felizmente a pesar de todo pude llevar a feliz término los

estudios gracias a la invalorable ayuda de mi familia y mis compañeros y amigas que siempre me alentaron con su enorme cariño y simpatía.

La maravilla de la visualización
Con tantos períodos de inmovilidad física obligada, se fue desarrollando en mí el poder de la imaginación. Disponía de mucho tiempo y lo empleaba en leer todo tipo de libro que caía en mis manos: novelas, ensayos, atlas y enciclopedias con tantas informaciones e imágenes que me estimulaban y me hacían volar a los lugares más recónditos en mi imaginación. Soñaba despierta.

Tenía muchas ideas de lo que haría después de recuperarme y me visualizaba tal como me vería con mi bachillerato terminado y en la carrera profesional de música dedicándome de lleno a lo que me apasionaba. Todo lo ponía por escrito.

Y lo que me había propuesto se iba cumpliendo poco a poco. Reconozco que tuve muchas satisfacciones durante y después de terminar la carrera. Una de ellas fue la oportunidad de dar algunos recitales como solista de piano y también conciertos de música de cámara en dúos y tríos.

Mi destino como profesora de educación musical seguía su rumbo. Empecé a dictar clases en escuelas oficiales e institutos de formación artística y profesional.

Y así transcurrieron mis primeros años de vida laboral, con muchísimo trabajo al que me dedicaba con verdadera pasión. Hasta aquí todo bien, continuaba con las sesiones de rehabilitación para fortalecer mis piernas. Gracias a Dios podía movilizarme con la ayuda de un bastón. Era todo lo que necesitaba para llevar una vida normal.

Cambio de ruta
Pero hubo algo en el camino que me hizo poner a reflexionar: ¿Estaba realmente conforme con la vida que llevaba? Creía que sí pero... en el fondo de mi corazón anhelaba viajar, conocer otras realidades, otras culturas, otras personas...

¿Era eso posible para mí? ¡Claro que no! ¡Claro que sí! Todo dependía del cristal con que mirara mi situación. Contaba con el apoyo de mi familia, pero un apoyo moral no económico. Mi idea no era viajar en plan turístico sino para radicarme por cierto tiempo en el extranjero para continuar estudios de mi especialidad. Y eso representaba un costo muy alto al que no podía hacer frente. Aún así continué buscando formas de lograr mi propósito.

La gran oportunidad
Busqué esa oportunidad de viajar mientras continuaba con mi trabajo docente pero no fue fácil. Era la época anterior a Internet y escaseaba ese tipo de información sobre becas de estudio en el extranjero.
Estoy convencida de que si te propones algo y perseveras hasta conseguirlo, el Universo viene en tu ayuda. Así fue. Pasó cierto tiempo hasta encontrar justo lo que necesitaba, lo que me venía como anillo al dedo.

Me presenté a concurso para una beca de perfeccionamiento para profesores a través del Centro Cultural de la Embajada de Japón en mi país y tuve la magnífica suerte de obtenerla gracias al Ministerio de Educación japonés. ¡Estaba soñando despierta otra vez!

Los comienzos en Japón
No fue nada fácil adaptarme al nuevo ambiente a pesar de sentirme maravillada por todo a mi alrededor. Era la primera

vez que viajaba fuera de mi país y recuerdo que al principio, lo que más me hizo sentir extranjera era la homogeneidad que veía en los rostros orientales. Además, todos tenían el pelo negro, eran delgados y sus rasgos en un comienzo me parecían idénticos, cosa que con el tiempo llegué a diferenciar claramente. Por ser Argentina un crisol de razas, estamos acostumbrados a ver tal diversidad de características físicas en la gente que esta homogeneidad me impresionó y al mismo tiempo despertó aún más mi interés por conocer de cerca esta cultura milenaria, llena de misterios y atrayente a los ojos occidentales.

Fue un renacer, un volver a empezar desde cero; tuve que aprender a hablar, al principio sólo balbuceaba palabras, a comer con palillos, a dejar de dar besos y abrazos y a contentarme con una inclinación como saludo. A una nueva moneda, a quitarme los zapatos en el recibidor cada vez que entraba en una casa y a una y mil costumbres diferentes.

Durante esos años que duró mi beca estudiantil me dediqué de lleno a estudiar e investigar sobre mi especialidad. Y al mismo tiempo, tuve la gran fortuna de conocer y tratar de cerca con otros estudiantes extranjeros que estaban en la misma universidad haciendo diversas maestrías: indonesios, cingaleses, tailandeses, chinos, vietnamitas, coreanos, filipinos, en fin pude ampliar mi horizonte conociendo a gente de tan diferentes orígenes y culturas.

Muchos de ellos me contaron del gran interés que tenían los japoneses por aprender sobre otras culturas directamente a través del estudio de los idiomas de cada país.
Esto me sorprendió mucho ya que por ser el japonés un idioma de ideogramas, o sea, una combinación de símbolos y dos sistemas de silabarios, me pareció que necesitarían de una fuerza de voluntad casi titánica para salir de ese esquema

lingüístico y adentrarse en otros idiomas.

Pero ahora, después de tantos años de vivir en este país maravilloso, puedo asegurarte que nada parece imposible para ellos. El esfuerzo, la concentración, la perseverancia que siempre ponen en todo lo que emprenden, el tratar de aprender cada día algo nuevo con la humildad de los grandes, y mirar todo con ojos de asombro fue algo que me hizo reflexionar y cambiar radicalmente desde ese momento la óptica de todas las cosas.

El hecho de no dar nada por sobreentendido sino de ir descubriendo las cosas paso a paso y a través de las preguntas, que en muchos de los casos a los extranjeros nos resultan obvias y pensamos que están de más, es a mi punto de ver algo esencial de esta cultura para clarificar al máximo el conocimiento de las cosas y hechos.

Clases de idioma español
Al segundo año de estar viviendo aquí me ofrecieron comenzar a dar clases en un organismo provincial, para algunos empleados que estaban interesados en aprender el idioma español. Fue como un trabajo por horas, fuera del horario de mis estudios de música, solamente un día a la semana y me pareció muy interesante la experiencia.
Pero ni por un momento se me pasó por la mente que este sería el comienzo de una serie de oportunidades que se me presentarían en el futuro.
Lo veía como una forma de relacionarme más de cerca con los japoneses e intercambiar a través de la comunicación en español, opiniones sobre diversos temas.

Fue desde ese momento en que comencé a sentir de cerca ese interés de ellos por llegar al fondo de la cuestión en todo: me bombardeaban con preguntas de gramática, cada palabra, cada frase, cada expresión idiomática, cada punto y coma, todo absolutamente todo lo querían saber y le buscaban la explicación racional, el por qué y lo que era aún más difícil, lo comparaban con su lengua y al no encontrar un equivalente a la palabra o frase se desorientaban.

La clase se reducía a contestar infinidad de preguntas y no precisamente en español sino en japonés. De esa forma ellos se sentían seguros preguntando en su idioma.
Enseñar español como segunda lengua era para mí una actividad muy ardua pero que me atraía profundamente ya que al enseñar algo lo puedes aprender mejor. Y como todas las cosas, a medida que tienes más experiencia puedes ir mejorando las técnicas.

El mundo laboral
Quisiera contarte un poco sobre el sistema de ingreso de extranjeros que están interesados en dictar clases en algún organismo oficial japonés.

Generalmente se valoran los títulos académicos que tengan relación con la enseñanza. Además hay que pasar una entrevista bastante exigente y dar clases de prueba que en algunos casos son grabadas. Si logras pasar airoso estas pruebas hay contratos de trabajo para dictar clases en organismos e instituciones públicas y privadas de primer nivel.

El único inconveniente radica en que la compañía contratista es siempre una intermediaria y se lleva gran parte de las ganancias, ya que los salarios se cobran a través de estas empresas y no de los organismos oficiales. No hay forma de acceder directamente.

Durante muchos años tuve la gran oportunidad de dictar

cursos en varios ministerios y organizaciones privadas, también entrar en el sistema educativo de la escuela secundaria superior. Todas experiencias que me reportaron valiosos aprendizajes pero... siempre dependía de esos contratos, a pesar de representar muy buenos ingresos no tenía la libertad de poder elegir cuándo tomar vacaciones, debía estar pendiente de la disponibilidad de los alumnos que en muchos casos eran ejecutivos que solo en domingo podían permitirse tomar esas clases de idioma antes de su viaje de negocios.

Por esos años siempre tenía mi agenda muy apretada. No podía contar ni siquiera con los días festivos, ya que justamente en esos días me pedían más clases de refuerzo.

Llega la independencia
Sin dejar mi empleo empecé a buscar la forma de trabajar de forma autónoma, de captar alumnos por mi cuenta. Tarea que en un principio creí fácil de lograr... pero que enseguida me di cuenta de lo equivocada que estaba: una cosa era tener experiencia en la enseñanza y otra muy diferente entrar en el mundo de los negocios.

En una sociedad tan archiorganizada como lo es la sociedad japonesa, lo que yo quería hacer significaba salirme de ese sistema organizado y eso no era lo que se dice fácil.

Comencé por poner anuncios, bastantes costosos por cierto, en periódicos locales anunciando las clases. Podían contactarme solamente por teléfono. Esperaba que fueran muchas las llamadas. Ja, ja, ja. ¡Ni una! Y la primera vez había pagado unos setecientos dólares por un pequeño anuncio en blanco y negro.

No me desanimé y volví a intentarlo varias veces invirtiendo sumas mayores aún porque incluía imágenes a color en la publicidad.

Viviendo en Tokio, me decía para autoconvencerme, habrá muchos japoneses interesados en aprender español. Reconozco que mi optimismo me ayudó bastante y aunque al principio solo algunos "arriesgados" rompieron la barrera y se contactaron para empezar a asistir a las clases, eran tan pocos que no podía recuperar todo lo invertido.

Hasta aquí no te he contado que mi lema siempre ha sido "PERSEVERA Y TRIUNFARÁS" y por eso no me desanimé y seguí investigando y buscando otra forma de romper con el hechizo…

Entrando en el mundo de Internet
Al principio usaba Internet solamente como una forma de estar informada, de conectarme con mis amigos y conocidos por medio del correo electrónico, enviarnos fotos entre la familia y navegar libremente y hacer alguna que otra compra de libros. Hasta que como bien dice el dicho "El que busca encuentra" buceando de página en página encontré un artículo que hablaba sobre estrategias de publicidad, *marketing* y ventas por Internet. Me interesé por saber más sobre el autor de dichos artículos y es ahí donde conocí al que sería luego mi mentor, Álvaro Mendoza.

Había en su página tanta información de la que nunca había oído hablar, que me suscribí a sus boletines electrónicos y a su club por ese entonces de Mercadeo global para empaparme bien de todas estas técnicas y consejos que me abrían a nuevas posibilidades.

¡Claro! Eso era lo que necesitaba para hacer publicidad y atraer a más personas interesadas en mis servicios, para darme a conocer. Siguiendo todos sus consejos cambié toda mi estrategia y ahora con mi sitio Web instalado para el público japonés ya podía ofrecer información y establecer un contacto directo con los interesados.

Además de lograr ese acercamiento que iba cada vez en aumento, ya que los mensajes que me enviaban los respondía en japonés, lograba tener esa credibilidad tan importante en todo tipo de negocios.
Ya no tenía que buscar posibles alumnos a través de una costosa publicación, eran ellos mismos los que se contactaban después de leer a fondo la información sobre lo que les ofrecía.

En un tiempo relativamente corto mucha gente de todas las edades empezó a asistir a mis cursos presenciales y todo gracias a tener esta información detallada en la red y presentarles contenidos interesantes y atrayentes, con videos y juegos a los que podían acceder para tomar el primer contacto con el idioma. Además de hacerles seguimientos a través del envío de información sobre temas de interés relacionados.

Entendí lo importante que era tener una base de datos de todas las personas que se contactaban por primera vez para enviar mensajes de seguimiento, así también como ofrecer a todos mis alumnos la posibilidad de comprar el material de enseñanza que usamos en clase a través de la página, cosa que también me reporta ingresos adicionales.

Ya no fueron necesarias las largas comunicaciones telefónicas para informarse a fondo sobre el sistema de enseñanza, precios, horarios disponibles, etc. No, ya no más, todo lo que querían saber estaba escrito detalladamente en japonés y a disposición las veinticuatro horas del día. Incluso había personas que venían a la academia después de imprimir varias páginas de mi sitio Web.

Aprovechando la WEB 2.0 para la enseñanza
Otra de las cosas que pude aprender de las maravillas de estar conectado a la red es que a través de ella podemos servirnos de estas nuevas tecnologías en el campo de la educación en el aula.

A partir de la WEB 2.0, los recursos para la enseñanza de idiomas y las herramientas a disposición para un aprendizaje más interactivo, me hicieron reflexionar sobre el sinfín de posibilidades que se nos están abriendo en este campo. Tanto las actividades en la Web *online* como *offline* dinamizan el proceso y lo llevan a resultados muy satisfactorios.

A través de tareas de manipulación digital son los mismos alumnos quienes se implican en el control de su propio aprendizaje y logran desarrollar su capacidad comunicativa a través de sus diferentes habilidades, de una manera mucho más dinámica, actual e interconectada con el mundo real.

Ahora ya han pasado varios años desde que me dedico a investigar sobre este tema y gracias a la maravilla de Internet puedo decirte que trabajo de forma independiente, y soy yo misma quien organizo los cursos y trato de estar al día en materia de enseñanza.

El hecho de poder planear mis actividades, generar excelentes ingresos y sentir que tengo las riendas de mi vida en un país tan diferente al de mis raíces es algo que se lo debo a esta nueva forma de comunicación masiva que es Internet.

De ahora en más sigo aprendiendo a desarrollar mis proyectos con toda esta nueva tecnología que nos brinda la red y siempre con el ánimo de aprender en el camino de la vida.

Como reflexión final quisiera alentarte a que tú también te pongas en movimiento, ahora es el mejor momento que tenemos para hacerlo. No importa el lugar donde vivas, ni la edad que tengas, ni tus estudios, ni tu pasado, comienza a poner en marcha tu proyecto y sin ninguna duda verás cómo los maestros que necesites irán apareciendo en tu camino. El camino que tú elijas. Te deseo muchos éxitos.

YO Digo SÍ

Testimonio y agradecimientos

Por María Belén Alonso

"La tragedia de muchos hombres está en que nadie nunca les ha exhortado a superarse por encima de sus propios límites".
Ralph Waldo Emerson.

En septiembre del año pasado mi gran inquietud como emprendedora me llevó hasta Tampa (Florida, Estados Unidos) donde asistí al Seminario Anual de *"Los Maestros de Internet"*. Doscientos profesionales buscando lanzar sus negocios a través del *gran mercado mundial de Internet*. En aquellos intensos días de trabajo, me caló un mensaje: la gente buscaba "dar para recibir" algo que tan sólo lo había conocido yo cuando organicé mis negocios con mi socio el sol y ahora a través de la empresa de *Network Marketing* en la que estoy trabajando.

En Tampa encontré profesionales de todos los sectores empresariales que buscaban compartir con los demás sus conocimientos, para así poder ganarse la vida. Era un encuentro de emprendedores que buscaban información, informarse, formarse, para de esta forma poder ayudar a otros. Todos habíamos recorrido distancias muy importantes, de muchas horas y algunos con mucho sacrificio. Fue aquí cuando vi muy claro que había que lanzarse al cambio. Allí escuché estupendos testimonios de muchas personas de culturas y realidades muy diferentes a la mía, que apostaban por un trabajo distinto al tradicional.

Comprendí que contar a otros esto que a mí me estaba sucediendo y exhortarlos a conocerlo y a superarse a sí mismos, podría ser ese empujón necesario para emprender el camino hacia el cambio. Estos pensamientos me han llevado a compartir mi testimonio personal a través de un libro que pueda llevar a la acción a otras personas. La verdad, nunca antes de este momento, había pensado que manifestar mi experiencia como emprendedora, podría servir de ayuda a otras personas.

Mi nombre es Mª Belén, soy una emprendedora abulense. (Ávila, la ciudad donde nació Santa Teresa de Jesús, Doctora de la Iglesia) y es para mí muy importante decir que: *me apasiona lo que hago*. Poseo una educación universitaria multidisciplinar que, unida a mi gran vocación de emprendedora, me ha llevado a disfrutar de diferentes negocios a lo largo de toda mi vida laboral.

En la actualidad desarrollo mi actividad en diez empresas, todas ellas "comprometidas con el ahorro" en distintos sectores del mercado empresarial. En el ahorro de energía, soy proveedora de energías limpias (fotovoltaica); mi socio es el sol. En el ahorro de agua, trabajo en el sector automovilístico en cuanto a su limpieza y mantenimiento; Desde hace dos años y medio he constituido una nueva empresa que desarrolla su actividad dentro de la industria del Marketing Multinivel. A través de él estoy conociendo que la cooperación entre las personas es fuente de productividad, de mayor capacidad y de desarrollo. *Cooperar es siempre la mejor manera de compartir.*

Elegí a mi socio "sol" porque, desde que tengo conocimiento, no ha faltado nunca a su cita. Está ahí cada día regalando energía al mundo. Viene a su trabajo puntualmente, nunca me ha fallado y me ofrece una seguridad de presente y de futuro. Con él, he descubierto la *"Libertad Financiera"* y los *"Ingresos Residuales"*.

Elegí el ahorro de agua porque es un bien escaso que debemos disfrutar y cuidar. Desarrollo esta actividad en modo de franquicia de la marca Green Wash. Limpio los coches con menos de tres litros de agua. Se trata de un negocio con un gran futuro. A través de nuestro trabajo podemos concientizar a la gente de que hay formas nuevas de hacer menos daño al planeta.

Elegí a mi socio, el "Marketing Multinivel" porque en él descubrí la gran oportunidad de emprender un negocio sin las exigencias tradicionales. Una grandísima ocasión tanto para mí como para muchos profesionales a los que la crisis ha "descolocado". Desde el momento en que lo conocí, me enamoró; y cuanto más lo conozco, *¡más me vuelve loca!* En toda mi trayectoria de vida como empresaria, nunca "dar" había supuesto más que "recibir". Nunca antes había crecido tanto como persona. El *Marketing de Redes* ha cambiado mi compromiso personal con el mundo y ahora sé que trabajo con la mayor central de energía limpia a nivel mundial: el *Network Marketing*.

Hasta ahora sólo les he presentado mi actividad durante los últimos años de mi vida. Es decir, desde que el destino me enfrentó a la urgencia del cambio y tuve que tomar una decisión. Un pequeñísimo accidente de coche que me incapacitaba para seguir haciendo mi trabajo me colocó ante una elección. En aquellos momentos no podía continuar desempeñando lo que hacía. Tenía 48 años y tenía tiempo. Así que elegí formarme en lo que siempre me había apasionado: la Gestión y Dirección de Pymes.

Durante toda mi vida había tenido autoempleos, nunca quise trabajar por un sueldo. No sabía que pudieran existir grandes sistemas de negocio que te permitieran disponer de más tiempo, y como dice Robert Kiyosaki, "salté de cuadrante". Este curso de la Fundación EOI, impartido a través de la Cámara de Comercio de Ávila, hizo que por primera vez en mi vida planificara y realizara un proyecto de negocio. Me ofrecieron las herramientas necesarias para desarrollar una gran estrategia, me enseñaron a utilizarlas y me animaron a hacerla realidad. Agradezco desde aquí a todas las personas que me ayudan en este gran cambio, que me descubren nueva información, que hace posible que en mí se realice una transformación en todas las parcelas de mi vida.

El proyecto que decidí realizar en octubre de 2004, de la mano de mis formadores de la EOI, fue llevar la posibilidad de contribuir al medio ambiente a todo el mundo que lo deseara, dentro del sector de las energías renovables: "Una planta fotovoltaica de 100 Kw. a 0€", **fue reconocido tras** hacerlo realidad. Tengo el honor de haber sido elegida como una de los doscientos empresarios que han podido participar y contar sus experiencias y puntos de vista, en el libro escrito por Ángel Font: *"El crac del 2008. La crisis que cambió el mundo"*. (Testimonios para la Historia. Volumen 4. Editorial Publi Corinti, 2012).

En esta nueva participación escrita, sigo en mi línea de trabajo encaminada a la creación de riqueza para toda la sociedad. Mi objetivo es disipar dudas, aclarar conocimientos y dar a conocer a mucha gente los nuevos negocios del siglo XXI y la industria del *Network Marketing*, como *solución extra-ordinaria* de trabajo y medio de vida. Tras haberlo experimentado en mi persona, he aprendido que las soluciones están dentro de ti y que para desarrollarse financieramente de forma poderosa, es necesario crecer personalmente de la misma forma. Es mi intención colaborar al desarrollo personal y profesional de muchos jóvenes que no encuentran la posibilidad de aportar a nuestra sociedad esos talentos que tienen. No dejes de mirar este vídeo un joven expresa sus ideas del camino del éxito.

Apuesto por el CAMBIO de cada uno de nosotros, porque en estos momentos es, una prioritaria y urgente necesidad social y os invito a todos a confiar en que algo mejor es posible y a decir todos conmigo: **YO DIGO SÍ.**

Manual de instrucciones para leer mejor este capítulo.
Es mi intención apoyarme en las nuevas tecnologías y hacer de estos escritos un manual interactivo con los medios, que lleve al usuario a buscar de una forma directa referencias y alusiones.

A muchos jóvenes les apasiona buscar en Internet, ver videos en YouTube, escuchar audios en Ivoox o en otras muchas plataformas de información que nos acercan las realidades de otros mundos y personas. Internet ha favorecido enormemente la difusión y la cercanía del conocimiento, y es mi deseo aprovechar todos los recursos que estén a nuestro alcance. Este *maravilloso medio* nos puede ayudar a manejar gran cantidad de información para sopesarla en nuestra decisión de cambio. Por esta razón, no voy a fundamentar como se hacía tradicionalmente, las ideas que exponga en este capítulo, tan sólo en la bibliografía de los pensadores que las divulgaron en sus libros, sino que además, voy a escribir el "link" que tú puedas copiar en tu navegador y te lleve a escuchar o ver esa conferencia fantástica del autor, que apoya estas ideas que estamos compartiendo. Considero puede ser de gran interés, para hacerte conocer con más claridad, las emociones y pensamientos que a mí me han llevado a decir: YO DIGO SÍ.

Este método te va a permitir que el verdadero promotor de la idea o mensaje que estemos compartiendo, te entregue la información directa, con sus razonamientos, lógica y los conocimientos que a él le han llevado a desarrollar sus teorías y manifestaciones. En una palabra, quiero que este capítulo sea una guía para ayudarte a conseguir la información necesaria, clara y relevante, que te pueda ayudar en la decisión de cambio que ineludiblemente debes afrontar.

Si tú quieres conocer por ti mismo todas las ideas que te vaya exponiendo te van a llevar un poquito de tiempo. El contenido de este capítulo puede hacerse tan amplio como tú quieras, según tus búsquedas. Tendrás que tener cerca de ti un buscador de Internet. Es mi consejo que te impliques en su lectura con todos tus sentidos, que tengas un cuaderno y un lápiz a mano y que vayas apuntando esos puntos que te hacen pensar cuando estás leyendo. Deja siempre unos minutos para releer en voz alta lo que has escrito y sopesar si te ayuda al cambio.

Con este "manual del usuario" en la mano, vamos juntos a trazar el mapa, "Nuestro mapa del tesoro", que nos permita sacar a la luz los tesoros enterrados dentro de ti desde hace tantos años, tantos como los que tú tienes. ¡Ánimo, juntos vamos a hacer este camino!

"Nunca es demasiado tarde para ser lo que podrías haber sido".
George Eliot.

De los 18 a los 48 no dejé de innovar y de emprender instintivamente.

En mi testimonio he esbozado sucintamente cómo un accidente de tráfico me hizo parar y me retiró del mundo laboral. En aquellos momentos estaba montando la imagen corporativa en Estaciones de Servicio (Gasolineras) por toda España, lo que me obligaba a estar semanas enteras fuera de casa y a conducir muchas horas. Creo que mi perra Magui, mi fiel acompañante, podría aparecer en el libro Guinness con el récord de la perra más viajera del planeta.

Hasta esta fecha, todo lo que había realizado anteriormente, todas mis experiencias, estudios, trabajos, fracasos, éxitos, negocios…, sumó para apoyar mi proyecto. Voy a reconoceros que verme con 48 años y sin poder hacer lo que hacía, sin el confort que te aporta la seguridad y tener que empezar de nuevo, me tuvo dos o tres días preocupada, sin ganas de hacer nada. No sé, fueron momentos raros, distintos. La sensación de haber perdido todo en un momento, los dolores del golpe, mi realidad subjetiva de tener una edad difícil, me paralizó durante unos días. Tenía miedo de permanecer así mucho tiempo.

Comencé a buscar ayudas en mi Comunidad Autónoma para emprender una actividad relacionada con mi formación universitaria, psicóloga, abogada, profesora… Esto no era lo que me gustaba, por eso anteriormente ya dejé de trabajar en ello. Mis grandes preguntas eran, ¿qué negocio podía emprender?, ¿en qué podría yo trabajar?, ¿qué iba a hacer con mi vida?

Vivo en el campo, con los caballos, los perros y mis vecinas más cercanas son las vacas. Así lo soñé cuando tenía 6 años y nunca abandoné mi idea, se hizo realidad a los 32. Desde aquí he ido construyendo mi vida muy cerca de la naturaleza y de un cielo azul, limpio y luminoso de Ávila. Es un terreno de buen pasto para el ganado. Enclavado en una zona rural protegida, de encinas centenarias, cigüeñas y aves rapaces. Estoy en la cañada real Soriana, en Urraca Miguel, hoy barrio de Ávila y antigua parada de postas, desde antes de los Reyes católicos, pues este era el antiguo camino imperial que llevaba a Madrid, hoy aún se ve la señalización en leguas. Siempre pensé vivir así, lejos de la ciudad y con un buen coche en el garaje para poder escaparme a los viajes y las fiestas. Doy fe, los sueños si perseveras en ellos, se hacen realidad.

Mis primeros negocios fueron fruto de la necesidad. Mi amiga Loles había perdido una lentilla y no quería salir a la calle con gafas. Éramos dos parejas inseparables y nos faltaba uno en el grupo, había que hacer algo.

Empecé a modelar arcilla, buscando crear algo, conseguí moldear un muñequito cabezón, sólo era cabeza y pies. Llevaba pinchado un mensaje ocurrente en una especie de pancarta. Trabajaba toda la semana como alfarera, pintora, rotulista y los chicos los viernes, en el mercadillo de nuestra ciudad vendían la obra. Después de poner en marcha la minúscula empresa, apareció la lentilla de Loles, pero seguimos disfrutando del invento y ese verano teníamos dinero para gastar en todo lo que se nos ocurría.

Llegó septiembre y comenzó el curso universitario. Mi padre me matriculó en psicología y me pidió que al menos saliera fuera de casa un año para conocer este nuevo mundo del estudiante universitario. Con esta idea, me fui a Salamanca y está nueva época fue todo un descubrimiento para mí, me gustaba estudiar por primera vez en mi vida, disfrutaba con cursos, seminarios, clases, conferencias… pero también deseaba una independencia económica, no tener que rendir cuentas de mis gastos a mi padre.

Deseaba lo que hoy llamamos libertad financiera, así que continúe con la fabricación manual de muñequitos con mensaje y encontré cómo poder comercializarlos a través de una cadena de "tiendas hippies" que en esos tiempos estaban de moda. Había conseguido unir mi deseo de independencia económica al gran descubrimiento que estaba teniendo lugar en mi vida de estudiante, **¡me gustaba lo que hacía!**

Mi primer trabajo al terminar mis estudios fue en el negocio de mi padre, algo totalmente diferente a lo que había estudiado. Tuve que formarme para poder programar las primeras computadoras que salían al mercado. En estos menesteres no estuve mucho tiempo, ¿una psicóloga programando máquinas para hacer apuntes contables?, no era lo mío.

Mi prima y compañera de trabajo Mari Pili, dio a luz a una niña con Síndrome de Down y fue ella la que me animó a montar una Guardería que admitiera y se ocupara de trabajar con niños disminuidos psíquicamente, esto en Ávila no existía. Este fue mi primer negocio serio. Fue la primera guardería privada de Ávila que atendía bebés desde los 40 días y se ocupaba de los niños hasta los 12 años. También tenía el primer transporte escolar que se montó en mi ciudad, recogía a los niños en casa desde las 7:30h y los entregaba a los padres en diferentes horarios. Estas eran grandes innovaciones para la época y para una ciudad de 30.000 habitantes como era Ávila en 1980. Vivía al segundo, pendiente del reloj y de los horarios escolares y transportes. Creo que esto es lo que avivó mi deseo infantil de vivir en el campo, como un eremita, cuando finalizaba mi trabajo. Vivía sin luz eléctrica, sin calefacción, sin comodidades, de una forma muy austera que me hacía sentirme muy libre.

No pasó mucho tiempo sin emprender cosas nuevas. Un negocio me llevó a otro. Invitaba a las madres de los niños a tomar café cada tarde mientras sus hijos estaban en el colegio en un pequeño piso que transformé en *boutique* escondida. Grandes percheros de ropa que yo misma diseñaba y mandaba fabricar a personas que cosían en sus casas o en pequeños talleres, era ropa exclusiva, diferente y muchas veces realizada a medida.

Los viajes continuos a Madrid para comprar género y distribuir las telas entre las costureras me llevaron a conocer un restaurante chino. Entré a comer la primera vez con mucho miedo. Mi sorpresa, fue encontrar allí a una compañera de residencia de otras amigas mías de Salamanca, que era china y su marido era el propietario de ese restaurante. Cada semana yo iba a comer y me gustaba, así que decidí montar un restaurante chino en Ávila, pues no había ninguno. En los bajos de un edificio céntrico instalé, junto con mi cuñado Javier, el primer restaurante chino de Ávila.

Hubo que hacer mucha obra para habilitar esta casa particular y realizar allí un coqueto restaurante chino. Para poder confeccionar la carta, convertí la cocina de casa de mis padres, en el laboratorio de pruebas y cata de los platos chinos. Las cocineras orientales, provenían de dos familias que la diputación de Ávila había recogido. Personas huidas de Laos. Era lo más cercano y parecido a China que había encontrado en Ávila. Mi numerosa familia, once hermanos, algún cuñado, mis padres y los vecinos del quinto, evaluaban la comida que las futuras cocineras del restaurante preparaban cada día. Puntuábamos los platos con los que después se iba a confeccionar la carta y los menús. Los primeros días fue muy divertido, pero tanta comida china, acabó cansando a todos.

En los talleres de la *boutique* confeccionaron los kimonos de las camareras. Copiamos lo mejor que supimos la decoración y colores de la cultura china y abrimos nuestro restaurante. Fue todo un éxito, pero no a todo el mundo le gustaba la comida china, así que en poco tiempo, en el primer piso del edificio, montamos una casa de comidas caseras, con un ambiente muy castellano y acogedor.

Aquí mismo, al lado del restaurante castellano, trasladamos la *boutique* del piso de ropa. Seguíamos invitando a la gente a tomar café y ver las prendas, incluso hacíamos desfiles de modelos en el restaurante chino, en los que participaban mis hermanos y amigos. Todo esto no duró mucho, también un accidente de coche cambió mi vida. Ahora tengo dos fechas de cumpleaños, no es común encontrar a personas que hayan nacido dos veces. Fue un grave accidente que me obligó a dejar todo y volver a centrarme en mi guardería. Durante siete años llevé un aparato de descarga en la rodilla en mi pierna derecha para poder caminar.

La guardería funcionaba sola, pero yo necesitaba hacer cosas nuevas. Decidí hacer una comunidad de bienes con dos de mis hermanos y dedicarme a trabajar con mis estudios de derecho, en lo referido a las reclamaciones de cantidad. Junto con otros abogados, intentamos poner de moda el olvidado "acto de conciliación". La gente nos cedía sus deudas a efectos de cobranza y yo era la encargada de buscar la conciliación con el deudor para saldar de alguna forma lo que debía. Uníamos la psicología al derecho en su parte mercantil. Si cobrábamos la deuda el cliente nos daba un porcentaje. Así estuve trabajando cinco años, la lentitud de los juzgados y la cantidad de gente que me amenazaba, nos obligó a dejar nuestro negocio.

Empecé a trabajar con un hermano mío rotulista. Él creaba la imagen corporativa de un negocio y yo con las cuadrillas de gente la hacía realidad. Así es como he comenzado este escrito, contando mi pequeño accidente, que de nuevo, cambió mi vida.

Me gusta aprender cosas nuevas, por ello tomé la decisión de realizar el Curso de Gestión General de Pymes. Fue mi gran oportunidad, ese proyecto me llevó al éxito. ¿Por qué elegí este proyecto? A mí todo en la vida me ha venido encadenado, es decir, una cosa me ha llevado a la otra. Cuando estaba trabajando en la autovía A6, colocando la imagen de la Estación de Servicio que la tarjeta de transporte Valcárcel tiene allí, su dueño Pepe Valcárcel, un hombre que admiro enormemente, se interesó por un pequeño aerogenerador que producía electricidad y que había visto en mi casa. Pepe me dijo, búscame uno más grande para la gasolinera.

Al intentar hacerlo descubrimos que se iba a promulgar un real decreto por el que se incentivaría a todas aquellas personas que apoyaran al gobierno en su compromiso con el protocolo de Kioto, colocando energía renovable, producida a través del sol, sistema conocido como fotovoltaico. El querer ayudar a Pepe en lo que me había encomendado me llevó a realizar el mejor proyecto hasta ahora, de mi vida empresarial.

Panorama actual
Dice la Organización Internacional del Trabajo, OIT, que en 2013 los desempleados serían 207 millones en todo el mundo y no sólo eso, sino que las cifras que se manejan son peores que las inicialmente previstas.

"Cada año se incorporan al mercado de trabajo mundial otros 45 millones de personas (en su mayoría hombres y mujeres jóvenes)... Las crisis anteriores también nos han enseñado

que entre la recuperación económica y la recuperación del empleo suele haber un desfase considerable. Todo esto explica por qué la crisis mundial del empleo podría persistir durante muchos años, a menos que se adopten desde ya decisiones más enérgicas y focalizadas para acelerar la recuperación del empleo y mantenerla a la par con la reactivación económica". (Para recuperarse de la crisis: Un Pacto Mundial para el Empleo adoptado por la Conferencia Internacional del Trabajo en su nonagésima octava reunión, Ginebra, 19 de junio de 2009).

Actualmente en España, una de cada cuatro personas que están en edad de trabajar y quieren hacerlo, no puede. Los autónomos y las pequeñas empresas son las que más están sufriendo la crisis. Al final de 2012 un 20 por ciento de PYMES de nuestro país habían cerrado sus puertas. Es imposible acceder a créditos, no llegan las prometidas subvenciones, el IVA ha subido, etc. Ante este difícil escenario ¿quién puede pensar en emprender de forma tradicional? Nuestro entorno social está invadido por cantidad de información que hace referencia al fracaso, la desesperanza y las limitaciones. Los medios de comunicación difunden a "bombo y platillo" noticias de desastres, horrores, catástrofes y sufrimientos.

¿Por qué nos centramos solo en lo negativo? ¿Por qué no se divulga con entusiasmo y se informa frecuentemente de los éxitos de la gente? ¿Han desaparecido los triunfadores, las personas de éxito, aquellos seres humanos que logran lo imposible, los verdaderos modelos a seguir y copiar?

Estamos viviendo a nivel global un gran cambio de paradigma y nosotros estamos siendo los grandes protagonistas de este cambio, que como toda innovación, plantea dos modelos muy diferentes de comportamiento social. Por un lado, las personas que aún siguen aferradas al conocido "modelo antiguo", propio de la era industrial y basado en la seguridad, la lógica y los valores tradicionales. Y el modelo nuevo, típico de la era del conocimiento y promovido por personas que han dicho "SÍ" a su propio cambio y se han puesto en acción. Estoy convencida de que esta "nueva gente" representa la clase de personas que sobrevivan en el futuro, pues están trabajando y buscan depender de sí mismos. Esta nueva forma de ver las cosas no ha sido lo habitual hasta ahora. No nos han formado ni educado para enfrentarnos a este nuevo modelo de trabajo. Por ello, puede darnos miedo pues lo vemos como algo desconocido e inseguro.

Es difícil orientar o aconsejar a quien busca empleo y decirle que estamos seguros de que la relación empleado-empleador está tocando a su fin. Cambiar radicalmente (de raíz) es el consejo en tiempos difíciles. No es tiempo de seguridades y confort, hay nuevos modelos de actividad laboral, muchas de las profesiones de los próximos años aún no han aparecido. En estos momentos puedes inventar tu propio trabajo, como proveedor de servicios o productos de otras personas o empresas.

Para todo hay recetas buenas, mucha gente está practicando el deporte del cambio, por ello está de moda desde hace algún tiempo la figura del *Coach*, el entrenador, como en los deportes, el que te ayuda a sacar de ti lo mejor que puedes dar. Es estupendo poder apoyarnos en otro para descubrir nuestras fortalezas, aquello en lo que realmente somos buenos es ahí donde tenemos que enfocarnos.

En nuestra mano está tomarnos en serio *la acción de cambio*. Si no lo hacemos, estaremos perdiendo el tiempo, el activo más preciado que poseemos. Cada uno de nosotros tenemos la capacidad de conquistar lo imposible. Muchas personas antes lo han hecho y muchas otras después lo harán. Los triunfadores, las personas de éxito, son como tú y como yo. Creen que otra forma de hacer las cosas es posible y se comprometen con el cambio. Se centran en sus capacidades, transforman sus carencias en activos, crean pensamientos positivos y perseveran enfocadas en su sueño.

Los datos y las estadísticas demuestran claramente que algo ha fallado en el modelo económico mundial. La globalización ha atado las economías de todos los países, en mayor o menor medida. Es evidente que la crisis financiera afecta a todos. Pero también es cierto que los avances tecnológicos, las telecomunicaciones e Internet hacen posible que una persona comercialice su producto en todo el mundo. Nos encontramos, por tanto, inmersos en un tiempo de OPORTUNIDADES; y un buen emprendedor siempre encuentra soluciones positivas ante los retos.

Si analizamos diferentes mercados, vemos cómo hay sectores que siguen creciendo y que, en estos momentos, reúnen todas las condiciones para ser una gran alternativa al vacío que estamos padeciendo. El *Network Marketing*, el *Marketing Multinivel* o *MLM* (Multi-Level-Marketing), el *Marketing de Redes… en definitiva, la industria de la Venta Directa*, se presentan como una gran alternativa de emprendimiento. Contrarios a los datos económicos tan negativos que nos inundan, existen otras estadísticas que constatan que "los Negocios del siglo XXI" (la industria de la Venta Directa y del Marketing Multinivel) han experimentado un crecimiento del 268 por ciento en los tres últimos años.

Más de 100 millones de personas son usuarios en el mundo del *Marketing en Red*. Son personas que trabajan en distintas empresas de Venta Directa y todas ellas han encontrado una forma de autoemplearse, evitando así muchos de los problemas habituales de un pequeño negocio tradicional.

El *Marketing Multinivel* o de redes, (desde ahora MLM) ha encontrado una cierta resistencia a su expansión, como ocurre con todas las cosas nuevas. Ya en el siglo XVI lo advertía Nicolás Maquiavelo en su obra "El Príncipe".

"No hay cosa más difícil de tratar, ni más dudosa de conseguir, ni más peligrosa de conducir, que hacerse promotor de la implantación de nuevas instituciones. La causa de tamaña dificultad reside en que el promotor tiene por enemigos a todos aquellos que sacaban provecho del viejo orden y encuentra unos defensores tímidos en todos los que se verían beneficiados por el nuevo...Esta timidez nace en parte de la incredulidad de los hombres, quienes -en realidad- nunca creen en lo nuevo hasta que adquieren una experiencia firme de ello."

La Asociación de Venta Directa, AVD, **organismo que en el mundo** representa los intereses del sector, nos dice: *"Se entiende por Venta Directa la comercialización fuera de un establecimiento mercantil de bienes y servicios directamente al consumidor, mediante la demostración personalizada por parte de un representante de la empresa vendedora, lo que la distingue de las denominadas Ventas a Distancia en las que no existe un contacto personal entre la empresa vendedora y el comprador".*

El *Marketing Multinivel*, *"constituye una exitosa forma de Venta Directa en la que un fabricante o un comerciante mayorista vende bienes o servicios a través de una red de comerciantes y/o agentes distribuidores independientes, pero coordinados dentro de una misma red comercial".*

En España la Venta Directa se regula por el Real Decreto Legislativo 1/2007 de 16 de noviembre que incorpora la Directiva Comunitaria 85/577 CEE, del 20 de diciembre de 1985. La Venta Multinivel viene reconocida por la Ley 7/1996 de Ordenación del Comercio Minorista (B.O.E. núm. 15 del 17 de enero 1996), modificada por la Ley 29/2009 de 30 de diciembre (B.O.E núm.315 de 31 de diciembre 2009).

En ocasiones, por desconocimiento, se ha querido considerar la Venta Multinivel como Venta Piramidal (sistemas Ponzi), cuando la Venta Piramidal es una práctica totalmente prohibida en España y en todos los países del mundo al consistir fundamentalmente en la entrada de otros consumidores en el plan de venta piramidal y no en la venta de productos.

Algunas de las similitudes del MLM con la Venta piramidal llevan a muchos profanos en estos temas a confundirlos, es por ello que cierran su mente a oír cosas nuevas contrarias a lo que ellos piensan. Esta resistencia está producida por pensamientos que nos llegan de creencias limitantes, que se instalaron en nosotros y generaron un misterio alrededor de esta industria. Es simplemente otra forma de venta y distribución con un gran potencial. Este sistema de trabajo está pensado para todo el mundo, pero no todo el mundo está preparado para desarrollar este tipo de negocios. Considero que el MLM es el modelo de distribución del siglo XXI. El gran empresario Bill Gates, creador de Microsoft Windows, ha manifestado:

"Si tuviera otra vez la oportunidad de volver a empezar, yo elegiría marketing de redes".

El MLM constituye un tipo de negocio por el que cualquier persona puede llegar a conseguir el éxito que se proponga. Se basa en la introducción en tu círculo social de un producto que tú conoces y consumes (venta directa) y en la búsqueda de otras personas como tú (representantes) que quieran ganar un dinero extra y hagan lo mismo que tú (duplicidad). La empresa que está detrás, generalmente una multinacional, se ocupa de la administración y te ayuda en tu formación. Los únicos requisitos: QUERER, FORMARSE y TRABAJAR.

El MLM se estudia desde hace tiempo en las Universidades Americanas. En nuestro país, en el año 2013 vio la luz el primer curso de "Experto en Gestión y Dirección de Negocios de Venta Directa" que fue impartido por la Universidad Complutense de Madrid en colaboración con la Asociación de Empresas de Venta Directa en España (AVD).

¿Cómo nació el *Network Marketing*?

Fue en América donde nacieron hace más de 70 años las primeras empresas basadas en el *Marketing Multinivel*. Dichas empresas surgieron como una forma de distribución creada por la necesidad de hacer llegar determinados productos a pequeños asentamientos de colonos. Entre los años 1917-1927 el doctor Carl F. Rehnborg, estuvo preso en China y allí pudo entender el valor de ciertas vitaminas y nutrientes, para nuestra salud, la forma de administrarlas, la cantidad necesaria, así como la forma de distribuirlas que aplicaban los chinos con sus conciudadanos.

A principios de los años treinta, en 1934 Carl F. Rehnborg, trasladó lo aprendido en China a su sociedad occidental e inició su propia empresa conocida como "The California Vitamins Company". Es en 1939 y ante el éxito de sus productos cuando "California Vitamins" pasa a convertirse en una empresa "multinacional" que se denominó Nutrilite (todavía existente como marca), y que fue la pionera en implantar un sistema de distribución que hoy conocemos como *Marketing Multinivel*.

En 1945 dos hombres, Lee S. Mytinger y William S. Casselberry se convirtieron en distribuidores exclusivos para todo EE. UU. de Nutrilite. Utilizando el mismo sistema de comisiones que proponía Carl, estos innovaron el reparto del pago de las comisiones mediante la incorporación de diferentes niveles para el cobro de los mismos… introduciendo en el *marketing* (creación del mercado) una variante, que es la idea básica del "multinivel", y es que esos "clientes-distribuidores", podían a su vez, reclutar a otros distribuidores y ganar una comisión sobre la venta realizada por estos últimos. Se creaba el concepto de "red", que en ocasiones se ha denominado "cadena".

Esta posibilidad ofrecía una excelente opción a miles de personas para convertirse en dueños de su propio negocio, sin necesidad de invertir grandes sumas de dinero en tener un local comercial, contratar empleados o tener experiencia en manejo de empresas… Cualquier persona con la determinación suficiente podía ingresar en este sistema, en el que podían ofrecer los productos de Nutrilite y conformar una red de distribuidores, por lo que también ganarían una comisión.

Pero en 1949 dos personas que llevaban 10 años distribuyendo productos Nutrilite y que posteriormente condujeron la marca Nutrilite al éxito empresarial del que hoy disfruta (mediante el sistema multinivel), Rich DeVos y Jay Van Andel , utilizaron todo el aprendizaje del sistema decidiendo fundar una nueva empresa: Amway. Su nombre vino de la frase "American way of life" que traducida al castellano sería: "El estilo de vida americano". Un estilo de vida que empezaba a despuntar tras la victoria de los aliados en la guerra y una resurrección económica estadounidense tras el batacazo del 29. Su arma: El consumo.

En sí mismo Amway, fue la primera escuela del *Marketing*

Multinivel, del *marketing* de atracción sobre el consumo. Invitaba a "mostrar" el estilo de vida "espectacular" de Norteamérica, y una manera de llegar a conseguirlo, mediante el reclutamiento y el plan de compensación. Soñar con ser "rico" dejó de ser una utopía mediante el sistema que explicaba.

Crearon un Plan de Ventas y Comercialización basado en los sistemas que habían aprendido durante sus años en Nutrilite, además de introducir una serie de sistemas de aprendizaje (psicología), enseñanzas para convertir a sus distribuidores en personas muy motivadas en la venta y en el reclutamiento mediante la duplicación.

Hasta tal punto crearon un sistema de motivación, que en ciertos países se ha acusado a esta empresa como una especie de "secta". Nada más lejos de la realidad, puesto que aunque pueda ser que utilice sistemas similares a los de las sectas, Amway usa lo que se denominó el "marketing de atracción" tanto para sus fines en el reclutamiento de participantes como para sus ventas. Y le ha resultado efectivo.

Son estos primeros planes de compensación y la manera de realizar el *marketing* en multinivel los que al introducir el sistema "de atracción" y haciendo gala de la forma de vida norteamericana, así como la incorporación de una extensa gama de productos a través de un catálogo general con múltiples artículos para el hogar, lo que hizo despegar un sistema de ventas que después tuvo que ser regulado por ley como "Venta Directa" y su forma de realizarla en un apartado diferente: "El Multinivel". Esta estructura multinivel, va formando redes de vendedores, de acuerdo a un esquema o matriz estipulado.

De esta forma empezaron a recalar en un mercado donde las "amas de casa" se incorporaban a un mundo empresarial por el que obtenían ingresos económicos sin necesidad de salir de casa prácticamente, se trató de un "sistema" revolucionario.

Este plan se ofrecía a cualquier persona para tener una oportunidad de formar su propio negocio, explicando las maneras de convertirse en "Networker", o lo que era sinónimo en aquel entonces de vendedores comisionistas, pero no solo de productos, también de "reclutamiento" de personas.

Esta combinación de ideas, junto a un nuevo diseño de comisiones fue la clave del éxito. Dicho sistema de comisiones motivaba a los representantes a invitar a otros nuevos representantes a trabajar en la empresa, compartiendo los mismos derechos.

Este nuevo modelo hizo que la fuerza de ventas de la empresa creciera de forma exponencial, adquiriendo así un gran número de clientes satisfechos con su producto. Nace así una nueva estructura de comisiones y pagos, (plan de compensación o retribución) por lo que la empresa paga comisiones de ventas generadas de una forma grupal a cada uno de los vendedores, una vez fueron llevadas a la realidad dieron lugar al comienzo del *Network Marketing*.

Hoy en día, Amway, es la primera empresa de venta multinivel del mundo, con una gran fuerza de distribución. La influencia de estas dos empresas (Nutrilite y Amway) hizo que la industria del *Network Marketing* en Estados Unidos y el mundo entero sufriera una verdadera explosión con la aparición de otras muchas empresas basadas en el concepto del multinivel, pero, como en todos los negocios, hubo grandes fracasos por falta de experiencia, falta de capital o manejo inadecuado del mismo. También hay historias exitosas de algunas buenas compañías que hoy se cuentan entre los líderes de la industria.

También otras han realizado utilizando esta gran idea enormes estafas, a muchas personas que participaron, en multitud de países, puesto que a base de comercializar productos "imaginarios", sellos, fondos de inversión, arte... productos que basaban su valor en una "imaginaria revalorización", fundamentando el negocio en lo que después pasó a llamarse (de una manera muy equivocada) negocios piramidales.

El multimillonario John Paul Getty, magnate del petróleo, escribió: *"Es más interesante un uno por cien de cien personas que el cien por cien de uno mismo".*

El MLM en estos momentos es uno de los "grandes canales de distribución" con el que cuentan algunas empresas. Así grandes genios de los negocios como pueden ser Robert Kiyosaki, Paul Zane Pilzer, Darren Hardy, Donald J. Trump... apoyan e impulsan este modelo de negocio y piensan será el número uno en todo el mundo en un futuro próximo.

Hoy en día todo esto también ha evolucionado, tanto en sistemas de compensación como en formas de generar la organización de la red, del propio *marketing* de atracción y seguramente seguirá evolucionando. El uso de la Web2.0 es un primer paso que hoy en día utilizan muchísimos *networkers*. El mundo se globaliza, la oportunidad es para todos.

Estos valores que aporta el MLM, de fidelidad y satisfacción en el cliente, son los más buscados y perseguidos en estos momentos por innumerables empresas, que vemos invitan al consumidor de su producto a conseguir un mejor precio del mismo, si aporta nuevos clientes, amigos o conocidos, a que lo consuman. Se dice que el MLM es el siguiente paso en la evolución de la libre empresa. En estos momentos el cambio es inevitable, lo que hasta ahora ha sido válido en la era industrial, no puede temporalizar con la era de la información.

Es interesante analizar cómo nos resistimos al cambio, queremos permanecer a toda costa en nuestra zona de confort, aun cuando estamos viendo que no es posible sobrevivir en ella. Debemos entender el cambio como principio fundamental de nuestra propia existencia. Tom Malloy, en su novela La cortina del amanecer, corrige lingüísticamente la afirmación de Charles Darwin "sobrevive el más apto", hubiera hablado con mayor propiedad si hubiera dicho que "sobrevive el que mejor se adapta".

¿Por qué pienso que el *Marketing de Redes* es una gran oportunidad?
La gente muy mayor habla de la crisis del 29, escucharon hablar de ella a sus mayores, la gran diferencia con nuestra crisis es que ahora estamos globalizados y el consumismo nos ha instalado en ella y se ha extendido desde los Estados Unidos a casi todo el mundo a gran velocidad, es como el pecado original y a todos nos afecta esta gran adversidad. La adversidad es para los audaces y emprendedores una gran oportunidad, ya que todas las experiencias por las que pasamos, van a modificarnos, si nos lo proponemos, positivamente.

Como emprendedora de vocación y empresaria es mi intención manifestar las siguientes ideas y conclusiones:

· El *Network Marketing* es una alternativa de empleo clara y efectiva para aquellos que han decidido tener su propia fuente de ingresos.

· Se trata del único modelo de negocio que, aun en tiempos de crisis, sigue creciendo. En estos momentos, la esperanza de conseguir un puesto fijo o de ser contratados por cuenta ajena es más una utopía que una realidad.

· Favorece a los emprendedores que quieran iniciar un negocio propio, con una mínima inversión, pero con grandes posibilidades de generar ingresos a corto, mediano y largo plazo, según la capacidad de cada uno. Con poca inversión y "cero" trámites administrativos, cualquier persona (sin formación académica y sin tener en cuenta su edad o situación laboral), puede ponerse a trabajar en su red de distribución inmediatamente.

· Es una forma de distribución de productos y servicios directa, desde el fabricante al consumidor final, por lo tanto no existen intermediarios. En el mercado tradicional se ha comprobado que un fabricante invierte, en algunos casos, hasta un 80 por ciento del costo del producto en su distribución y comercialización, porcentaje que se queda en manos de los intermediarios, mayoristas, comerciales... de ahí que se incremente en gran medida el costo final de ese producto. El *Network Marketing* es el sistema, a través del cual el fabricante introduce sus productos en el mercado.

· Con sus mitos y realidades, el MLM es una de las industrias de mayor crecimiento a nivel mundial. Más de veinte millones de personas trabajan en más de dos mil compañías, superando el total de ventas los setenta mil millones de dólares, así nos dice la Asociación Internacional de Multinivel. Según estas cifras es muy difícil pensar que tanta gente esté equivocada trabajando en algo que no es bueno.

· Desarrollar una red seria y poder ganar importantes cantidades de dinero, exige tener la mentalidad de montar un negocio, no un "negociete". No se puede alcanzar la libertad financiera dedicándole tres horas a la semana. Si quieres ser uno de los mejores, tienes que entrenar mucho. El MLM implica hacer cosas extras: el compromiso, el esfuerzo y el tiempo nos llevarán al éxito. El liderazgo, el espíritu de equipo, la calidad y el buen servicio, son fundamentales en estos tiempos en los que hay que reinventarse. Es necesario sorprender a tu cliente, e invertir nuestro esfuerzo en estos valores. El *Marketing de Redes* produce clientes de por vida, aporta fidelidad, cualidad que hoy buscan en sus clientes todos los empresarios.

· Mediante la posibilidad que nos ofrece de participar en la comercialización de productos podemos generar nuevas "relaciones económicas". Además, la participación en el consumo de industrias en este sistema, crea una telaraña productiva necesaria en apuestas de producción y de mercadeo, sirviendo como modelo de recuperación de una economía estancada.

· No introduce un concepto especulativo como manera de generar ingresos, puesto que la utilización propia del mercado y de la producción de bienes o servicios genera suficiente flujo económico para una recuperación económica real y no "ficticia" como pueda ser un mercado financiero.

· Una revolución económica a base de la producción y la utilización de la tecnología como manera de *marketing*. El consumidor y la empresa son capaces de cooperar. La comunicación está canalizada en las redes sociales. El *Network Marketing*, hoy en día es un valor añadido al consumo.

Escribiría más y más sobre las bondades del MLM, haciendo este *Marketing de confianza* a favor de esta tan grande industria.

Yo te pregunto: ¿Cómo puedes obtener resultados distintos si haces siempre las mismas cosas? Cuántas veces hemos oído decir "Deja de soñar y sé realista"... Ahora sabemos que todo ÉXITO viene precedido de un sueño; que la disciplina, el trabajo duro y la perseverancia transforman la realidad. Si cambias tu realidad, todo lo que te rodea cambiará para ti. No hay que cambiar lo de afuera, tienes que cambiar lo de dentro de ti. Trabaja en ti mismo, logra cambios personales, es aquí donde empieza el cambio.

En estos momentos de cambio, el MLM existe como "modelo de negocio" que es capaz de fundir en uno todos estos nuevos conceptos y dejar atrás los pensamientos antiguos de la era industrial: "Una cosa es la amistad y otra son los negocios"; "Tienes que tener los pies en la tierra para ganar dinero"; "Tienes que ser realista para ganar dinero" o "baja de la nube y ponte a trabajar"... creencias limitantes que están cómodamente instaladas en nuestro cerebro.

Defiendo que la industria multinivel es una oportunidad para todo el mundo que quiera comprometerse. Lo nuevo en muchas ocasiones nos da miedo, pero es necesario confiar en aquellas personas que ya lo están haciendo, ya que en estos momentos de tanta inseguridad laboral es importante para mucha gente tener un plan B, e incluso un plan A.

Tú decides tu vida
En esta decisión de cambio tiene vital importancia la comunicación, tanto con nosotros mismos (diálogo interno) como con los demás. La Programación Neurolingüística, (PNL) y la inteligencia emocional son nuevas técnicas y herramientas innovadoras tanto para mejorar la comunicación como para gestionar nuestras emociones. Nos ayudan a conocernos mejor a nosotros mismos y por tanto a tomar mejores decisiones en la vida, que indudablemente nos llevarán a ser más felices. En su libro "Introducción a la PNL" Joseph O´connor y John Seymour

dicen: "La PNL es el arte y la ciencia de la excelencia, y deriva del estudio de cómo las mejores personas en distintos ámbitos obtienen sus sobresalientes resultados. Estas habilidades en la comunicación puede aprenderlas cualquiera para mejorar su eficiencia tanto personal como profesional".

Hay personas que pasan toda una vida buscando algo fuera de él mismo, que tienen en su interior desde siempre. Cuando vemos la luz en este mundo, tenemos todo lo necesario para ser felices y exitosos. Nacemos inocentes, sin emociones mezcladas, sin miedos, sin mentiras, sin dudas, llenos de curiosidad y dotados de todas esas emociones que nos ayudan a conectar con los demás y a descubrir el mundo.

Cuando somos niños nos guía la pasión por vivir. Entonces ¿qué nos sucede? ¿Qué es lo que nos está pasando? ¿Por qué buscamos el gran tesoro en sitios equivocados? Es muy fácil, tenemos un mapa falso. ¿Cómo puede ser?, este mapa es mío desde siempre, lo tengo desde que nací. Sí, pero la ruta hacía el tesoro te han ayudado a trazarla otros que nunca han encontrado su tesoro.

En los primeros años de vida se conforman los grandes patrones emocionales que nos rigen, el amor y la curiosidad y es desde aquí cómo empezamos a conocer el mundo. De nuestros primeros cinco años de vida pudiéramos decir, va a depender nuestra vida entera. Dependiendo de cómo es nuestro entorno, así seremos generalmente de mayores. Un entorno agresivo o inseguro nos hace entrar en modo de supervivencia y en el futuro tenderemos a desconfiar de nosotros mismos, a perder la ilusión y esto nos afectará física y mentalmente. Esto sucede con todos los seres vivos. En esta primera etapa de nuestra vida necesitamos por encima de todo sentirnos seguros y amparados. Necesitamos protección y afecto.

Los seres humanos también tenemos al nacer la capacidad de formar representaciones o ideas sobre lo que nos rodea y esta capacidad puede provocar en nosotros deseo de atracción o rechazo, por lo tanto tendremos que aprender a hacer un uso correcto de estas ideas, puesto que a todo ser humano, le es inherente la capacidad de elegir, lo que llamamos *albedrío* y que sólo depende de nosotros. Conocemos el mundo a través de nuestros sentidos y a través de ellos conformamos *nuestra realidad*.

Existe un diálogo interno con nosotros mismos basado en las representaciones. Nuestros pensamientos nos llevan a hacer elecciones en nuestra vida. Nos comportamos de una forma determinada según como pensemos, esto nos permite crear nuevas experiencias que tendrán como resultado unas emociones nuevas, que nos llevan a nuevos pensamientos. A todo esto le llamamos personalidad y está directamente relacionada con tu realidad personal, que está hecha según lo que piensas y según lo que sientes. Una idea que repetimos constantemente en nuestra cabeza se vuelve una creencia. Las creencias pueden limitar nuestras decisiones.

Muchos autores para explicar cómo funcionan las creencias limitantes nos ponen el ejemplo de un iceberg que va flotando en el océano. De todo el iceberg sólo vemos la parte que sale a la superficie. Si retiramos parte de la superficie este sube más hacia arriba. La PNL las describe como nominalizaciones.

Tenemos entre 60.000 y 70.000 pensamientos diarios y la mayoría de ellos son iguales al día anterior, así es muy difícil que se produzca un cambio. ¿Cómo quieres que te toque la lotería si no juegas? Por esta razón hay que empezar a realizar cosas diferentes, a innovar, a informarnos y formarnos, a elegir conscientemente, a rodearnos de gente diferente… a hacer todo aquello que nos aporte emociones distintas que cambien nuestros pensamientos. Por estos mismos motivos una *crisis*, que nos obliga a salir de nuestras rutinas y a hacer cosas diferentes la podemos calificar de oportunidad. (http://www.youtube.com/watch?v=JYfp1HBwf2I).

Nos enfrentamos a la realidad evaluándola continuamente. Somos máquinas de evaluar. Todo lo que ocurre a nuestro alrededor lo calificamos sin darnos cuenta y lo vamos archivando y es así como conocemos el mundo y adquirimos *creencias limitantes*, que no son más que barreras en nuestros pensamientos, distorsionadores de la comunicación, ruido. Cuando estos pensamientos nos los repetimos con mucha fuerza e intensidad, se trasforman en *creencias irracionales*, que nos producen alteraciones en la salud mental, trastornos emocionales, exageraciones de la realidad que no nos ayudan a resolver nuestros problemas y además nos producen gran malestar emocional. Todas estas ideas nos las explica extensamente el psicólogo Rafael Santandreu en este enlace en el que da a conocer su libro *"El arte de no amargarse la vida"*. (http://www.youtube.com/watch?v=J9zmsCwo9_A).

Nuestra salud emocional depende de lo que nosotros mismos nos decimos, de nuestro diálogo interno, esto no es nuevo hace ya dos mil años Epicteto pensador-filósofo grecolatino, divulgaba en sus discursos *"No nos afecta lo que nos sucede, sino lo que nos decimos acerca de lo que nos sucede"*.

¿Si en nuestra salud emocional influyen tres factores que interactúan entre sí, los pensamientos, las emociones y la conducta, para formar tu fortaleza emocional no crees que podrías actuar sobre alguno de ellos y así poder ganar salud mental? Si de verdad queremos encontrar el tesoro, existe un camino nuevo que podemos trazar hasta él, no estamos condenados a no encontrarlo.

¿Somos libres para poder vivir la vida como queremos?

De nuevo Epicteto que hablaba de cómo llegar a la felicidad nos deja otra pista para encontrar nuestro tesoro: "La felicidad no consiste en adquirir y gozar, sino en no desear nada, pues consiste en ser libre".

El *Marketing de Redes* rompe todos los paradigmas hasta ahora conocidos y se nos presenta como una **"gran oportunidad"**, pero: *¿tenemos nosotros el suficiente coraje para escogerlo y emprender junto a otros, esta nueva filosofía de vida, este solidario modelo de negocio?* Al 99 por ciento de las personas no nos han enseñado un modelo apropiado para ganar dinero y que además nos pueda llevar en estos momentos a un sistema apropiado para conseguirlo. A casi todos nos han educado en modelos de trabajo que se basan en exigencias antiguas, que hace años eran estupendas y que ahora no funcionan. Esto que está sucediendo no era lo habitual hasta ahora, así que nadie nos ha formado para poder desarrollar estos nuevos sistemas de negocio, por eso lo encontramos tan diferente y en ocasiones nos hace dudar sobre su gran potencial.

¿Qué te aporta a ti personalmente este modelo de negocio? El *Network Marketing* te otorga el poder de decidir sobre tu vida y tu futuro, tu trabajo. Te permite poder crear riqueza sin límite con la colaboración de miles de personas que incluso en muchas ocasiones no llegarán a conocerse entre sí. Este puede ser para ti el nuevo camino hacia la libertad financiera, cada uno en el umbral que la quiera establecer.

Los cambios importantes que se están produciendo en todas las sociedades nos empujan a decir **"SÍ"** a nuestro propio cambio. *Para estar en un lugar nuevo tienes que salir de un lugar conocido. Para convertirte en algo más de lo que eres ahora, tienes que añadir algo más a lo que estás haciendo ahora. Para ser mejor mañana tienes que trabajar más hoy.* Esto tiene lógica, ¿verdad?, entonces si lo sabemos ¿por qué no lo hacemos?, ¿por qué no lo ponemos en práctica?, quizás sea por la imagen que tenemos de nosotros mismos. Solucionar la imagen que tenemos de nosotros mismos es importante ya que el tiempo no espera por nadie. No podemos cambiar la vida sin cambiar la imagen, la representación que tenemos de nosotros mismos.

Cada uno tenemos una serie de creencias sobre nosotros, esta es nuestra propia imagen, que se basa en esta serie de creencias que hemos ido acumulando y desarrollando desde que nacimos. Puede ser que algunas experiencias infantiles hayan aportado a nuestra imagen limitaciones sobre nuestro aspecto físico, capacidad, valía…

Todos hemos tenido momentos y circunstancias que han influenciado de alguna forma en la imagen que tenemos de nosotros, el problema no es este, el problema es que casi nadie intenta cambiar la imagen que tiene de sí mismo. ¿Cómo se cambia esta imagen? Puedes leer mil libros y quizás no te ayuden a lograrlo, pero te voy a revelar un secreto: La imagen que tenemos de nosotros mismos se basa en una serie de creencias, lo que opinamos de nosotros mismos. Si crees algo nuevo, diferente, positivo sobre ti mismo, mejorará esa imagen. Si cambias las creencias que tienes sobre ti, de seguro vas a cambiar la imagen.

¿A que te estás preguntando, cómo se cambian las creencias?, muy fácil, cambiando:
- Haciendo cosas que nunca antes hayamos hecho.

· Manteniendo un nivel de compromiso contigo mismo al que nunca antes hayas llegado, que nunca has mantenido.

Esto es lo que va a cambiar nuestra vida, el resto no va a funcionar. Aquí está el gran secreto.

El Marketing de Redes nos aporta todo lo necesario para desarrollar un negocio, la estructura, la formación, el apoyo, la integridad... pero el CAMBIO lo tenemos que efectuar nosotros. En esta vida tu actitud te define y si asumes el pleno control de tus conductas de una forma activa, si tomas la iniciativa y la responsabilidad de que las cosas sucedan, es decir, si eres "proactivo" podrás ejercer el liderazgo personal, clave a la hora de alcanzar el éxito en todas las parcelas de tu vida.

La responsabilidad es la capacidad que tenemos todos de elegir de una forma libre qué respuesta damos. Siempre en toda elección que realicemos en nuestra vida, somos nosotros los que decidimos. Somos 100 por ciento libres de decidir nuestra respuesta a cada situación.

Intentar el cambio, probar por si acaso... Estás perdiendo el tiempo. Sócrates dijo: "Este es un Universo que no favorece a los tímidos".

Tú tienes el poder de cambiar tu destino, si no crees esto por la imagen que tienes de ti mismo, que alguien ha generado en tus creencias, es una pena, pero puedes empezar de cero desde ahora mismo, esto es posible, pero tienes que tomar una decisión, sino, simplemente vamos a repetir los patrones de nuestros pensamientos, en definitiva de nuestra vida y tendremos los mismos resultados que hemos tenido hasta ahora.

No estás sólo si decides cambiar.

Busca ese lugar en el que tanto te gusta estar, ponte cómodo, cierra los ojos, relájate, centra la atención en tu respiración y pasados unos minutos comienza a hablar contigo mismo. Quiero que te preguntes algunas cosas, que empieces a conocerte a ti mismo, que conozcas todo tu potencial para así, poder desarrollarlo.

Escucha tu propia voz, a veces el "ego" es una trampa y no nos deja ver nuestras creencias limitantes. Escribe en tu cuaderno diario todo lo que te preocupa y te entristece. No reprimas ningún pensamiento, te ayudará a conocerte mejor. Busca e identifica tus creencias limitantes, esas ideas que no nos dejan cambiar porque están vinculadas desde siempre en nuestro cerebro a una sensación de certeza, de seguridad. Para generar nuevas creencias hay que actuar de otra forma, hay que romper este sistema cíclico de creencias que nos limita. Si piensas en emprender un negocio, escribe qué es lo que te mueve a hacerlo, qué logros te gustaría alcanzar.

"¡Ser o no ser!, esa es la cuestión. ¿Qué es más digno para el alma noble, sufrir la porfía del rigor o rebelarse contra las desdichas?, ¿sufrir sin reaccionar o tomar las armas contra el mar de adversidades, oponiéndose a ellas?, ¿soportar los latigazos del injusto opresor, el desprecio del orgulloso, el dolor del desamor, la tardanza de la ley, la insolencia del poder, o luchar contra ellos hasta agotar sus fuerzas?"... (Fragmentos de Hamlet de William Shakespeare (1564-1616).
Estar listo significa: Tener compromiso, coraje y persistencia para hacer lo necesario cuando sea necesario.

Te animo a buscar fórmulas colaborativas, utilizando la cooperación como modelo de estructura. Construir se basa en colaborar, compartir, trabajar en equipo. Saca provecho a una nueva realidad.

Muchos creen que nada va a sustituir a un negocio tradicional. El tiempo está demostrando que la adaptación a las nuevas tecnologías está cambiando el mercado que poco a poco demanda cambios en la forma de mercadear, exigiendo cada vez más valor añadido a la compra-venta.

Encontrar comercios, lugares físicos o incluso virtuales para realizar ventas con los productos que desarrollamos es una buena manera de poder llegar a conseguir participes en el sistema.

Ha cambiado la forma de comunicarse, de formarse, de informarse, de distraerse e incluso de buscar trabajo.

"Toma la iniciativa y la responsabilidad de que las cosas sucedan".

Vivir Del Arte

Por **Roberto Preciado**

Esta historia empieza alrededor de 1987. Yo era un gran aficionado al mundo del arte y a la cultura en nuestro país, Colombia. Siempre, desde muy pequeño, tuve la pasión por todo tipo de manifestaciones artísticas como la danza, la música, la pintura. Me llamó la atención una "frase de cajón" que repetían los padres a sus hijos, cuando ya estaban en edad de elegir profesión; y en especial, cuando estos tenían inclinaciones hacia el mundo del arte, y era:
– Y usted que… ¿Va a vivir del arte?

Esa frase –acuñada en nuestra cultura– me acompañó por muchos años y resultó, que después se convirtió en un desafío y en parte de mi vida: Vivo del arte y desde que hice esa elección, mi vida ha cambiado sustancialmente para bien… Es más sosegada, más tranquila, más espiritual. Vivir del arte es una pasión, pero más que todo, una necesidad.

En el año 1987 conocí a *Amparo Garzón*, una extraordinaria mujer, también de mi tierra colombiana, una artista, con un talento único. Me apasionó su obra y me apasionó ella. Nuestro encuentro fue mágico. Nos casamos en una galería, donde ella justamente estaba exponiendo, e hicimos una fiesta bastante original, como sólo los artistas saben hacerlo. Desafortunadamente, por razones conocidas por todos (inseguridad, secuestros, guerrilla etc.), nos tocó abandonar nuestros terruños y nos fuimos a vivir a un país extranjero.

Ella es una persona extremadamente creativa. Me ha enseñado un sinnúmero de procesos espirituales, en los cuales me he involucrado, y eso contribuye a sortear con mi cotidianeidad y con la necesidad imperante de favorecer a otros artistas, y a todas las personas que necesitan y deseen ese soporte.

Durante estos 28 años que llevo involucrado en el mundo de las artes plásticas, me han sucedido muchos cambios, pero el principal, fue entregarme totalmente a la venta de piezas de arte. Dadas las circunstancias por las que pasaba mi esposa –algo que les sucede a muchos artistas y es la falta de estrategia para vender sus obras– tuve la necesidad de colaborarle en el mercadeo de su obra, y dejar mi carrera, como vendedor de otros productos.

¿Qué sucedió durante los primeros años?... Pasamos por muchas peripecias, al tener que bregar con las galerías y conseguir representantes y me convertí en su apoderado. Empecé a viajar mucho; asistí a exposiciones en diferentes países como China, Alemania, Suiza, España, Argentina, Venezuela, Canadá y otros países del Caribe y Europa.

Eso me hizo conocer ese ámbito y me esforcé hasta encontrar un punto de apoyo para manejar las circunstancias; porque he visto las falencias y vicisitudes por las que pasan los artistas y todos aquellos que tienen que ver con este rubro. Para eso, he logrado encajar la enorme cantidad de piezas de este rompecabezas y he armado varios proyectos, que me han dado mucha satisfacción, porque están encaminados a patrocinar a los artistas en la exhibición y promoción de su obra.

Durante la carrera de *Amparo Garzón* he organizado más de 80 exposiciones alrededor del mundo, incluyendo ferias, galerías, museos, en casas, centros culturales y el *modus operandi* es siempre el mismo: Lo que mueve el mercado son las relaciones públicas, bien estructuradas y hechas con mucho profesionalismo. Los errores que íbamos cometiendo, los íbamos corrigiendo en el camino.

El objetivo nuestro es hacer que su creación sea conocida en todo el mundo y lograr que muchas personas adquieran y se apasionen con coleccionar la obra de la artista.

VIVIENDO CON UNA ARTISTA
Vivir con una artista es un privilegio, como también lo es trabajar con ella. Dicen los adagios que los artistas están más cerca de Dios.

¿Por qué?... Porque el artista, como decimos nosotros, baja la información en banda ancha. Le llega transmisión directa y con mucha facilidad, para poder crear, dada su extrema sensibilidad.

Uno de los más grandes problemas por el que puede pasar un artista, justamente, es la falta creatividad, elemento imprescindible en esa carrera. Si carece de ella, sufre mucho, se altera y acude a otros medios, como drogas y licor. Pero he comprobado durante estos muchos años de experiencia, que la gran mayoría de artistas que tienen éxito, son muy disciplinados, espirituales, y con un alto sentido de responsabilidad y respeto por lo que están haciendo.

El vivir con una artista me ha dado la pauta también, para conocer más el entorno, en que ellos se mueven. Vivir con un artista es mágico, porque lo llena a uno de creatividad diaria. No hay aburrimiento, ni desesperanza. El artista que confía en sí mismo, siempre está creando y sabe que su obra va a alcanzar un buen término, que llegará a coleccionistas y será bien admirada. El hecho de vivir con una artista me ha dado el patrón para conocer la belleza de este mundo.

A veces, nosotros vivimos en procesos un tanto depresivos o no muy comprensibles. Pero, he notado que la magia de estar viviendo rodeado de recintos donde predomina el arte, les da tranquilidad a las personas, para que permanezcan más sosegadas y armónicas, y eso permite que las circunstancias operen mucho mejor para ellos. Por eso, digo que el vivir con artistas es mágico. No todo el mundo cuenta con esa gran satisfacción, y por experiencia personal, opino que ellos son sanadores.

Considero, que si este mundo fuese sólo de artistas funcionaría mucho mejor, porque habría más paz y armonía. El vivir con un artista nos empuja, a ser más recursivos, a crear nuevas alternativas; y en el caso mío, es lo que me ha dado el modelo para crear nuevas estrategias de mercado. He creado proyectos fascinantes, en los cuales he logrado llamar poderosamente la atención, atrayendo a muchas personas para que se unan más a este programa y he elaborado proyectos masivos en los cuales el arte resulta altamente provechoso.

El artista está llamado –y nosotros como proveedores de arte también– a promulgar que este se haga masivo y llegue a muchas más personas; que impregne a los que se relacionen con él, para que a través de su manifestación encuentren la paz y la armonía que deseamos todos.

En uno de los pasajes *Amparo Garzón* dice:
– *El arte sana. En verdad, el arte sana.*

El arte trae energías propias y mucha belleza a su entorno. En los sitios donde está instalado, se genera mucha quietud, armonía y paz. Por ello, es necesario que sigamos trabajando para que haya más arte en nuestros entornos. El mundo del arte se ha llenado, actualmente, de una gran cantidad de personas, que yo llamaría seudoartistas.

El arte no es solamente para observarlo, sino para vivirlo, para acondicionarlo al ritmo de vida, que tengamos. Por eso estoy impulsando muchos proyectos de arte a gran escala en las calles, donde el arte llegue al transeúnte, a la gente común de la calle.

PROYECTOS CREATIVOS DE ARTE
Los "Proyectos creativos de arte" tienen como objetivo, contribuir a que la mayoría de la gente tenga fácil acceso a él. Creé en el año 1995 el primer museo vial en la ciudad de Miami. Allí instalé siete murales gigantes, de 20x30 metros, en las paredes posteriores de edificios, adecuadamente iluminados para embellecer la muestra. Fue una donación para la ciudad de Miami, por sus cien años de vida. Este proyecto llegó muchísimo al transeúnte y fue visto y apreciado por millones de personas. Muchos de los noticieros, periódicos y revistas importantes le dieron promoción, entre ellos la revista *People*, *CNN*, y el *Miami Herald*.

Siempre he pensado que los museos y las grandes galerías son un poco elitistas, y mi concepto es que el arte es universal y me propongo hacerlo masivo. Seguí organizando proyectos como estos, y más tarde lo hicimos en la bella isla de *Puerto Rico*, donde instalamos murales en las partes subutilizadas de los edificios, en el área de *Isla Verde* lo que después se llamó *"la galería más grande del mundo"*, denominación hecha por la revista *People* en su edición de octubre del año 1995, donde destacaron esta iniciativa, dedicándole una nota de varias páginas.

Esta idea tuvo mucha aceptación, y nos dimos cuenta que la gente tiene una gran necesidad de observar arte en las calles, de palparlo... Luego llevé el proyecto a *Suramérica*, lo repetimos en la ciudad de *Quito*, en la calle *Naciones Unidas*. En el *Citibank* instalé también otros murales a gran escala; estos proyectos se fueron repitiendo en diferentes ciudades, donde tuvieron mucha aceptación.

Desde entonces, he estado reinventando conceptos nuevos, y –como dicen mis mentores Luis Eduardo Barón y Álvaro Mendoza– creando nuevas estrategias de mercado para que los artistas puedan mostrar y comercializar sus obras de una manera mucho más efectiva.

Ahora, residiendo en los Estados Unidos, sigo innovando, como por ejemplo, los *open estudios*. Trabajo directamente desde los estudios de los artistas y organizo allí mismo sus exposiciones. En ellas voy involucrando más al artista con sus clientes y coleccionistas, para que él cuente su historia, y nos explique –aparte de su obra– otros aspectos de su vida. Las personas que asisten tienen la oportunidad de conocer el hábitat creativo del artista y adentrarse un poco en su original modo de vivir. La vida de los artistas es tan rica e interesante, que a algunas personas les llama poderosamente la atención.

¿Con que fin hacemos esto?... Con el fin de mostrar la cara del artista, quien por lo general muestra su obra, y en este caso, mostramos que él tiene alma y una vida muy creativa. También es de vital importancia que las personas conozcan los pormenores de sus vivencias y para ello he creado una serie de videos que muestran su faceta oculta.

Estos proyectos creativos me han llevado además, a hacer exposiciones escultóricas en la calle, a crear nuevos programas de video y de entrevistas a artistas. Todo esto lo he hecho con miras a poder coadyuvar al mundo artístico, porque este, no es solamente de los artistas, sino también de los que comercializan, y adquieren las piezas de arte.

Siempre me han preguntado de qué manera podemos echarle una mano a quienes, eligen esta profesión tan aleatoria y nos brindan lo mejor de su talento creativo. La mejor manera de generar más producción, es comprándoles su obra, apoyándolos para que sigan trabajando. Conozco cientos de artistas que tienen arrinconadas muchas de sus obras, y no es fácil para ellos, porque empiezan a dudar de estar haciendo lo adecuado y a preocuparse de por qué la gente no adquiere sus obras.

Entonces, vuelvo y repito: sería oportuno que las personas, las grandes empresas, y las multinacionales invirtieran en los artífices de tanta belleza. Para ello estoy proponiendo a las grandes empresas que apadrinen de uno a diez artistas. El *apadrinamiento de artistas* es significativo, porque ellos se van a sentir protegidos, cosa que no sucede ahora.

Como *Art dealer*, representante de artistas, y ahora como *coach* de los mismos, me he dado cuenta de que ellos necesitan más protección, que les permita incrementar su creatividad. El artista a veces no tiene tiempo de crear, porque está dedicado a vender, y promocionarse –generalmente de forma incorrecta– y lo que yo siempre digo, él debe dedicarse a desarrollar su gran talento, pintar y producir. Otras personas, con las herramientas apropiadas son las que deben dedicarse a la comercialización de su obra.

Estas estrategias de mercado que estoy implementando, existen gracias a procesos que sigo con mis mentores, que me han enseñado mucho sobre el *marketing por Internet*. Siento que hay un gran nicho de mercado en los artistas, a quienes les hace falta entrenamiento para comercializar sus obras y creaciones. Para ello estoy haciendo un sinfín de plataformas, y espero con esto poder concretar mi misión de vida, que es apoyar a que los artistas consigan tener una mejor calidad de vida.

EL ARTE CAMBIA VIDAS

Todos, en nuestro transitar por la vida, creemos –como lo creo yo– que puede existir un mundo mejor, que todos vinimos a este mundo con una misión de vida. Siempre he pensado que mi misión es apoyar a los artistas. Por esta razón digo que el arte cambia vidas y las cambia para bien. Puede modificar sustancialmente la nuestra, pero en especial la del mismo artista, porque ellos son seres muy especiales. Tienden a percibir las cosas de una manera mucho más rápida y eficaz que los seres normales.

Por esa razón siempre estoy a su lado, prestándoles asesoría y consejos, que les aporten recursos que les ayuden a tener una vida más fácil.

Me considero una especie de *Mecenas*. A veces me digo a mí mismo que si hubiese sido un hombre extremadamente rico, mi fundación sería para favorecer a los artistas, porque he encontrado en ellos, mi gran *misión* de vida. Y espero poder seguir apoyándolos.

Pero lo más hermoso de todo, es que es una secuencia. Si yo ayudo a los artistas, ellos hacen un trabajo más creativo que va a redundar en beneficios para su grupo de trabajo y a su vez, van a sentir que el mundo está mejor.

Por eso invito a todas las personas y a quienes lean este libro, a que si tienen amigos artistas, los apoyen con un consejo, les den los recursos para que sigan creando, y produciendo, para que su economía sea más estable. Si compramos su obra, hacemos eso posible.

Yo considero que por intermedio del arte podemos lograr tener una humanidad más equilibrada.

¿Por qué digo que el arte cambia vidas?... Porque para el mismo artista, al exhibir su obra, ser más creativo y funcional, causa que la calidad de su trabajo sea superior y por ende tendrá más seguidores. La gente al deleitarse más, va a adquirirlas, y se cierra el ciclo ganador. Porque las pinturas se crean para ser expuestas y admiradas.

El comprador también tiene la posibilidad de modificar su vida, porque el poseer arte hace que su proceso energético sea más amplio. Por eso las grandes oficinas y corporaciones, adquieren arte, porque proporcionan a sus espacios más belleza y energía.

Cuando una obra se expone en una zona de trabajo, por ejemplo, crea un ambiente armónico que induce a creatividad y paz; con lo cual brotan y estimulan ideas novedosas en su equipo empresarial. Así que los negocios, los proyectos y la calidad de vida, se ven altamente favorecidos por el aura que emiten las obras de arte que estén a su alrededor, con su influencia benéfica.

También cambia vidas en cuanto a la creatividad personal. Alguien que está involucrado en un proyecto de arte se desempeña con mejores ideas, para modificar los patrones preestablecidos y adaptarse más a las evoluciones que ofrece este mundo cambiante.

Yo empiezo a creer, que el mundo está conformado por artistas y es para los artistas. Todos estamos capacitados para serlo, porque somos creativos en determinados momentos, donde queremos innovar con estética. Tenemos ganas de inventar algo en beneficio de la humanidad. O sea, que finalmente, todos tenemos algo de artistas.

Invito a todas las personas, a que estudien y se involucren más en el mundo del arte y de esta manera, vamos a contribuir para tener un mundo mejor.

MERCADO DEL ARTE
Durante estos 28 años de carrera, como *Art dealer, manager,* y *coach* de artistas, he llegado a comprender, que el mercado del arte tiene altas probabilidades para mejorar o desmejorar la vida de los artistas. Y para muchos, *vivir del arte* se convierte a veces en un caos o en una situación muy ingrata, porque no todo se vende.
No todo el arte está listo para comercializarse y eso, algunas personas no lo entienden. En el mercado del arte existen millones de posibles obras de arte, pero hay muchos artistas que les resulta difícil entender, que por diversas razones su obra no está lista para venderse.

Vamos a poner un sólo ejemplo. Hay artistas que pintan un cuadro a la semana, o que pintaron uno o dos cuadros al año y ya se creen artistas y quieren salir al mercado y vender sus obras a precios elevados. Nada más negativo y triste que eso. Porque en el mercado de arte hay una gran y diversa producción.

El artista debe adquirir maestría a través de una producción continua de obras, debe tener una disciplina diaria de trabajo como cualquier otra persona. Los grandes maestros tienen una disciplina de trabajo de 8 o 10 horas diarias que no fallan de lunes a viernes. A veces trabajan un sábado o un domingo, pero son gente supremamente disciplinada y tienen una gran producción.

Les recomiendo a los pintores, dibujantes, escultores y artistas en general, que si no tienen autodisciplina o si no disponen de mucho tiempo para perfeccionar sus técnicas, mejor se dediquen a otra cosa. Porque cuando un artista pretende ser profesional necesita producción, disciplina y estrategia.

¿Qué pasa con los artistas que sí tienen todo esto? Los que poseen estos componentes han creado una gran plataforma, empezando por su propia obra, y tienen éxito en su trabajo.

Los grandes artistas que han llegado al éxito son aquellos que trabajan mucho, tienen muchas obras expuestas en diversas galerías y, al mismo tiempo, tienen campañas y plataformas muy bien estructuradas. Es más, hay grandes artistas que ya han creado sus propias corporaciones y tan bien estructuradas como cualquier otro negocio, que tienen su gerencia, personal, secretaria, etc.

Es decir, que no solo se necesita un artista trabajando para crear una obra, nada es más lejano de la realidad. Hay pintores que pintan un cuadro y el seno de su familia lo quiere convertir en "el artista de la familia" al día siguiente, volverlo celebridad y ponerlo en el top.

Así sea con dinero o sin dinero, ese tipo de tácticas se caen solas. ¿Por qué? porque el artista tiene que tener consistencia, muchísima creatividad, ser productivo y disciplinado, ya que el mercado así lo exige.

Las grandes galerías ya no están promoviendo a los artistas que no tienen producción, porque para ellos no es rentable. La galería exhibe, pero también financia, y lo mismo nosotros, los *art dealers*, quienes invertimos en campañas publicitarias, transporte y todos los gastos que acarrea este negocio. Si el artista no está preparado, no es bueno que entre al mundo del negocio.

¿Qué sucede con todo esto?
Que hay una grandísima cantidad de seudoartistas o de personas que les llama la atención esta profesión, pero que todavía no están preparadas para enfrentar un mercado tan competido; con el tiempo se frustran, y terminan diciendo cosas como:
– ¿Por qué la gente no viene a mí?... ¿Por qué no vendo?... ¿Por qué la vida me trata de esta manera?...

Empiezan a maltratarse y muchos se afectan psicológicamente. Pero es que no tienen disciplina, estructura, ni buenos cimientos, elementos significativos en este medio y un cimiento que de verdad cuenta es la escuela. Es sumamente importante que el artista tenga formación profesional.

Hay muchos autodidactas, y reconozco que algunos son muy buenos, pero pocos llegan al gran éxito. Está comprobado que el artista que ha tenido éxito es el artista que tiene escuela, que ha ido a una universidad o que, al menos, ha hecho muy buenos cursos sobre diferentes técnicas y que se ha enrolado de lleno a esta profesión.

Por eso les dicen *Maestros*. Un *Maestro* es una persona que pasa 20, 30 años, trabajando en un mismo tema, en un mismo sistema, que compone, que crea algo a su alrededor y que crea un lenguaje propio, un estilo personal; que ha tenido al menos 10.000 horas de práctica en su arte.

Un artista que no tiene un lenguaje propio a veces sufre, porque va de tumbo en tumbo, y eso no es bueno para él, ni para el arte. Hay demasiados pintores haciéndole daño a los artistas.

¿Por qué digo pintores?... Porque hay demasiados pintores, pero pocos artistas reales. Y mi mensaje, va enfocado a todos.

Los videos y los cursos que estoy lanzando al mercado están especialmente diseñados para los que quieren ser artistas, porque les estoy estructurando toda una carrera, que va desde cómo organizar su estudio, hasta llegar a un mercado internacional, de subastas y museos.

En el mercado de arte existen varios factores importantes, pero el principal –y el que yo más aprecio y respeto– es cuando un artista tiene su propio lenguaje, único, exclusivo. Y por esa razón, ese artista triunfa.

VENDER ARTE
Me produce una gran fascinación vender arte. Cada vez que estoy frente a un cliente, esto se convierte en un reto para mí. Pero el desafío más grande es vender. Cuando vendo una obra, me lleno de alegría, porque sé que ese artista, va a tener iniciativa para seguir pintando. Va a sentirse estimulado, y por supuesto, va a vivir mejor, e inclusive va a seguir esmerándose por hacer pinturas de alta calidad.

Vender arte, no es una carrera fácil. Todos somos vendedores –como dicen en los seminarios que tomamos con frecuencia– pero vender arte es muy especial. He tomado cursos sobre ventas, donde he visto cómo venden seguros, carros, casas y muchos otros artículos tangibles e intangibles; sin embargo, vender arte requiere de ciertas técnicas muy sutiles, como tener buen sentido del humor y mucho conocimiento sobre la misma pieza de arte que estás ofreciendo, sobre los artistas en general y específicamente sobre el autor de la obra.

También hay que poseer mucho conocimiento sobre la vida,

porque el vender arte implica que uno tiene que explicar a su prospecto toda la historia del artista y su obra, y sobre todo, sugerirle que haga una buena inversión. Y debe intuir qué clase de comprador es.

Hay muchas personas que compran por el placer de colgar el cuadro, pero un alto porcentaje, lo hacen por invertir. En este momento el arte es una de las mejores inversiones que existen, siempre y cuando el artista sea bueno. Por eso se hace necesario conseguir un consejero que le ayude a elegir las mejores opciones o comprar con muy buen ojo, que ha debido ser adiestrado. Hay que enterarse de la técnica usada, la composición, el color, la armonía y los materiales con los que trabaja el artista.

Hay cientos de artistas que trabajan con materiales de mala calidad y por ende sus obras no tiene una buena vejez, se cuartean, se dañan, y son obras que no perduran. Es necesario que las obras tengan larga vida; por eso hay obras en museos importantes, de grandes maestros, como *Da Vinci, El Greco*, y otros, que sus obras permanecen a través del tiempo, porque fueron hechas con excelentes materiales. Las buenas tierras de oleos permiten que la obra dure muchos años, y eso la hace valiosa.

Hay otro tipo de clientes, que compran obras pensando en heredárselas a sus hijos, y que están haciendo una inversión a largo plazo. Pero el mercado de arte tiene muchísimas cosas más especiales… Es una sensación.

Este mercado es para personas que saben hacer buen uso de sus percepciones, porque definitivamente, mueve y trae sensaciones a los que participan en la negociación.

Si usted va a adquirir una obra de arte hágalo con una obra

que lo enamore, que le llegue al corazón, que le invada los sentidos y que le llegue al alma. Hay personas que pasan frente a una obra y quedan totalmente extasiadas. Esa obra es para esa persona.

Hay personas que tienen una grandísima sensibilidad para apreciar el arte, pero otras no la tienen. Para estas últimas, es este mensaje:
Cuando pasen frente a una obra de arte que los haga mirar dos o tres veces, esa obra es para usted. Es una obra que llamó su atención, que energéticamente está conectada a sus puntos de energía. Por eso es importante comprar con sensibilidad.

Como vendedor de arte, he creado muchísimas alternativas, porque, como lo dije en un principio, no es fácil. He andado detrás de millonarios en toda América Latina, y la vida del millonario pues, desde luego, es muy ocupada, entonces hay que frecuentar los lugares donde ellos suelen estar.

Vender arte implica tener cierto tipo de vida en el cual uno esté rodeándose de las personas que compran arte. Pero el vender arte también implica una situación muy importante, que es aprender a comprarlo.

¿Por qué?
Porque muchos de nosotros resultamos convirtiéndonos en marchantes de arte, porque es nuestro negocio comprarlo para luego revenderlo.

¿Qué sucede entonces?
Que vender arte es importante, haber hecho una buena compra, que nos permita utilidades que son el generador de más negocios. Por eso siempre recomiendo a los que les llame la atención esta actividad, que se estructuren mucho, antes de

empezar a comprar. Pregunten, aprendan, háganse amigos de un *Art dealer* o de alguien que conozca bien el tema y que los asesore bien.

Desde luego, que vender arte trae muchas más indicaciones y pormenores, pero en este corto tiempo que tengo para explicar esto, lo único que les puedo decir es que la magia de vender arte es maravillosa. Cuando se está cerrando un negocio y se le da un apretón de manos al cliente que adquiere una obra, las imágenes que pasan durante toda la transacción –que a veces dura cinco minutos y otras varias horas– son extraordinarias. Hay una corriente de adrenalina circulando por el cuerpo del comprador, como también por el del vendedor, que solo entiende, quien lo ha vivido.
Personalmente he estado en los dos estados, ¡y es maravilloso, maravilloso!...

Ve uno la cara de satisfacción del que adquiere la obra, o "ve" su propia cara de complacencia, que transmite un sentimiento especial cuando se cierra la venta. Pero lo mejor, es cuando uno le comunica al artista que ha vendido el fruto de su esfuerzo. El artista siente una energía mágica –según me han dicho ellos mismos– una felicidad tan grande que algunos sienten escalofríos. Y muchos dicen:
– ¡Ahora sí voy a pintar esto!... ¡Ahora sí voy a pintar aquello!... ¡Quiero seguir produciendo!

Por eso recomiendo, a quienes lean este libro y que compren arte. Este puede ser de poco, mediano, o alto precio, pero hacerlo, es la mejor asistencia que se le puede brindar al artista, al intermediario, al mercado del arte, pero, sobre todo, puede ser lo mejor que suceda en tu propia vida.

¡Compre arte!... El tener obras de arte en su casa le armoniza, le sensibiliza y le involucra en un sistema que crea una corriente económica favorable para todos los involucrados.

AYUDA A LOS ARTISTAS
En estos momentos, es mi gran deseo enfocarme en sensibilizar a los seres humanos con los que me relaciono, a despertar una conciencia de apoyo a los artistas. Es de vital importancia, transmitir este mensaje, porque todos debemos ser mucho más creativos. Si contribuimos con pintores y escultores, desde luego, que el mundo va a ser mejor, y al final, se revierte ese caudal infinito de arte, enriqueciendo nuestros espacios vitales.

He preparado algunas ponencias, en varios de los seminarios o congresos de arte a los que he asistido, en ferias y museos; y he llegado a la conclusión de que los seres normales, que no son artistas, tienen un papel importante en poder cooperarles a ellos, a incrementar su creatividad, su producción, y a que sus carreras sean mucho más fáciles. ¿Por qué?

Porque los artistas plásticos, que han estudiado en la Universidad o los que son autodidactas, se sumergen demasiado en su obra y no se ocupan, a veces, de producir para cubrir sus propios gastos mínimos. Entonces, muchos de ellos pasan por muchas vicisitudes.

Y para ello, siempre he propuesto que los que podamos hacerlo, les apoyemos apadrinándolos, aconsejándolos, y dándoles un soporte social.

Hay artistas que me piden colaboración. Yo les animo a arreglar su estudio, a orientarlo con ideas, les induzco a que organicen su producción y siempre les recuerdo que tengan auto-disciplina. Ellos muchas veces buscan colaboradores, y uno mismo puede ofrecerse como tal. Por eso, es de vital importancia que todos auspiciemos a quienes trabajan en creatividad, en este caso, a los artistas.

¿Cómo?... Haciéndoles difusión, hablando más de arte, estimular a que en sus reuniones sociales entren de manera frecuente temas relacionados con el arte, comentar sobre un artista que conocieron, contarles que visitaron su estudio y de las obras buenas que ha hecho.

Esa es una labor muy importante, que las personas vayan al estudio de los artistas, que los conozcan. Pídanle una cita –a ellos les gusta enseñar su estudio– llámenlo y díganle que quieren conocerlo y ver su obra, *"quiero ver tu trabajo, me gustaría mucho conocerte"*. Tal vez no le digan que van a comprarle, pero es importante que el artista vea que hay personas que están interesadas en él.

Para la empresa privada, por ejemplo, apoyar a los artistas, es algo supremamente fácil, porque la empresa privada, aparte de adquirir las obras, puede patrocinar proyectos mancomunados. El proyecto mancomunado consiste en que el artista le hace publicidad a la empresa durante sus exposiciones, inclusive se instalan *banners* y publicidad de la empresa.

Ese es un proyecto que estoy tratando de sacar adelante, porque la empresa privada apoya a deportistas, apoya a golfistas, a futbolistas, a gente de diferentes áreas, y tiene que llegar al momento en que la empresa privada apoye a los artistas para que ellos puedan crear proyectos. Porque un proyecto de arte a veces requiere de mucha inversión.

Hay artistas que al hacer proyectos escultóricos millonarios, de instalaciones o de pintura, requieren una gran inversión. En estas propuestas yo sugiero que la empresa privada haga una contribución, y que al mismo tiempo, se compense haciendo una publicidad ligada al evento del artista.

Lo mismo se puede hacer en las ferias, porque son muy costosas. Estoy tratando de que la empresa privada apoye el presupuesto de las ferias. Hay ferias donde se paga de 10.000 a 70.000 dólares por un lugar y es necesario que la gente sepa que a veces el mismo artista es el que invierte el dinero para asistir a estas ferias.

No tanto a veces las galerías como se cree, hay muchas galerías que sí lo hacen, pero hay otras que obligan a los artistas a pagar su propio espacio, entonces a última hora todo el mercado de arte está apuntalado sobre el mismo artista. Por eso en este segmento es importante escribir que el artista requiere patrocinio constante.

Los artistas a veces no tienen ni un seguro médico; ellos no trabajan para el gobierno o para alguna institución, así, que es necesario brindarles asistencia.

Hay muchos que ya empiezan a vender su obra en precios altos, se hacen muy ricos y a veces se olvidan que pasaron por ese camino y relegan a los artistas más pobres. Pero es necesario concientizarse, de que en este mundo donde queremos hacer belleza, es necesario que ayudemos a los que la producen. Y los que hacen belleza son los artistas, los creativos.

Es importante mantenerlos en buen plano. En este mundo en el que estamos ahora donde un jugador de fútbol o un jugador de básquetbol cuesta miles y miles de millones, no hay equidad, cuando al artista en muchas ocasiones, le regatean (piden descuento) sobre el precio de una obra. Al pedir la rebaja, el comprador le dice que le compra, pero en ese precio que él está poniendo. Eso es minimizar la creatividad de una persona.

Por eso el artista a veces crea un resentimiento y pone barreras entre las personas y su arte, deja que el mercado de arte funcione solo y se aísla.

La gran mayoría de artistas famosos deciden aislarse porque el mercado no es muy grato, hay subastas en las que se han vendido las obras por millones de dólares y el artista ha percibido una mínima cantidad. Por eso siempre he apoyado una idea que me dio un amigo –y que la estamos tratando de llevar a cabo–. Es una gran idea y consiste en que el artista siga percibiendo regalías sobre la obra hasta segunda, tercera, cuarta, quinta, sexta o décima venta.

¿Por qué?
Porque el artista al obtener regalías considera que la obra valió la pena hacerla. Pero en casos como los que yo frecuento con mucha fluidez –que son las subastas de Nueva York, en mayo y en noviembre– subastas como *Sotheby's* y *Christie's*, donde las obras son subastadas a precios astronómicos y el artista la vendió hace años, por precios muy irrisorios... ¿Quiénes están ganando?... los intermediarios.

Por eso las grandes empresas compran arte, para poderlas rematar después y obtener grandes ganancias. Sería muy fructífero si algún gobierno se apiadase –no sé si esa palabra exista en su vocabulario– del artista y emitiera leyes mucho más precisas y satisfactorias para los artistas. Una ley que promulgue que el artista puede recibir regalías después de vender su obra. Porque el artista se siente frustrado cuando ve sus obras vendidas a precios exorbitantes, pero él no ha recibido ni ha percibido en la mayoría de los casos ni siquiera un 5 o un 10 por ciento del precio por el cual vendió su obra.

Creo que este subcapítulo de Ayuda a los Artistas, tenemos que pensar en todos estos aspectos, y pensar que la mejor manera de proteger a un artista es adquiriéndole su obra.

TODOS PODEMOS SER ARTISTAS
Sí, eso es verdad. Todos, dentro de nosotros, tenemos creatividad y tenemos esas ganas de hacer algo con nuestras manos, de producir alguna obra estética, que nos aliente, que nos ayude y que nos relaje, sobre todo.

Actualmente existen muchas terapias con arte, creadas por varios artistas. Pero, en especial, un estudio por *Amparo Garzón*, desde hace varios años, adonde ella se volcó totalmente en el *HealingArt*, que no es más, que una sanación hecha por nosotros mismos, donde hacemos arte y logramos un estado de bienestar holístico que beneficia nuestra salud mental espiritual y física.

Está comprobado, por ejemplo, que las personas que hacen cerámica, que amasan la arcilla, que trabajan la tierra, son extremadamente sensibles y relajadas, además de convertirse en seres muy espirituales.

– ¿Cuál es la razón? –
El estar en armonía con la arcilla y amasar el barro permiten que la persona tenga sensaciones, desde sus dedos hacia adentro, hacia el corazón, lo que provoca una relajación considerable. Por eso digo, que todos podemos ser artistas si enfocamos nuestra vida hacia un aspecto mucho más espiritual, para estar más relajados y tranquilos. Especialmente los banqueros, los médicos, abogados –y todos los que lleven una vida agitada y agobiante– deben acudir a terapias de arte, buscar instructores que les enseñen procesos creativos de *HealingArt*, que les mantenga más equilibrados.

Está comprobado que la mejor terapia para sanar el espíritu es hacer arte, le prometo que cuando usted aprende cómo hacerlo, los beneficios se verán cuanto antes y eso nos permite un trasegar más armónico.

Y al tener un mundo más relajado, vamos a evitar la violencia, los conflictos dentro de nosotros mismos y a gran escala; es por eso que recomiendo que las personas se involucren más en el arte. Al estar involucrados –no solamente observándolo de manera pasiva, sino también haciéndolo– nos mejora el estado general de nuestras funciones y nos alinea para ser más productivos también. Nuestras ideas se armonizan y podemos trabajar mejor en cada uno de nuestros campos individuales.

Todos tenemos la capacidad de ser artistas también, porque si usted, como yo, tenemos una habilidad y la podemos explotar o recrear una, dos, y muchas veces más, eso hace que nuestra mente se relaje. Por eso los budistas hacen *mandalas*, y mucha gente hace meditación. La meditación es un gran proceso de relajar la mente para ser más creativo.

En los videos creativos que tenemos en nuestro programa, algunos son creados por *Amparo Garzón*. Estos videos van directo a hacer que la persona aquiete su mente, se relaje y empiece a crear. Esto implica crear cambios mágicos dentro de su propia vida, a crear buenos negocios, nuevas alternativas y buenas obras de arte.

Recientemente se dictó un seminario sobre creatividad. Estos seminarios son importantes para todo tipo de personas, porque todos queremos usar la creatividad para mejorar nuestras vidas, estar relajados, tranquilos y armónicos.

Si en el mundo todos nos expresáramos como artistas, este

mundo sería diferente. Siempre digo estos proverbios, porque una manera de cambiar este mundo y hacerlo más pacífico es involucramos más con el arte. Y ustedes lo pueden hacer muy fácilmente. Con el simple hecho de empezar a meditar, a relajarse, ya su mente está haciéndose más creativa. Ahora, si usted asiste a los seminarios, o conferencias de varios de los artistas que están trabajando *HealingArt*, esto le abrirá mucho más las puertas para explorar su creatividad.

Yo lo invito, amigo, por intermedio de este libro a que usted tome pautas en su propia creatividad, y armonía de vida, lo cual le traerá mucho más éxito, paz, y nos hará más sensibles. Entonces, ahí si podremos decir que "todos podemos ser artistas".

EL ARTE Y LOS NEGOCIOS
El arte está vinculado a cualquier tipo de negocios. Es más, hay que tratarlo como un negocio convencional. Por eso, buscando asesoría de mis mentores y especialistas en el arte, he llegado a la conclusión de que este ámbito –para que esté mejor planificado– tiene que existir una correlación estrecha entre los artistas y los vendedores.

Nosotros los vendedores planificamos estrategias y los artistas crean la obra. Es como un matrimonio, tiene que ser muy fluido y responsable. Tiene que ser llevado al éxito total en otros aspectos, en la calidad del arte y en la calidad de las ventas. Por eso, para terminar este capítulo, deseo dejarles varias acotaciones e ideas para que todas las personas que lo lean, tengan a bien preocuparse y concurrir más al mercado y al mundo del arte, el cual encontrará una retribución estupenda. Yo lo llamo una retroalimentación. Cuando usted contribuye con alguien ese alguien, de una u otra manera, lo gratifica a usted.

Yo soy Roberto Preciado, he trabajado por más de 28 años en el mundo del arte. Mi e-mail es *robpre@hotmail.com* , y mi página web: www.robertopreciado.com , mi Facebook es: Spiritdelart Galería, mi otro correo por donde suelo hacer los *hangouts* es spiritdelart@gmail.com

Estoy dictándoles webinarios a algunos artistas. Les estoy asesorando en todo lo que más puedo, trasmitiéndoles los conocimientos que he adquirido durante todos estos años de experiencia en el rubro, pero además, les estoy haciendo un *coaching de vida*; porque el artista, es un ser humano que pasa por una serie de circunstancias, en las cuales necesita asistencia, hasta para pintar, para sobrevivir, para estudiar. Por esa razón es que estoy pretendiendo, más adelante, crear una Fundación de ayuda a artistas en la cual todos ustedes, amigos de la Internet, me pueden colaborar.

Sigan en contacto conmigo en estas páginas que les di, y puedo asesorarlos. Si tienen un amigo artista, o alguien que desee mis sugerencias y conocimiento, denle mi dirección. Viviendo en Nueva York, puedo obtener recursos que beneficien a cientos de artistas en Latinoamérica, –desde Argentina hasta México– para que puedan programar exposiciones aquí en los Estados Unidos.

He organizado muestras en diferentes centros culturales, galerías, museos, y deseo seguir comprometido con esta causa, hasta que mis fuerzas den lo máximo. Para ello es necesario que se hagan seguidores de la página: www.robertopreciado.com ; al hacerlo, pueden hacerme preguntas, vinculadas al mundo del arte, al mercado del arte, y trataré de responderles en todo lo que sea posible. Al momento de registrarse e inscribirse en mi página, automáticamente los artistas tienen derecho a una curaduría gratis y a un *Hangout* de 30 minutos donde me muestran su obra y les hago un análisis del potencial que tienen, incluido una asesoría legal sin costo.

Como lo dice este segmento del Arte y los Negocios, recomiendo a todas las personas que leen y que se interesen por mis temas, tratar de ver el arte también como negocio, que hasta cierto punto es muy lucrativo y que si usted compra una obra de arte está haciendo una buena inversión a corto, mediano o largo plazo.
Pero, todos estamos, estaremos o queremos estar involucrados, de una u otra manera en el arte…

¿Cómo lo hacemos?
Como les dije anteriormente, tratando de asistir a eventos de arte, a exposiciones, a los *open estudios* –que están muy de moda– leer mucho sobre arte, esto sensibiliza y le da una visión hermosa de la vida. Pero lo más grato es prestarles colaboración a los artífices de esa belleza. Visitar sus estudios y aportarles ideas novedosas que los estimulen a seguir produciendo más y cada vez mejor.

A veces las personas dicen:
—No, yo no voy a esa exposición, eso es muy aburrido.
Es importante hacer presencia. Estar en el evento, que los artistas lo vean, que lo conozcan a usted, y usted a ellos es de valiosa utilidad para su autoestima.

Es decisivo que visite el estudio de un artista de su preferencia. Quizás nunca haya imaginado que tan relevante pueda ser este pequeño gesto, que además le resultará un programa bastante divertido. Ya lo dije antes. Porque esto incentiva y anima a ese ser que brinda su talento a través de sus obras.

En este segmento de Arte y los Negocios quiero que usted

tome conciencia, de que todas las personas como médicos, abogados, arquitectos, empresarios etc. Tienen un artista adentro, que florece, cuando apoya a los que tuvieron el coraje para elegir esa profesión.

Dentro de pocos días estaré sacando mi libro personal, que trata sobre Ayuda a Artistas. Es un compendio de diez temas largos donde, paso por paso, los asesoro y les enseño algunos secretos para ser reconocidos y exitosos.

En estos videos, tutoriales, enseñaré desde la organización de un estudio hasta vender arte en las grandes galerías, en las subastas y en las ferias de arte.

Son diez temas fascinantes que usted podrá adquirir por Internet, por medio de mis asociados o en mi página web.

Este libro se estará lanzando a finales de año y deseo que también lo adquieran. Quiero darles las gracias a mis mentores, a todas las personas que me han apoyado, para que este sueño se haga realidad, en especial a mis amigos "Los Maestros de Internet" y "Celebridad Instantánea", Luis Eduardo y Álvaro ya que he asistido a varios de estos seminarios y son muy motivadores. Aquí en Nueva York tienen un amigo que siempre estará dispuesto a colaborarles.

Por eso digo que el arte y los negocios están juntos, y cierro este capítulo diciéndoles que por amor al arte se pueden hacer muchas cosas, se puede llegar lejos y también obtener muchas ganancias, como también beneficios espirituales, sociales que favorezcan a esos seres especiales que son los artistas.

Les habló Roberto Preciado desde Nueva York, y ha sido un placer para mí poder compartir todos estos pequeños conocimientos.

Muchas gracias
ROBERTO PRECIADO
E-mail es *robpre@hotmail.com* y spiritdelart@gmail.com
Página web: www.robertopreciado.com
Facebook 1: Spiritdelart Galería, Spirit del Art, Roberto Preciado

"Lecciones Que Cambian Vidas"

Por Rosa María Moreno Velasco

INTRODUCCIÓN

En mi pasado libro "TE LO TENGO QUE DECIR" escribí sobre lo vivido en mi trayectoria profesional, tomando como base los momentos más importantes por los logros alcanzados, pero también incluí las experiencias más desagradables porque me sorprendieron, nunca imaginé vivirlas.

Escribiendo se me acabó el libro y nunca comenté qué había aprendido de lo vivido, me llama mucho la atención que las más grandes e importantes lecciones las adquiero cuando estoy atravesando los momentos más complicados.

Me traslado a mi pasado y reviso los hechos desagradables y procedo a preguntarme ¿Qué debo yo aprender de esto? ¿Qué estuvo en mis manos hacer que no hice? ¿En qué momento me perdí y por qué?

Así que haré todo lo posible por compartir contigo lo descubierto después de haberme hecho las preguntas anteriormente comentadas y es importante mencionar que las lecciones aprendidas no son únicamente en eventos de mi vida en el campo profesional, sino en el día a día en mi vida.

También quiero decirte que el hecho de tocar fondo es una gran ventaja porque te queda la tranquilidad de que peor ya no te puede ir, únicamente queda el ver hacia arriba y planear de qué manera vamos a dar el salto para salir del hoyo y brincar tan alto que alcancemos una estrella.

Nada sería mejor para mí que poderte dar algo que te ayudará a mejorar tu calidad de vida, a ser feliz y vivir plenamente.

LECTURA
Ante cualquier evento desagradable mi mecanismo de defensa, mi escape, es ponerme a leer lo cual es un vicio en mí, Dios se comunica conmigo a través de los libros porque el libro que tome es un libro que me hablará como si me estuviera dando respuestas a las preguntas que me hago e ideas sobre qué hacer o cómo atravesar la situación que estoy atravesando.

SOMOS UNO
Somos tan parecidos, buscamos las mismas cosas, deseamos lo mismo para nuestros seres queridos, para los demás habitantes en el mundo, nos duele igual la tragedia en cualquier país que en el nuestro.
¿Sabes por qué? porque "SOMOS UNO" nada en el universo surge o existe de manera independiente; todo está interconectado en una red increíblemente compleja de causa y efecto.

COACH
Me conseguí un "COACH" que me acompañará en el camino de mirar hacia el cielo y mi deseo de alcanzar las estrellas. Trabajamos tan arduamente que en el camino encontré la misión de mi vida, algo que siempre había buscado. Aprendí que los milagros existen.

MOTIVACIÓN
Encontré la auténtica motivación, la cual es la que surge del fondo de mi ser, y por ser interna y característica única, se genera ininterrumpidamente, dotándome de energía y fuerza,

traduciéndose en desbordante entusiasmo. ENTUSIASMO = DIOS DENTRO DE TI.

VICTIMEZ
Hay momentos en los que nos sentimos tan mal, victimizadas, desmotivadas, agredidas, maltratadas, que llegamos a pensar que Dios se esconde de nosotros, relájense, Dios está en nosotros, de hecho ahí vive.

DISCIPLINA
Me tuve que disciplinar. Disciplina es: hacer lo que hay que hacer, a la hora que es necesario hacerlo, cómo hay que hacerlo, te guste o no, quieras o no, tengas ganas o no.

COMUNICACIÓN
Lo que pienso y lo que creo conforma mi realidad y mis pensamientos determinan mi vida. Si lo crees lo creas. Cuando aprendí esto cambió mi vida porque comencé a vigilar mis pensamientos, mi diálogo conmigo misma y mi comunicación con los demás, dejé de escuchar noticieros por las noches, me alejé de la gente negativa y efectivamente comencé a crear lo que creo.

AUTOESTIMA
Yo me amo, me valoro, me respeto, me acepto y me apruebo tal como soy.
Elijo cuidadosamente lo que leo.
Pongo cuidado en lo que escucho.
Estoy muy al pendiente de mis pensamientos.
Vigilo si lo que estoy haciendo me va a llevar a donde quiero estar.
Estoy atenta de mi estado de ánimo.
Me mantengo siempre enfocada en mi meta.

MODIFICACIÓN DE PENSAMIENTOS
El hombre es capaz de cambiar sus resultados cuando modifica sus pensamientos.
Aprendí que somos el resultado de nuestros pensamientos.
Que nada pasa en mi vida en lo que yo no esté involucrado, en lo que yo no tenga nada que ver.
Que todo lo que me sucede de una manera u otra yo me lo genero.
Sí, igual que tú, me llené de pánico al saberlo, todavía sin entenderlo me dije "Yo no me atraje el hecho de encontrarme en seis ocasiones con la delincuencia".
Y creo que para no sentirme tan mal me dije a mí misma, que no era cierto que yo me había generado la vida de infierno en la que me encontraba.

INVESTIGUÉ Y ESTUDIÉ
Me enteré de que mis pensamientos se convierten en palabras y las palabras generan realidad.
Comencé a cuidar lo que pensaba, lo que decía, aquello que escuchaba, por lo que no volví a encender el televisor, principalmente por las noches, para no escuchar nada negativo, durante el tiempo que está destinado para restaurar mi cuerpo, en cada una de sus partes.
Escuché audiolibros con meditaciones dirigidas.
Me puse a analizar qué pensamientos, creencias y patrones de conducta me habían llevado a la situación por la que estaba atravesando, ya que si no los descubría sería fácil volverlos a repetir.

APRENDÍ A RECONOCER MIS PROPIOS LÍMITES, AÚN LOS MENTALES:
Inseguridad
Impotencia
Inferioridad

Desconfianza
Indiferencia
Resignación.
Sólo entonces reconocí que había tocado fondo, así que ya no me quedó de otra, más que mirar hacia el cielo y pararme firmemente en el suelo para brincar y alcanzar las estrellas.

A LO LARGO DEL DÍA, APROVECHÉ TODA OPORTUNIDAD PARA DECIR:
Lo siento
Perdóname
Te amo
Gracias
Estas palabras fueron sanando mi vida.

PRACTIQUÉ EL NO DECIRME:
"DEBERÍAS DE", "TENGO QUE" Y DEBO DE"
Estas frases hacen que mis acciones, especialmente las que me cuestan más trabajo, tengan mucha más carga. Es decir, que sean más pesadas para mí.

QUITÉ DE MI VOCABULARIO LAS PALABRAS:
"TRATAR" Y "NO"
Ambas no son claras para el cerebro, por lo que si escucha tratar, no hace ningún esfuerzo por lograr porque piensa que es igual que se logre o no. Y las frases que inician con un no, el no, no lo entiende, entonces lo omití: "No voy a fumar", quita el no y entonces fumo más que cualquier otro día, pues la orden es: VOY A FUMAR.

ME ESFORCÉ POR QUITAR DE MI VOCABULARIO:
Imposible
Haber sí
No puedo.

APRENDÍ QUE NOSOTROS NO VEMOS EL MUNDO COMO ES EL MUNDO, LO VEMOS COMO NOSOTROS SOMOS:

A ello se debe que las opiniones de la gente que nos rodea, sean tan diferentes a lo que nosotros pensamos, opinamos y expresamos porque depende mucho de:
Nuestra educación.
El Ambiente familiar en el que nos desarrollamos.
El medio cultural en el que crecimos.
Las experiencias por las que hemos pasado.
Importante observar los hechos, para que mis juicios y opiniones fueran más exactos.

ACTUAMOS EN BASE AL GUIÓN QUE NOS DIJERON DEBEMOS DESEMPEÑAR:

Empleado, propietario, profesionista o técnico, político o directivo, estudiante o deportista, jornalero o campesino, casado o soltero, pobre o rico, joven o viejo, todos estos esquemas de tipo social te han creado una máscara, una coraza, lo que piensas que cuenta es el subsistir, sobrevivir lo mejor posible:
Un solo interés… el propio
Un solo punto de vista…el tuyo
Un solo objetivo… el individualista
Los demás no importan, debes:
Aplastarlos
Humillarlos
Usarlos
Etiquetarlos
Aniquilarlos.

Aprendí a quitarme las máscaras que tuve que usar para ser aceptable a los demás, pareciéndome a ellos, pensando como ellos, haciendo lo que ellos hacen y buscando lo que ellos buscan, para ser yo en mi esencia sin importarme lo que los demás deseen, piensen que es correcto, les parezca o no.

Somos seres energéticos, por lo que nos movemos y vibramos en base a la energía que despedimos, de acuerdo a nuestras emociones y creo que de esto nace aquello que escuchamos de: "¡QUE BUENA VIBRA!".

Estoy llena de energía, pero cada vez que me siento triste, me molesto, me desgasto discutiendo, me defraudo a mí misma, se me va minando la energía, después de ir drenando la energía, gota a gota ¿con qué energía me quedo para trabajar y hacer realidad mis sueños? Aprendí a no tener círculos abiertos y principalmente a darle a todo su valor ya no me engancho por cualquier detalle.

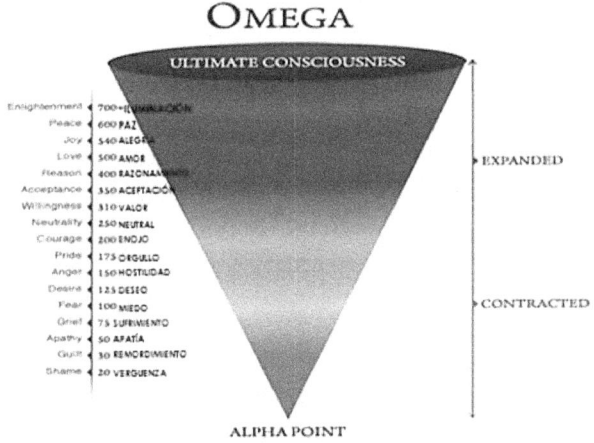

Si somos seres energéticos y vibramos en base a la emoción que tenemos en cada momento, imagínate ¿qué puedes lograr deseando, pidiendo, anhelando, desde tu emoción de vergüenza, remordimiento o apatía? Atraerás más de lo mismo. Para que cualquiera de tus deseos se realice de la mejor manera debes hacerlo desde tu emoción neutral hacia arriba y así todo se te va a hacer realidad como lo soñaste.

Cuando las cosas te salen al revés de como las has deseado, aunque hayas hecho todo bien. Lo que sucede es que lo has hecho desde tus emociones bajas, desde la ira, enojo, decepción, frustración y el resultado de lo que obtienes es consecuencia de tu emoción.

Prueba a colocar tu emoción neutral y hacia arriba y verás cómo los resultados que obtienes van a resultar muy similares a lo que de tus acciones esperabas.
Antes de emprender cualquier acción revisa en qué emoción te encuentras y desde la mejor emoción inicia todo para que te salga bien.

LOS CUATRO ACUERDOS DE LA SABIDURÍA TOLTECA
No supongas
Honra tus palabras
No tomes nada personal
Haz siempre lo mejor
Cuando tu filosofía de vida está basada en los cuatro acuerdos, tu vida toma una magia especial, porque todo parece mucho más sencillo, imprimiendo un sello muy especial a todo lo que realizas.

EL QUINTO MANDAMIENTO: "EL AMOR"
Una de las emociones más plenas y estimulantes para nuestras vidas es el amor, la fuerza de fuerzas, el antídoto que cura y nos salva de cualquier situación por difícil que esta sea.

EL AMOR A:
Las plantas y animales
A tu tiempo y a tu espacio
Tu trabajo y actividades diversas
Tus amigos, vecinos y semejantes
Tus habilidades, talentos y distracciones
A los momentos de placer y descanso
A tu familia, padres e hijos
El anhelo mismo de la vida
Tu pareja.

APRENDÍ QUE EL AMOR SURGE COMO RESULTADO DE ENFRENTARME, VIBRAR Y RECONOCER:
Tu soberbia
Tu prepotencia
Tu vanidad
Tus complejos
Tus miedos
Tus traumas.

"La prepotencia te hace fuerte por un día. La Humildad para siempre".

Una persona negativa y pesimista definitivamente no sabe amar, ya que confunde el amor con el egoísmo, posesión y mediocridad.

ES NECESARIO DAR PARA RECIBIR

El pasado ya pasó y el futuro todavía no llega, vive por favor en el presente, ya que tu único momento de poder es el ahora. Deja de mirar al pasado, vive el presente y crea tu futuro.

Las personas que no toman la responsabilidad de su vida se la pasan dando explicaciones tranquilizadoras:
Dejo la responsabilidad afuera
Soy inocente
Me convierto en víctima
Todo es externo a mí
Mato mi poder de acción
Comportamiento incompetente.

Las personas exitosas
Asumen la responsabilidad
Reconocen su poder
Son protagonistas de sus acciones
Construye los cómo si
Pasan a la acción
Son respons (h) ables.

Aprendí que mis pensamientos se convierten en palabras y mis palabras crean mis acciones.
Soy consciente de mis pensamientos, porque cada pensamiento que tengo está creando mi futuro.

"Si lo crees lo creas"
Define lo que deseas, coloca tu intención y pon tú enfoque en ello, estos dos conceptos juntos, crean un efecto de rayo láser, sobre tus deseos, sueños y anhelos.
Aquello en lo que te enfocas crece.

INTENCIÓN Y ENFOQUE

Pon tu cuerpo, mente y espíritu en aquello que deseas lograr, no te distraigas, no te pierdas, no pienses en otras cosas.

Únicamente una cosa es importante, tú sueño.

Cuando tu vida no va bien como tú lo deseas, mucho depende de las voces que te hablan, lo que te dices, aquello que te dijeron tus papás, maestros, las personas adultas que te rodeaban y te dijeron cosas, información que fue almacenada por tu cerebro. La información, la sacas a la luz cuando tú tienes planes, si te fijas en las voces, vas a identificar perfectamente a tus padres, maestros y demás personajes.

LAS AFIRMACIONES

Para que no lleguen a mi mente pensamientos negativos, me pongo a decir afirmaciones:

"Me amo y me acepto como soy"

"Todo lo que necesito saber, siempre me es revelado

"Todo aquello que necesito viene a mí y lo recibo en el momento oportuno"

"Siempre tengo clientes maravillosos".

"Tengo el privilegio de conocer seres humanos extraordinarios"

"Cada día estoy mejor y mejor"

"Soy feliz, exitosa, poderosa, soy líder"

"El Señor es mi Pastor, nada me falta".

EL AGRADECIMIENTO:
Cuando comencé a dar gracias por todo lo que tengo, me di cuenta de lo rica y privilegiada que soy, porque cada día al agradecer, salen a la luz más cosas por las que no había dado gracias y me doy cuenta que tengo mucho y me ocupo de lo que tengo y no en lo que me falta y curiosamente cada día llegan más y mejores cosas a mi vida.
Si no eres feliz con lo que tienes, tampoco lo vas a ser cuando llegue lo que según tú te falta.

SUBIENDO LAS EMOCIONES
Sube tus emociones para que tus pensamientos los materialices y recuerda que desde las emociones de bajo nivel no vas a lograr los resultados que deseas. Realiza lo que te gusta, escucha la música que te agrada, comparte con tus amigos. Todo ello son ejemplos de acciones que te suben las emociones.

PARA LLEGAR A DONDE DESEAS ESTAR
Es muy importante trabajar todos los días a efecto de acortar la brecha que se encuentra entre el lugar en el que estás y el lugar al cual deseas llegar. Por pequeña que parezca la acción, no dejes de realizarla, porque de acción en acción vas haciendo realidad tu sueño.

CUIDADO CON LO QUE PIENSAS, PORQUE EL UNIVERSO ÚNICAMENTE SABE DECIR: ¡TUS DESEOS SON ÓRDENES!

EXISTEN LEYES QUE LO SEPAMOS O NO FUNCIONAN, AL IGUAL QUE LA LEY DE LA GRAVEDAD QUE LA EXPERIMENTEMOS O NO, SABEMOS QUE EXISTE.

Hay una ley de vida, cruel y exacta, que afirma que uno debe crecer o, en caso contrario, pagar más por seguir siendo el mismo.

Quien no quiso cuando pudo, no podrá cuando quiera.
La oportunidad siempre está presente. Aprovecharla o luchar contra ella depende de la disposición a creer y evolucionar.
Lo que hoy no se valora… en un futuro se lamenta.
Las personas que más nos critican siempre son las que tienen más defectos.

SIEMPRE TENEMOS DOS OPCIONES, TU ELIJES:
Tenemos la libertad de elegir si la pasamos bien o vivimos continuando siendo víctimas de las circunstancias.
Nada es casual y todo llega a nuestras vidas por algo, lo importante es descubrir qué oportunidades se nos presentan, detrás de la gran problemática que atravesamos.

Aprendí a utilizar la palabra **OPORTUNIDAD**, en lugar de **PROBLEMA** oportunidad es algo que todos deseamos y que todos esperamos con entusiasmo, cuando comencé a hablar diferente lo que de la vida recibí, fue muy diferente también.

No fue posible aprender con profundidad leyendo, mirando u observando las experiencias de otros. Sólo pude aprender cuando sentí dolor, un dolor físico, emocional o económico. Así como en la escuela, la vida te hace exámenes. Si no aprendes la lección, te la repite.

Yo elijo salir y decirles a las personas que como yo, están viviendo en los infiernos, a decirles que ya no hay nada de peros, al contrario, de aquí en adelante viene lo mejor.

Quiero comunicarte, transmitirte y compartir contigo paso a paso, que lo que he hecho, ha sido lo suficientemente bueno para salir adelante y cambiar mi vida para dejar atrás la muerte alcanzando la vida plena.

Ajusté mi autoestima, en cuerpo, mente y espíritu, pensando que cualquier actividad que emprendiera, todo saldría bien.

Vigilé mis pensamientos para que todos ellos fueran únicamente positivos, el atrás había quedado en el pasado y lo único importante eran las lecciones aprendidas. "No tienes que herir para enseñar, y no tienes que ser herido para aprender".

Todos los días dediqué una hora a cerrar los ojos, colocándome en una emoción superior a la neutral, visualizar mi sueño cumplido, a saber que a la gente a quien estaba llegando este mensaje, le estaba siendo útil y ello me llevaba a sentirme llena de alegría, la piel la sentí chinita cuando veía a la gente sonreír y ver todo un mundo por delante.

Tomé la decisión de trabajar para mí porque éxito es: Hacer lo que quiero, cuando quiero, donde quiero, con quien quiero, a la hora que quiero y si quiero. Yo decido, yo elijo.

Elegí trabajar hacia los demás, las personas que me rodean, porque deseo ayudar, quiero servir, es la misión de mi vida es poner al servicio de los demás todo lo que esté en mis manos para que mejore su calidad de vida física, espiritual e intelectualmente.

Para ponerme en contacto con los demás no hay una única forma, existen muchos caminos para hacerlo y después de acercarme a la gente que me rodea, el escribirlo es otra forma de hacerlo para llegar a más personas sin importar su lugar, nacionalidad porque estos principios sirven en cualquier lugar en el mundo.

Ante cualquier obstáculo o adversidad, nunca perdí el entusiasmo porque este es la gasolina que mantiene mis motores encendidos para llegar a donde deseo.

En ningún momento acepté como única respuesta un "NO". Ante él, di la vuelta hasta encontrar el ¡SÍ!

Aunque no seas mujer existe algo dentro de ti que se llama intuición, esa voz que te dice sí o te dice no. Si tienes duda observa como está tu corazón, cómo se pone ante tu pensamiento, late mucho y te llena de energía, te dice que sí. De repente sientes que desaparece, te está diciendo que no. Tu corazón es muy sabio y sabrá darte las señales de "alto" y "siga". Lo importante es que le hagas caso.

"SUEÑA EN GRANDE"
Finalmente, lo que sueñes lo vas a obtener, no te pongas tímido, que no sea poquito, chiquito, limitado.

¡REINVÉNTATE!
Al igual que los niños, cuantas veces te caigas, cuantas veces te levantas, lo único importante será la lección que cada caída te deja. Las caídas son las formas que tiene la vida, para decirte que puedes hacerlo mejor, más rápido, más barato, llegar a todo el mundo.

No te pierdas esta oportunidad
No se te vaya a ocurrir comenzar con: Después lo hago, Ahorita empiezo, mejor en la tarde, mañana, el lunes, el mes próximo, ya se acabó el año, mejor en enero comienzo.

En México aunque me duela decirlo, se nos da el ir dejando nuestros sueños para un mejor momento, para cuando estemos más preparados.

Empieza desde donde ahora estás, con lo que eres, con lo que tienes, inicia ya, **"no hay mañana".**

"Traer a la mente recuerdos desagradables y dolorosos, me parece igual a estar buscando entre la basura, elementos para preparar el desayuno, la comida y la cena del nuevo día".

Me quedó claro que el estarme comparando con los demás únicamente me llevaría a vivir infeliz el resto del día, viviendo momentos muy amargos.

Me conseguí un *Coach* y me gustó tanto mi mejora que quedé muy agradecida del trabajo que el *Coach* efectuó conmigo, que me puse a estudiar *coaching* y ahora soy *Coach de vida*, negocios, *Coach de Coaches*, de equipos y disfruto trabajar como *Líder Coach*.

Después de haberla pasado tan mal y haber salido adelante, me sentí lo suficientemente capacitada y preparada para salir y compartir con mis compañeros de vida que "SÍ SE PUEDE" que las adversidades únicamente son temporales y que "LO QUE NO TE MATA TE FORTALECE". He impartido ya 50 talleres.

Descubrí que cuando ayudé a otros a que hicieran sus sueños realidad, yo logré mis metas.

MI LEY DE VIDA
Veo a mi Dios en todo el mundo, me hago a un lado y dejo que Dios sea Dios.
Hago a los demás lo que me gustaría que los demás me hicieran a mí.
Amo a todos y a todo, si es necesario trato de encontrar razones para el amor.
Yo me hago responsable de mis acciones. Mis acciones traen reacciones.

Yo tengo el poder de elegir mi camino y de modificarlo.

Lo único que tiene completo control sobre mis pensamientos es lo que yo pienso. Lo que yo quiero lograr en mi vida, me baso en la vibración de mis alegrías y mis penas. Mi estado de ánimo crea mi estado de resultados.

No es válido celebrar la pena y el rencor. Ningún dolor es tan ligero que valga la pena cambiarlo. El mañana no se puede prometer perdona el ayer, perdona hoy, perdona ahora.

Dios es la fuente de mis suministros, ninguna persona, lugar o condición los controla. Dios es ilimitado, por lo tanto, mis suministros son ilimitados.

Río y el mundo entero ríe conmigo. Lloro y arruino mi maquillaje, si puedo ver el humor en cualquier mala situación, estoy a la mitad del camino para salir de ella. Me río a menudo y mucho, pero sobre todo de mí misma.

Yo estoy aquí para servir. El servicio es un don que debe ser dado con alegría, en el dar uno recibe. El servicio es la renta que pagamos por el privilegio de vivir en esta tierra.
Una actitud es esencial. Estoy agradecida por cada aliento que respiro, por cada vida con la que interactúo. Estoy agradecida por cualquier cosa y por todo, porque todo es una bendición.

LO MALO ES NO TENER DETERMINACIÓN SUFICIENTE PARA CONVERTIR LOS SUEÑOS EN REALIDAD

Ya salté de y me salí de la zona de confort en la cual me encontraba, ahora puedo aspirar a expandirme.

PERO DESDE LA ZONA DE CONFORT NADA SE LOGRA DE LO QUE TODOS DESEAMOS
Tener mejores ingresos económicos
Colocarme en posiciones superiores en mi trabajo
Poseer tipo de satisfacciones materiales
Gozar del reconocimiento de los demás
Viajar por todo el mundo
Ahorrar y realizar inversiones
Disfrutar de una buena salud al margen de las enfermedades
Contactar con el amor de los seres queridos
Tranquilidad y paz interna
Confianza y seguridad en uno.

SE TÚ EL CAMBIO QUE QUIERES VER EN EL MUNDO
Aprendí que cuando cambié yo, cambiaron mis resultados, amistades, relaciones y con ello mi forma de ver el mundo.

Soy yo quien decide si sigo adelante o vuelvo hacia atrás, si camino valerosamente hacia metas lejanas o me contento permaneciendo donde estoy... depende sólo y únicamente de mí.

Diario elijo libremente: lo bueno y lo malo, la risa y el llanto, la alegría y la tristeza, lo positivo y lo negativo, el optimismo y el pesimismo, el amor y el odio, la superación y la mediocridad, el éxito y el fracaso.

LA EXISTENCIA ES MATEMÁTICA
Nada sobra, nada falta, el todo es autosuficiente... observa la flora y la fauna, la inmensidad del océano, del cielo, del universo infinito; el día y la noche, la transformación de la materia, el comportamiento de todo ser materia, el comportamiento de todo ser vivo, el funcionamiento de tu organismo, el "secreto" mismo de la vida. Todo te habla de esa perfección.

"PROCURO QUE MIS HECHOS HABLEN TAN ALTO, QUE MIS PALABRAS NO SE ESCUCHEN"

El mundo se hace todos los días, todo está por reinventarse, todo está por suceder. Todo está por descubrirse, Y tú serás el principal protagonista de esa fascinante aventura, ¡cuando lo decidas!

La grandeza del hombre es medida por su capacidad de comprender a los demás; para mostrar ante sí mismo, la humildad necesaria y tan olvidada hoy en día.

Deja de sentirte el amo del universo, no tienes ningún derecho de:
Exigir... lo que no te has exigido a ti mismo.
Reclamar... si primero no te reclamas a ti mismo.
Ordenar... si no te sientes capaz de ir tú por delante.
El pez grande devora al pequeño; unos contra otros; alguien a la defensiva y otros a la ofensiva; el peor enemigo del hombre ¡es el hombre mismo!

Qué bueno sería que los caminos que recorras ya estén pavimentados, porque de tanto ir y venir ya se hubiera hecho un surco y la única diferencia entre un surco y, una tumba, es la profundidad.

No me libero al tratar de ser libre, sino al notar cómo me aprisiono a mí misma en el momento en que me aprisiono.

Los problemas no resueltos, y los pensamientos negativos pueden crearte asma, ataques de corazón, úlceras, colitis, jaquecas, dolores de espalda, neurosis, psicosis, obesidad, cáncer, sida y cualquier otro mal que puedas imaginarte, es la forma en que deseas que los demás se ocupen de resolverte tus problemas y de ti.

LA DEPRESIÓN SE DERIVA DE VIVIR EN EL PASADO, LA ANSIEDAD DE VIVIR EN EL FUTURO Y LA FELICIDAD DE VIVIR EN EL AQUÍ Y AHORA.
La diferencia entre querer y necesitar. Salvo el aire que respiras, el agua, los alimentos y el amor, no necesitas nada más. No necesito que sea fácil, sólo que sea posible.

EL ÚNICO LUGAR EN EL QUE SE ENCUENTRA EL ÉXITO ANTES DE TRABAJAR ES EN EL DICCIONARIO.
Rodéate de gente positiva. "dime con quién andas y te diré quién eres". Huye de todo lo negativo: noticias, ambientes, gente nociva. Tu vida avanzará hacia adelante cuando apartes a las personas que te llevan hacia atrás. Rodeado de gente negativa nunca podrás ser feliz.

BAJA LA VELOCIDAD A TU VIDA
Date un descanso para percibir el aquí y el ahora.
Consigue ayuda para liberar tus cargas, vivir ligero es mucho más fácil. "El estrés, la ansiedad, el insomnio, el resentimiento, el miedo, el enojo, inclusive hasta muchas enfermedades, se disipan con estas terapias guiadas.

Dedícate mucho a ti mismo, consiéntete, prémiate, diviértete, ríete, entretente y restáurate y celebra todos tus logros. ¡Ámate!

"El momento y el tipo de muerte en los seres humanos va de acuerdo con el grado de intensidad y la calidad de vida que se experimentó".

Pareciera poco lo que he aprendido en mi vida, especialmente de los peores momentos, es increíble pero justamente cuando la estamos pasando mal, es cuando más lecciones recibimos, quizá porque cuando estamos bien no tenemos tiempo de observar, analizar, validar nuestras vidas.

A decir verdad en las casi 800 horas que llevo realizando sesiones de *coaching*, también he aprendido mucho de mis clientes y también lo que he escrito ha servido a mis clientes para mejorar los desagradables momentos por los que estaban atravesando.

Es el mejor de mis deseos poner en sus manos herramientas que cualquiera de ellas si la toman y la ponen en práctica puede cambiar sus vidas y seré feliz si desean compartir conmigo los sentimientos y emociones, experiencias que genere en ustedes el leer este libro.

Con todo mi amor:
Rosa María Moreno Velasco
coach.morenonov@gmail.com
Teléfono: 5273 0647 (México)
 WEB: CoachRosy

www.ingramcontent.com/pod-product-compliance
Lightning Source LLC
Chambersburg PA
CBHW071358170526
45165CB00001B/94